基督教文化研究丛书

主编 何光沪 高师宁

初编 第 **13** 册

论陀思妥耶夫斯基小说的罪与救赎思想

侯朝阳 著

花木兰文化出版社

国家图书馆出版品预行编目资料

论陀思妥耶夫斯基小说的罪与救赎思想／侯朝阳 著 -- 初版 --

新北市：花木兰文化出版社，2015〔民104〕

目 2+194 面；19×26 公分

（基督教文化研究丛书 初编 第13册）

ISBN 978-986-404-206-7（精装）

1. 陀思妥耶夫斯基（Fyodor Dostoyevsky）2. 学术思想 3. 文学

240.8 104002091

基督教文化研究丛书
初编 第十三册

ISBN：978-986-404-206-7

论陀思妥耶夫斯基小说的罪与救赎思想

作 者	侯朝阳
主 编	何光沪 高师宁
执行主编	张 欣
企 划	北京师范大学基督宗教文艺研究中心
总 编 辑	杜洁祥
副总编辑	杨嘉乐
编 辑	许郁翎
出 版	花木兰文化出版社
社 长	高小娟
联络地址	台湾235 新北市中和区中安街七二号十三楼
	电话：02-2923-1455／传真：02-2923-1452
网 址	http://www.huamulan.tw 信箱 hml810518@gmail.com
印 刷	普罗文化出版广告事业
初 版	2015年3月
定 价	初编 15 册（精装）台币 28,000 元

论陀思妥耶夫斯基小说的罪与救赎思想

侯朝阳　著

作者简介

侯朝阳（1979- ），男，河南郑州人，现就职于信阳师范学院文学院，中国人民大学文学院比较文学与世界文学专业博士，南开大学文学院汉语言文学学科在站博士后。主要研究领域为俄罗斯文学与宗教关系、圣经文学。

提　　要

本书主要关注陀思妥耶夫斯基小说涉及的最为重要的两大神学思想命题：罪与救赎，对其进行全面、综合的考察，力图揭示出作家的基本观念，在此基础上凸显陀思妥耶夫斯基在思想史上的独特意义。

陀思妥耶夫斯基超越了所谓的环境决定论、机械生存论等平面的尘世之维，主要从纵向的、"上帝—人"的神性维度探究人的灵魂深处的真实处境，"破解人性之谜"。在他笔下，罪被描述为人悖逆上帝、失去上帝信仰之后的本然处境，无论是理性还是非理性的力量都将导致罪的产生；罪具有普遍性，无人能够摆脱，而且在罪责上人类应该相互承担。陀思妥耶夫斯基通过自由来探究人的悲剧命运，揭示出罪恶的根源在于自由这一真理。他不只看到在自由之中包含着人的全部尊严，而且窥见了自由中藏裹着人性的秘密，于是将人引至原初的自由那里，用绝对的自由、终极的自由来探究人性，察看人心。他相信，人通向自由的道路是悲剧的道路，人会受到恶的诱惑，制造混乱和苦难，但不能因此而否弃个体生命的存在或者取消人身上的自由。陀思妥耶夫斯基全面深入地揭示了罪所带来的恶果：人悖逆上帝而陷入罪恶之中，也就疏离了上帝和他者，造成自我的隔绝与封闭；同时生命个体也就丧失了自由，完全被恶奴役，人的心灵不得不为此承受无尽的惩罚和磨难。然而他又认为，人在吞下罪的恶果时可能会带着罪感重新自由地回到上帝面前，认罪悔改；因此，罪恶并非必然是人的最终命运。

陀思妥耶夫斯基秉持的是皈依基督、回返"根基"和遵循"诚爱"法则"三位一体"式的救赎观。皈依基督的救赎之路同时也是回返"根基"和遵循"诚爱"的生命实践之路。只要真正地回转到其中的任何一个方向，也就意味着回转到所有方向，赎罪就成为可能。然而救赎并非轻易实现之举，陀思妥耶夫斯基的所有人物都面向着救赎的可能性或走在救赎的途中，救赎终不能止步和完结。

目次

绪　论

0.1 通向陀思妥耶夫斯基之路

自 1846 年《穷人》面世以来，陀思妥耶夫斯基（Достоевский，1821-1881）创造的思想盛宴哺育了一代又一代作家、学者和思想家。尽管人们理解和接受陀氏的路径和偏好不尽相同，但凡深入阅读过他的伟大著作的人们，无不经受灵魂的震荡、思想的砥砺、心灵的痛苦和审美的快感。一百多年来，人们以各种各样的方式走进陀氏丰富而复杂的文本世界，寻觅合己的需要和满足，留下了无以数计的研究成果，从而使他留下的精神遗产得以敞开、复活和再生。

学界对陀思妥耶夫斯基的研究主要有四条进路：社会学派、宗教哲学学派、精神分析学派和诗学研究学派。社会学派主要师从别林斯基（Белинский，1811-1848），看重作家对社会现实的揭露和批判，偏重从社会学角度研究作品的思想性。高尔基（Горького，1868-1936）、卢那察尔斯基（Луначарский，1875-1933）、叶尔米洛夫（В.Ермилов，1904-1965）、弗里德连杰尔（Г.М. Фридлендер，1915-1995）和格罗斯曼（Гроссман，1905-1964）等人的研究可以归入该派。以索洛维约夫为（Соловьёв，1853-1900）肇始出现了一大批将陀氏作品的宗教主题、思想和哲学理念作为重点的研究者，白银时代的俄国思想家别尔嘉耶夫（Бердяев，1874-1948）、舍斯托夫（Шестов，1866-1938）、伊万诺夫（Иванов，1866-1949）、罗赞诺夫（В.В.Розанов，1856-1919）、梅列日科夫斯基（Мережковский，1865-1941）以及德国哲学家劳特（Reinhard

Lauth，1919-2007）等人都属此宗教哲学学派行列。弗洛伊德·西格蒙德（Freud Sigmund，1856-1939）、托马斯·曼（Thomas Mann，1875-1955）等学者强调作家的癫痫症和异常体验对作品人物病态特征的决定作用，引入精神分析理论来分析他的作品或者将他作为个案纳入精神分析的整个理论体系，这些研究可以归入精神分析学派。以上这些学派的研究主要侧重于思想内容方面。诗学方面的研究以巴赫金（Бахтинг，1895-1975）为代表：他的《陀思妥耶夫斯基诗学问题》一书对"陀思妥耶夫斯基作为艺术家的特色"[1]的展示，对陀氏小说用时空体理论进行的精彩分析，在 20 世纪学界产生了持久的影响力。当然，以上不同学派的研究常常是交叉扭结在一起的。

以 80 年代为界，中国学者对陀氏的接受和研究大致分为前后两个阶段：社会学角度和注重阶级分析的论调主导了 80 年代之前的研究内容和方法；80 年代以来，陀思妥耶夫斯基研究逐渐步入多元并立、开放深入的格局。[2]特别是近十多年来，伴随着研究热情的逐渐高涨和白银时代宗教哲学家著作汉译工作的推进，陀氏研究开始呈现以下几种趋势：第一，宏阔的文化视野与微观研究更为紧密地结合起来。譬如，赵桂莲的《漂泊的灵魂——陀思妥耶夫斯基与俄罗斯传统文化》[3]一书既着重从俄罗斯传统文化的历史视角去分析陀氏作品的深层意蕴，又对关键的字词和语句进行了精彩的语言学分析，二者相得益彰，极有说服力地扩展了中国学界对陀氏作品的理解。第二，更为注重综合性研究。王志耕的《宗教文化语境下的陀思妥耶夫斯基诗学》[4]最为典型。该书试图廓清陀氏作品的诗学原则与东正教文化传统的内在联系，对一些诗学原则重新进行评估，揭示出渗透和融入陀氏小说形式特质中的思想元素和文化因子。第三，在中国文化视野中进行比较研究较为盛行。比较有代表性的是田全金的《言与思的越界——陀思妥耶夫斯基比较研究》和郭小丽

---

1 〔俄〕巴赫金：《巴赫金全集》（第五卷），白春仁、顾亚玲译，石家庄：河北教育出版社，1998 年，第 360 页。

2 关于陀氏作品在中国的研究、汉译与接受状况可以参考田全金：《言与思的越界——陀思妥耶夫斯基比较研究》，上海：复旦大学出版社，2010 年，第 20-97 页。

3 赵桂莲：《漂泊的灵魂——陀思妥耶夫斯基与俄罗斯传统文化》，北京：北京大学出版社，2002 年。

4 王志耕：《宗教文化语境下的陀思妥耶夫斯基诗学》，北京：北京师范大学出版社，2003 年。

的《陀思妥耶夫斯基的救赎思想——兼论与中国文化思维的比较》[5]等专著。同时也出现了一些陀氏在华接受史方面的研究成果。[6]第四，注重研究史的梳理：开始了陀思妥耶夫斯基研究年鉴的编订工作，着手对百年来中国学者相关研究成果进行总结和编目[7]。总之，陀氏研究在中国正走向更为广泛和深入的发展阶段。

0.2 为什么是罪与救赎

必然有无数条道路通向陀思妥耶夫斯基，这由其文本世界的多面性与多元性所决定。单就思想层面来说，正如考斯所言，"没有任何一个作者如陀思妥耶夫斯基那样，一身汇集了如此相互矛盾，如此相互排斥的不同概念、论断和评价。"[8]恩格尔哈特（Б.М.Энгельгардт，1887-1942）将陀氏的小说界定为"思想小说"，即描绘思想本身的小说，这大体上是适当的；他认为"支配主人公意识和生活的思想"按性质分属"环境"、"土壤"、"大地"等多个领域的看法也是高屋建瓴的。巴赫金则使用"复调小说"这一术语来界定陀氏小说在结构方法上的特点，认为与之紧密相应的是小说在思想上的多声部性。在他看来，"教堂"这一意象勉强可以用来描绘陀思妥耶夫斯基文本世界的多元特征："陀思妥耶夫斯基的世界，是带有深刻的多元性的世界。如果一定要寻找一个为整个陀思妥耶夫斯基所向往又能体现陀思妥耶夫斯基本人世界观的形象，那就是教堂，它象征着互不融合的心灵进行交往。聚集到这里的既有犯了罪过的人，又有严守教规的人。这或许可能是但丁世界的形象，在这里多元化变成了永恒的现象，既有不思悔改的人又有忏悔者，既有受到惩罚的人，又有得到拯救的人……"[9]这既反映了陀氏小说极具包容性

5　郭小丽：《陀思妥耶夫斯基的救赎思想——兼论与中国文化思维的比较》，哈尔滨：黑龙江人民出版社，2012 年。

6　如丁世鑫的博士学位论文《陀思妥耶夫斯基在现代中国（1919-1949）》，山东大学，2006 年；李今：《陀思妥耶夫斯基在三四十年代的中国》，《鲁迅研究月刊》，2004 年第 4 期。

7　见陈建华主编：《中国俄苏文学研究史论》（卷三），重庆：重庆出版社，2007 年。

8　〔俄〕巴赫金：《巴赫金全集》（第五卷），白春仁、顾亚玲译，石家庄：河北教育出版社，1998 年，第 22 页。

9　〔俄〕巴赫金：《巴赫金全集》（第五卷），白春仁、顾亚玲译，石家庄：河北教育出版社，1998 年，第 35 页。

的特征，也从侧面说明走进陀氏的思想世界和整个文本必然充满了挑战。

笔者之所以选择从罪与救赎思想的角度来切入陀思妥耶夫斯基的小说，主要基于以下原因。

首先，客观地看，陀思妥耶夫斯基不仅关注社会上形形色色的犯罪事件，将它们纳入创作素材，而且也从根源上来探究人为何会堕入罪中，又如何可能脱离罪恶、实现救赎。陀氏最主要的几部小说都以人的堕落、犯罪和谋杀作为基本情节，创造了各式各样的罪人形象，作家对罪性的理解也十分复杂和独特。尤为特别的是，与传统律法意义上的犯罪不同，陀氏笔下出现了一些苏格拉底式的形而上的罪犯、一些离上帝最近的思想巨人——拉斯科尔尼科夫、斯塔夫罗金、基里洛夫、韦尔西洛夫、伊万等，他们最终要么自杀，要么接受了神圣启示的光照而得以救赎。罪与救赎问题由此成为陀思妥耶夫斯基小说创作的核心主题，成为把握作家思想最为重要的节点；作家关于上帝、自由、恶、苦难、"人神"和俄罗斯命运等问题的思考均与此相关。将陀氏作品中的罪与救赎问题作为研究对象，可以把握陀氏思想的命脉，从最为核心处破解诸多陀思妥耶夫斯基式的两难命题，进而体会其思想魅力。

其次，罪与救赎问题终归是人和人性方面的问题；理解陀思妥耶夫斯基关于罪与救赎的观念，就意味着努力进入陀氏关于人性的探索活动。鲁迅关于陀氏小说"显示出灵魂的深"[10]的见解是十分深刻的。陀思妥耶夫斯基将人视为宇宙中最大的奥秘，终其一生都在努力揭示这一奥秘。早在18岁那年写给兄长的信中，陀氏就表达了对于人的命题的兴趣："人是一个秘密，要识破它。如果你一生都在识察这个秘密，那你就别说你浪费时间；我正在研究这个秘密，因为我想成为一个人。"[11]这位作家完全是在生存论的意义上探求人性奥秘的，其小说创作浓缩着他经由持久的"研究"热情领受到的生命之道。

最后，学界对陀思妥耶夫斯基小说中罪与救赎思想的理解尚有深化的空间。要真正地理解陀思妥耶夫斯基，就要深入到他笔下人物的灵魂深处，看看那里发生了什么，作家意欲表达什么样的思想。这就需要去伪存真，在前

---

10 鲁迅：《〈穷人〉小引》，见《鲁迅全集》（第七卷），北京：人民文学出版社，2005年，第105页。

11 陈燊主编：《陀思妥耶夫斯基全集·第21卷》，郑文樾、朱逸森译，石家庄：河北教育出版社，2009年，第21页。后面出自《陀思妥耶夫斯基全集》的引文仅标注书名、卷数、译者和页码。

人已有成果的基础上更加细化和深入地进行阅读和探究。

所以，本文主要关注这些问题：陀思妥耶夫斯基一生是如何思考和探索罪的问题的？他如何理解和表现人的普遍罪性？陀思妥耶夫斯基小说中的罪与人的自由、苦难有着怎样的复杂关系？作家所设想的救赎之道是什么？廓清这些问题，就能更好地认识陀氏小说中人物的丰富性、复杂性，更为深入地把握陀氏小说的思想精髓，并经由作家的精神探索去寻求人类面对现实困境的可能性出路。

0.3 研究现状

学界早已看到罪与救赎问题在陀氏的小说创作和思想中的重要地位，对此给予了持续的关注和研究。

0.3.1 俄罗斯学界的研究

俄罗斯学者对陀思妥耶夫斯基小说中罪与救赎问题的研究最为深入，最有代表性的是弗·索洛维约夫、阿·利·沃伦斯基（А.Л.Волынский，1861-1926）、梅列日科夫斯基、别尔嘉耶夫、罗赞诺夫、伊万诺夫、舍斯托夫、叶夫多基莫夫（Евдокимов，1901-1970）、В.В.杜德金（В.В. Дудкин，1940-）和波诺马廖娃（Г. Б. Пономарева）等人。

弗·索洛维约夫最早对陀氏作品中的罪与救赎问题提出了富有见地的看法。在 1881 年 1 月 13 日悼念陀思妥耶夫斯基的演讲中，索洛维约夫指出，陀氏借他的创作始终在宣扬这样一个信念，"任何道德堕落，任何道德卑劣的行径，都不能扼杀人的精神力量"，[12] 由此出发才能理解他为何对卑劣的罪人依然怀有同情和爱。在《纪念陀思妥耶夫斯基的三次演讲（1881-1883）》（*Мемориал Достоевского три выступления*）中，索洛维约夫简要分析了《罪与罚》和《群魔》的犯罪主题，指出陀思妥耶夫斯基对俄罗斯人民的珍视是基于该民族的负罪意识和领会其他民族精神实质的能力，并认为陀氏是"真正基督教的'高瞻远瞩的先驱'"[13]，他所提出的救赎之道能够实现

---

12 〔俄〕索洛维约夫等著：《精神领袖》，徐振亚等译，上海：上海译文出版社，2009年，第4页。

13 〔俄〕索洛维约夫等著：《精神领袖》，徐振亚等译，上海：上海译文出版社，2009年，第17页。

神、人与自然之间的和睦相处。索洛维约夫的评价定下了后来白银时代陀氏研究的主调。

阿·利·沃伦斯基更多地注意到陀氏小说中人脱离罪恶之后所能达到的精神状态。在发表于 1901 年的论著《卡拉马佐夫一家的王国》(*Карамазова Королевство*）中，他对《卡拉马佐夫兄弟》中出现的修士群像进行了精彩分析，指出陀氏是通过宗教思想进行艺术观察和写作的作家，佐西玛长老是其着力刻画的"一个获得新生的人"[14]和"爱上帝的人"[15]，他完全脱罪，达到了神人的最高境界。

梅列日科夫斯基对陀氏小说中堕落犯罪人物的分析达到了一个新的高度。在专著《托尔斯泰与陀思妥耶夫斯基》(*Толстой и Достоевский*）中，梅列日科夫斯基指出，"探索人心最凶险和罪恶的深渊，首先是情欲的深渊及其种种表现"成了陀思妥耶夫斯基"作为一位艺术家的不可摆脱的需要"，[16]他在上帝和撒旦的深渊之间盘桓；其笔下的拉斯科尔尼科夫、斯塔夫罗金、基里洛夫和伊万都带有反基督的宗教因素，他们的罪恶、"形而上的无耻"造成了灵魂的杂乱与分裂，而梅什金公爵、阿廖沙和佐西玛长老都带有基督的面容，达到了信仰上知与爱的合一。

终生奉精神自由为圭臬的哲学家别尔嘉耶夫在他的《陀思妥耶夫斯基的世界观》(*Миросозрцание Достоевского*）一书中考察了陀氏小说中罪恶主题与自由主题的内在关联。从其一贯独特的对自由的理解出发，别尔嘉耶夫认为陀氏的一些主人公跌入罪中是人的原初自由造成的悲剧："自由使拉斯科尔尼科夫和彼·韦尔霍文斯基走上了犯罪的道路。基里洛夫和伊万·卡拉马佐夫恶魔般的自由杀死了人。"[17]他从拉斯科尔尼科夫和伊万这类有着双重人格的"罪犯"身上看到了人从原初的自由迈向"最后的自由"的受难历程，指出苦难对于这些人物的赎罪和复活具有巨大力量，基督之爱是其最终的精神出路。

---

14 〔俄〕索洛维约夫等著：《精神领袖》，徐振亚等译，上海：上海译文出版社，2009年，第 86 页。

15 〔俄〕索洛维约夫等著：《精神领袖》，徐振亚等译，上海：上海译文出版社，2009年，第 87 页。

16 〔俄〕梅列日科夫斯基：《托尔斯泰与陀思妥耶夫斯基》（卷一），杨德友译，北京：华夏出版社，2009 年，第 127 页。

17 〔俄〕别尔嘉耶夫：《陀思妥耶夫斯基的世界观》，耿海英译，桂林：广西师范大学出版社，2008 年，第 45 页。

　　罗赞诺夫也同样肯定精神受难所具有的救赎价值。他在分析《卡拉马佐夫兄弟》中"无辜孩童受难"问题时指出，"我们在自身中携带着大量的犯罪性，与它一起还有可怕的罪过性，这罪过性还没有被任何东西赎买……每当我们体验某种痛苦的时候，我们的罪过性就获得抵消，某种犯罪就从我们身上离开，我们就感觉到光明和喜悦……"[18]在他看来，"孩子的痛苦"既是人之普遍罪性的延续和报应的必然，也是在以"表面上无法理解的痛苦"来洁净和"补充真理"。比别尔嘉耶夫更进一步，罗赞诺夫甚至强调罪恶本身对陀氏笔下人物所具有的救赎意义。在《论陀思妥耶夫斯基》（*Ha Достоевского*）一文中，他指出，当一个人坠入罪孽深渊的时候反而更易于理解上帝存在和灵魂不朽的思想，陀思妥耶夫斯基的人物都具有这种独特的生命体验，因而当他们在罪中挣扎的同时就显明了一种赎罪的道路，即经由精神受难而重生。[19]他认为，《罪与罚》的惟一情节和实质是表现"虔诚"的"杀人凶手"和"圣洁"的"妓女"，陀氏所有作品的价值就在于"向我们展示了罪恶的不可惩罚性，罪行的无辜性"[20]。罗赞诺夫对罪恶本身的意义"推崇"到了极致，归结出的"罪的辩证法"极大地深化了对陀氏作品中罪恶思想的理解。

　　伊万诺夫也论及陀氏作品呈现的"犯罪和报应的观念"，但他更重要的成就是对陀氏笔下人物犯罪根源的阐释以及对犯罪问题同创作形式特征之间关联的分析。他将陀氏对犯罪原因的解释归结为三个层面：上帝和魔鬼在人心的斗争、由激愤的心情产生的感情冲动、生活逻辑不可挣脱之网；"这位首屈一指的深谙人心的大师以上述对犯罪原因的三重研究向我们明白而真实地揭示了在人的遭遇中必然性和自由选择二律背反的结合的秘密。"[21]伊万诺夫进而将这三重原因归结为一点，即信仰的缺失："对陀思妥耶夫斯基来说，信仰之路和无信仰之路乃是各自遵循其内在规律的两种不同的存在，乃是两种他律或异律的存在……有信仰还是无信仰，因此才会产生误入歧途的犯罪

18　〔俄〕罗赞诺夫：《论宗教大法官的传说》，张百春译，北京：华夏出版社，2007年，第93页。

19　参考赵桂莲：《漂泊的灵魂——陀思妥耶夫斯基与俄罗斯传统文化》，北京：北京大学出版社，2002年，第100-102页。

20　〔俄〕索洛维约夫等著：《精神领袖》，徐振亚等译，上海：上海译文出版社，2009年，第240页。

21　〔俄〕索洛维约夫等著：《精神领袖》，徐振亚等译，上海：上海译文出版社，2009年，第392页。

和报复的群体。"[22]这一见解无疑是极为深刻、极为正确的。伊万诺夫还注意到，与陀氏对犯罪的这一理解相对应，其长篇小说采用了"刑事侦查的结构"、"法庭记录式的体裁"、"事务性的说明和报道的手法"，[23]这种方式有利于作家"窥伺"到犯罪者的行踪和最为隐秘的思想。这为研究陀氏小说的文体特征提供了一种新的思路，为理解陀氏作品内容与形式之间的联系做出了有益的尝试。

同别尔嘉耶夫相似，舍斯托夫也是在其整体的哲学话语体系中来言说陀思妥耶夫斯基。与科学、理性、规律、"一般"、普遍等自明的东西做斗争是舍斯托夫哲学的主要内容，他对陀氏的感发与议论也多循此展开。在为纪念陀思妥耶夫斯基诞辰 100 周年撰写的长文《战胜自明》（*Преодоление Самоочевидностей*）中，舍斯托夫指出，陀氏如欧里庇得斯一样具有"第二视力"，他看到并力图展示这个世界的深层秘密："我们面临着人们有时不得不陷于其中的最伟大的秘密，——面临着罪恶的秘密……读者也许同意说，陀思妥耶夫斯基的全部内在努力和奋斗只有一个目的：如果不是了解，那就是开始研究这个秘密。"[24]对罪恶秘密的洞彻和公开既是陀氏战胜自明性的过程，但又暗含着将个别感受变成普遍真理的建立新的自明性的悖谬。1935年，舍斯托夫在名为《克尔凯郭尔与陀思妥耶夫斯基》（*Кьеркегард и Достоевский*）的报告中指出，人的原罪的实质就是思辨与启示的对立，而陀思妥耶夫斯基作品中罪人的罪孽和恶习就在其"知识"之中，[25]梅什金、罗戈任的面具背后隐藏着作家持续一生的努力——克服自明性，人的救赎之道就在于此。

叶夫多基莫夫的《俄罗斯思想中的基督》[26]一书论及陀思妥耶夫斯基之处仅有短短几页，但强调了"圣爱"对救赎的意义、"瞬间"的价值，对《卡

---

22 〔俄〕索洛维约夫等著：《精神领袖》，徐振亚等译，上海：上海译文出版社，2009年，第409页。

23 〔俄〕索洛维约夫等著：《精神领袖》，徐振亚等译，上海：上海译文出版社，2009年，第394页。

24 〔俄〕舍斯托夫：《在约伯的天平上》，董友等译，北京：三联书店，1992年，第82-83页。

25 〔俄〕舍斯托夫：《旷野呼告 无根据颂》，方珊等译，上海：上海人民出版社，2004年，第20页。

26 〔俄〕叶夫多基莫夫：《俄罗斯思想中的基督》，杨德友译，上海：学林出版社，1999年。

拉马佐夫兄弟》中的弑父情节做出了富有启发性的解读。在叶夫多基莫夫看来，面对历史根基上的恶，陀氏看到了出自敌基督的基督教乐观主义的悲剧性，但他不是创造善的形象而是用圣像来实现综合和照亮生活。《卡拉马佐夫兄弟》中的弑父之罪由四兄弟来承担，象征着团结、和谐的人类大家庭的解体，阿廖沙的精神之父佐西玛与其肉身之父费奥多尔的对立意味着爱和复活力量同恨与毁灭力量的对立，而阿廖沙最后的发言是罪得赎救之后的最高和谐之音。

当代俄罗斯学者B.B.杜德金在《陀思妥耶夫斯基的犯罪哲学》[27]一文中指出，陀思妥耶夫斯基关于犯罪的论述具有超前性，猜到了20世纪犯罪的群体性特征；作家更感兴趣的是谋杀（自杀）的问题而不是其他暴力形式；出色地展示"犯罪行为的非理性的、自发的动机"，揭示出"俄罗斯灵魂"像钟摆一样摇摆不定的特征："'俄罗斯灵魂'的钟摆在'十字架和斧头'之间摇摆，在上帝和魔鬼之间摇摆。这个灵魂不可能停留在某个中间地带（杀了人——成为罪人；杀了人——拔腿逃走；杀了人——自杀），因为钟摆的运行轨迹就是不可避免地从一个极端到另一个极端。"[28]该论者还指出，"犯罪的实证主义"不能令陀思妥耶夫斯基满意，作家首先视犯罪为宗教问题；"陀思妥耶夫斯基在对谋杀进行对等的惩罚方面持有与康德和黑格尔不同的观点"，[29]反对在折磨原则上建立惩罚体系。这些看法都很切合陀思妥耶夫斯基小说的实际状况。

波诺马廖娃在《陀思妥耶夫斯基：我探索人生奥秘》（*Достоевский: Я Занимаюсь этой Тайной*）一书中考察了陀氏信仰之道后，着重对他后期六部著作（包括仅是构思而未实际创作的小说《大罪人传》）中的主要人物进行分析。该著作对《死屋手记》中罪犯生活、道德和人性的解读较为全面、深入，对《白痴》中纳斯塔西娅·菲利波芙娜的把握尤其细致入微，注意到她对犯罪事实极为敏感的特性，指出导致其死亡的道德背景在于："通过罗果仁（即罗戈任，笔者注）和伊波利特这两个被死去的、不能复活的基督形象相关联

27 B.B.杜德金：《陀思妥耶夫斯基的犯罪哲学》，冯华英译，参见张变革主编：《当代国际学者论陀思妥耶夫斯基》，北京：北京大学出版社，2014年，第85-106页。

28 张变革主编：《当代国际学者论陀思妥耶夫斯基》，北京：北京大学出版社，2014年，第100页。

29 张变革主编：《当代国际学者论陀思妥耶夫斯基》，北京：北京大学出版社，2014年，第105页。

的人,思想链条中的一环引向犯罪,引向宇宙计划,引向没有灵性的自然。"[30]由于认识到陀氏一生基督信仰的持续性和坚定性,波诺马廖娃极力强调作家为笔下罪人们指出的救赎之道在于建立信仰。

0.3.2 西方学界的研究

西方学界对陀思妥耶夫斯基小说中罪与救赎思想的关注也由来已久,但大部分研究成果较俄罗斯学界表现出更加理性化和逻辑化的特征。自 20 世纪70 年代以来,西方学界对陀氏的研究表现出更注重宗教哲学方面内容的趋势,取得了极为突出的成就。

1、英语世界的研究

美国普林斯顿大学卡萨娜·布朗克(Ksana Blank)的《陀思妥耶夫斯基的辩证法与罪的问题》(*Dostoevsky's Dialectics and the Problem of Sin*)是新近最重要的一部讨论陀氏小说中罪的问题的著作。作者集中分析了陀氏穿梭于对立两极的"矛盾修饰法",认为陀氏也将此方法运用于罪和罪人——"陀思妥耶夫斯基的宇宙由正直的罪人和有罪的正直人构成。他的人物倾向于寻求苦难而非幸福,倾向于在羞耻中找到乐趣。他们能同时瞩目天堂的极处和地狱的深渊。在他们心中,爱与恨毗邻,苦与乐相伴,美德与罪相连。"[31]这与巴赫金关于陀氏创作原则的理解及其狂欢化理论遥相呼应。在卡萨娜·布朗克看来,罪在陀氏作品中处于核心地位:"对陀思妥耶夫斯基来说,罪是一切事物的核心,因为它引起了整体的分裂,由此产生了双重性、二元性和二律背反。这种撕裂和分离使人的灵魂、情感和理智经受痛苦,阻碍人们追求真、善、美、自由和爱等最为珍贵的价值。"[32]罪甚至具有了救赎维度:"陀思妥耶夫斯基的宗教哲学建立在这一观念的基础上,即人类可以经由罪和犯罪而走向上帝之路。"[33]卡萨娜·布朗克也特别关注到拉斯科尔尼科夫和卡拉马佐夫兄弟们的救赎问题。拉斯科尔尼科夫复活新生了吗?在对他最后的话语进行了词源学方面的分析并将他同克里特的圣安德鲁(Andrew of Crete)加

---

30 〔俄〕波诺马廖娃:《陀思妥耶夫斯基:我探索人生奥秘》,张变革等译,北京:商务印书馆,2011 年,第 176 页。

31 Ksana Blank, *Dostoevsky's dialectics and the problem of sin*, Evanston, Ill.: Northwestern University Press, 2010, p.6.

32 Ibid, p.13.

33 Ibid, p.10.

以比较之后，布朗克认为拉斯科尔尼科夫只是站在了忏悔的门口，他是否能跨进门槛并不能确定，因为"对陀思妥耶夫斯基来说，一个罪犯可以转向上帝。但是这一可能性空间是不牢靠的、充满漏洞的：它并不意味着自动地从可能性转变为现实。"[34] "忏悔是一个神秘的过程——它花费很长时间，发生在黑暗中，在地下……"[35]卡萨娜·布朗克还将《卡拉马佐夫兄弟》中的三兄弟伊万、阿廖沙和德米特里视为通向上帝的三条道路的代表：理性、信仰、经验性知识（empirical knowledge），可能转变为社会主义者和革命者的阿廖沙身上的罪性被两位兄长都认识到了，他面临着更多的诱惑和考验；同虽然敞开但已部分完成的拉斯科尔尼科夫和德米特里的命运相比，阿廖沙敞开的命运仍处于潜在的范围内而远没完成。

罗恩·威廉姆斯（Rowan Williams，1950-）在《陀思妥耶夫斯基：语言、信仰与虚构》（*Dostoevsky: Language, Faith, and Fiction*）中建议人们始终从写作与神圣创造的类比的角度阅读陀思妥耶夫斯基，认为他并不是要提供关于"上帝存在"的证明，而是要展示一幅在他那个时代的政治和社会环境中信仰或缺乏信仰是什么样子的不同图景。[36]在作者看来，突破界限的自由是对神圣创造者的不适当的回应，罪恶、混乱与毁灭是其必然结果。马尔科姆·马戈里奇（Malcolm Muggeridge）和欧内斯特·戈登（Ernest Gordon）分别为《陀思妥耶夫斯基的福音书：作品选编》（*The Gospel in Dostoyevsky: Selections from His Works*）做了序言和介绍，对陀思妥耶夫斯基作品中的罪与救赎问题亦有精彩的分析。马尔科姆·马戈里奇指出，陀思妥耶夫斯基所有作品的本质主题是善与恶如何在精神存在中运演，"接受苦难并被苦难救赎"，这是陀氏带给这个趋向相反方向而陷入狂乱世界的重要信息。[37]欧内斯特·戈登主要对陀氏笔下三类"自由的主人公"（free character）进行思考："地下室人"敢于自由发出非理性之声，自由地拒绝体制和处于荒诞之中；梅什金公爵自愿成为同代人眼中的愚人并为之受苦；阿廖沙自主地去爱人、担负起"众人之罪"的责任，在他身上显示出救赎是发生在教会或政府的掌控之外。欧内

34　Ibid, p.36.

35　Ibid, p.39.

36　Rowan Williams, *Dostoevsky: Language, Faith, and Fiction*, London: Baylor University Press, 2008, p.4.

37　Fyodor Dostoyevsky, *the Gospel in Dostoyevsky: Selections from His Works*, Foreword by Malcolm Muggeridge, Farmington: the Bruderhof Foundation, Inc., 2004, vi.

斯特·戈登还特别指出，陀思妥耶夫斯基之所以引起批评界争论的一个原因，就在于他极为生动地描绘了人反叛上帝这一可怕的恶的本性。[38]

乔治·斯坦纳（George Steiner，1929- ）的《托尔斯泰或陀思妥耶夫斯基》（*Tolstoy or Dostoevsky: An Essay in the Old Criticism*）是陀思妥耶夫斯基研究的一部扛鼎之作。他注意到陀氏"四部主要作品"（《罪与罚》、《白痴》、《群魔》、《卡拉马佐夫兄弟》）谋杀情节与现实罪案的联系，强调其中的戏剧性特征和哥特因素。乔治·斯坦纳认为，"展现针对儿童的暴力行为"是陀思妥耶夫斯基小说的"主导旋律"，虐待儿童的行为"影射的是彻头彻尾、无可救药的邪恶行为"，[39]是对人身上的上帝形象的极度亵渎。他还指出，耶稣的形象在陀思妥耶夫斯基小说中有着举足轻重的地位，梅什金公爵和阿廖沙体现了对耶稣的经典描述，斯塔夫罗金身上则带着"假救世主的标记"，与敌基督相似。[40]这些看法都不无启示意义。

关于陀思妥耶夫斯基与俄罗斯东正教教会、天主教和新教的关系是研究的热点。安吉拉·珍妮弗·斯莱特（Angela Jennifer Slater）在她的博士学位论文《陀思妥耶夫斯基对体制化教会的态度》（*Dostoyevsky's Attitude to Institutionalized Religion*）[41]中从陀氏生命和创作与俄罗斯东正教的关系、当下东正教会对陀氏的评价入手，详细考察了陀氏对基督宗教三大教派以及犹太教的态度；论文的另一主要内容和贡献是细致入微地廓清了陀氏与古老信仰者、与极端宗派主义、圣愚、漫游朝圣者和隐修主义之间的关系，这对理解陀氏基督信仰的实质和陀氏的救赎观颇有启发意义。

美国布朗大学的威尔·范登·贝尔肯（Wil Van Den Bercken）《陀思妥耶夫斯基小说中的基督教虚构与写实》（*Christian Fiction and Religious Realism in the Novels of Dostoevsky*）在对《罪与罚》等五部小说进行细致入微分析的基础上指出，陀思妥耶夫斯基并不是正统的东正教作家，小说中马尔梅拉多夫、吉洪、佐西玛、马卡尔等人对罪、忏悔和救赎等信念的表达都不同于教会传统；陀氏的基督教观念筑基于基督教人类学和圣经伦理上，他"从不直

---

38 Ibid, x iv-x viii.

39 〔美〕乔治·斯坦纳：《托尔斯泰或陀思妥耶夫斯基》，严忠志译，杭州：浙江大学出版社，2011 年，第 179 页。

40 〔美〕乔治·斯坦纳：《托尔斯泰或陀思妥耶夫斯基》，严忠志译，杭州：浙江大学出版社，2011 年，第 259-281 页。

41 Angela Jennifer Slater, *Dostoyevsky's Attitude to Institutionalized Religion*, Ph.D. dissertation, Liverpool University, 1983.

接描述和宣扬基督教观念，而是激发读者去思考"[42]，"在陀思妥耶夫斯基的基督教中，基督形象占据中心地位，体制性教派之间的边界消失了。"[43]但论者将佐西玛关于接受苦难和普遍的罪的意识称为"基督教乌托邦"（Christian Utopia），因其"不可实现"而给出负面评价，这是笔者不能接受的。该书也由于作者认定小说文本与书信、笔记和日记等材料相互区别、不能混淆而缺乏对陀氏小说同其他文字之间的相互参照。

珍妮特·图克（Janet G. Tucker）的《陀思妥耶夫斯基〈罪与罚〉中世俗的挑战与东正教的回应》（*Profane Challenge and Orthodox Response in Dostoevsky's Crime and Punishment*）勾勒出从《地下室手记》到《罪与罚》所包含的由翻腾不已的怨恨到反社会的行为以至于谋杀犯罪的内在线索；认为斯维德里盖洛夫、卢仁、拉祖米欣和索尼娅等人的"衣服形象"（clothing images）在其个体生命中都具有精神意义，拉祖米欣赠送拉斯科尔尼科夫旧衣服象征着试图将他的朋友带回到东正教善的基础上来。作者还指出，陀思妥耶夫斯基的主要任务是让读者以完全倒转的眼光看待为什么会出现谋杀："与上帝的分离导致俄罗斯当代世俗社会的谋杀事件无可避免"，[44]这又与俄罗斯年轻人盲目接受某些西方哲学思潮的影响而成为精神上的异乡者有关；陀氏给出的出路在于回归俄罗斯东正教这一根基上来。

彼得·特拉维斯·克勒克尔（P. Travis Kroeker）和布鲁斯·坎思·沃德的合著《记住终局：陀思妥耶夫斯基作为现代性的先知》（*Remembering the End: Dostoevsky as Prophet to Modernity*）指出陀思妥耶夫斯基的作品尤其是《卡拉马佐夫兄弟》具有真正的预言艺术，《宗教大法官》是对现代性的启示。该书第七章对陀氏的基督信仰特别是对《宗教大法官》一章沉默的基督形象的分析非常深入。作者认为，伊万和大法官对基督有多重"冒犯"，"无论伊万描绘的基督形象身上有多少罗马色彩，他的意图显而易见是要审判《新约》中的基督，而阿廖沙正是恳求基督来回应伊万对于无辜受难孩童无以回报的眼泪的绝望。"[45]论者还指出，"对陀思妥耶夫斯基来说，只有基

42 Wil Van Den Bercken, *Christian Fiction and Religious Realism in the Novels of Dostoevsky*, London and New York: Anthem Press, 2011, p.3.

43 Ibid, p.16.

44 Janet G. Tucker, *Profane Challenge and Orthodox Response in Dostoevsky's Crime and Punishment*, Amsterdam-New York: Rodopi B.V., 2008, p.236.

45 P.Travis Kroeker, Bruce Kinsey Ward, *Remembering the End: Dostoevsky as Prophet to Modernity*, Colorado: Westview Press, 2001, p.256.

督形象显示出的爱的实践能够使现实中爱的因果结构得以识别——这种爱在死亡中显明。"[46]

其他一些研究成果也对理解陀氏小说罪与救赎问题具有一定参考价值。考夫曼（Walter Kaufmann，1921-1980）编著的《存在主义：从陀思妥耶夫斯基到萨特》（*Existentialism from Dostoevsky to Sartre*）一书虽然论及陀思妥耶夫斯基之处只有寥寥数语，但一针见血地指出了陀氏塑造的人物的特征："陀思妥耶夫斯基在书中所创造的角色是传统基督教里所谓的那种罪恶的人物，但是他既不相信原罪也不相信上帝。"[47]美国当代学者伊琳娜·帕佩尔诺（Irina Paperno）在其专著《陀思妥耶夫斯基论作为文化机制的俄国自杀问题》（*Suicide as Cultural Institution in Dostoevsky's Russia*）[48]中强调1860年代前后俄国的社会环境和文化对杀人犯罪和自杀者产生的影响。而莉莎·克纳普（Liza Knapp）在《根除惯性：陀思妥耶夫斯基与形而上学》（*Dostoevsky and the Annihilation of Inertia: The Metaphysics of Physics in His Works*）[49]一书中分析了陀氏笔下人物在实施犯罪时的无意识状态，指出自然本能作为一种惯性力量和法则对犯罪的影响，克服这一法则、脱离犯罪只能依靠神性法则。尼娜·珀利堪·斯特劳斯（Nina Pelikan Straus）的《陀思妥耶夫斯基与女性问题》（*Dostoevsky and Woman Question*）[50]从女性主义视角考察了陀氏小说中女性与上帝、父亲和男性等父权制代表者之间的复杂关系，甚至将德米特里的未婚妻卡捷琳娜等人视为男性救赎主的角色。马尔科姆·琼斯在《巴赫金之后的陀思妥耶夫斯基》（*Dostoevsky after Bakhtin*）[51]一书中从话语、文本和叙事等方面对陀氏主要小说进行了解构式批评，其对宗教大法官与基督关系在文本层面的分析引人深思。迈阿密大学的久尔克夫斯（Margaret Ziolkowski）的

46　Ibid, p.260.

47　〔美〕考夫曼编著：《存在主义：从陀思妥耶夫斯基到萨特》，陈鼓应等译，北京：商务印书馆，1995年，第4页。

48　〔美〕伊琳娜·帕佩尔诺：《陀思妥耶夫斯基论作为文化机制的俄国自杀问题》，杜文鹃、彭卫红译，长春：吉林人民出版社，2003年。

49　〔美〕莉莎·克纳普：《根除惯性：陀思妥耶夫斯基与形而上学》，季广茂译，长春：吉林人民出版社，2003年。

50　〔美〕尼娜·珀利堪·斯特劳斯：《陀思妥耶夫斯基与女性问题》，宋庆文、温哲仙译，长春：吉林人民出版社，2003年。

51　〔美〕马尔科姆·琼斯：《巴赫金之后的陀思妥耶夫斯基》，赵雅莉等译，长春：吉林人民出版社，2004年。

《陀思妥耶夫斯基与虚己化传统》（*Dostoevsky and the kenotic tradition*）[52]一文追溯了吉洪和佐西玛长老等形象塑造与圣谢尔盖、彼得和阿列克谢主教以及奥普塔修道院的阿姆罗斯（Amvrosy）之间的关系，将陀氏笔下的圣徒形象放在整个区别于当代虚己论神学的俄罗斯虚己化传统中加以解读，有利于廓清陀氏的思想来源。

　　陀思妥耶夫斯基的创作材料来源极为丰富、难以穷尽，其影响也不易估量。英语世界几部比较研究的著作非常有利于理解陀氏罪与救赎思想的渊源、特征和影响。娜塔莉·巴布·布朗（Nathalie Babel Brown）的专著《雨果与陀思妥耶夫斯基》（*Hugo and Dostoevsky*）集中考察了陀思妥耶夫斯基阅读、评论和接受雨果的踪迹，通过情节和结构因素的细微对照揭示出《罪与罚》吸收了《悲惨世界》及雨果其他作品材料的事实。至于《罪与罚》和《悲惨世界》核心情节的不同，作者解释说：“两位作家的表达意图差异极大：雨果是要显示法律枉顾个人境遇的不公，陀思妥耶夫斯基是要显示人的内心有一种不可遏制地激励他与同伴和谐相处并导向正确和无私行为的力量”。[53]作者由此指出，正是不同的表达意图决定了冉阿让和拉斯科尔尼科夫的精神复活分别发生在作品的起首与后半部分。

　　约克大学艺术系的拉里（N.M. Lary）在《陀思妥耶夫斯基与狄更斯：文学影响研究》（*Dostoevsky and Dickens: a Study of Literary Influence*）一书中先是将马丁·朱述尔维特和拉斯科尔尼科夫两人的犯罪、谋杀与反叛社会做了对比，然后提出这样一个问题：狄更斯有无激发陀思妥耶夫斯基去描写犯罪？作者提醒说，要回答这一问题亦即在对陀思妥耶夫斯基和狄更斯的小说作比较研究时必须充分注意到文本中俄罗斯知识分子的特殊处境、心理与宗教问题以及作家的创作意图，譬如，“拉斯科尔尼科夫的犯罪是其认知自我本性真相的必然结果。他的受苦更多的是出于形而上和精神的需要而不是经济因素”[54]，其中所涉及的问题远远超出了马丁·朱述尔维特的行为。

52　Margaret Ziolkowski, *Dostoevsky and the kenotic tradition*, see *Dostoevsky and the Christian Tradition*, edited by George Pattison and Diane Oenning Thompson, New York: Cambridge University Press, 2001, pp.31-40.

53　Nathalie Babel Brown, *Hugo and Dostoevsky*, New York: Ardis, 1978, p.39.

54　N.M. Lary, *Dostoevsky and Dickens: a Study of Literary Influence*, London: Routledge and Kegan Paul, 1973, p.7.

玛利亚·布劳斯汀（Maria Bloshteyn）在专著《反文化偶像的塑造：亨利·米勒的陀思妥耶夫斯基》（*The Making of a Counter-Culture Icon: Henry Miller's Dostoevsky*）中较为充分地诠释了陀思妥耶夫斯基对亨利·米勒从生活到小说和评论写作全方位的影响。作者指出，亨利·米勒对基里洛夫和斯塔夫罗金的理解和接受非常特别："米勒认为基里洛夫选择自杀的真正原因是快乐。尽管这种解释对基里洛夫面对死亡时的恐怖和他对自杀做出的说明视而不见，米勒反复地将其自杀与具有洞晓快乐的理念联系起来。"[55] "米勒宣称斯塔夫罗金是对陀思妥耶夫斯基'至高的检验'，尤其对斯塔夫罗金的怪异表现和他的破坏能力留有深刻印象。"[56]米勒对佐西玛长老的解读更是"让人震惊"，他将佐西玛长老视为作家显示出的与斯塔夫罗金之恶相对的另一副面孔，但对长老的"临终遗言"加以曲解，"认为佐西玛长老关于爱世界的训词中包含着爱世上之恶的指示，将佐西玛长老非常正确的基督教信条变成了可怕的信息。"[57]玛利亚·布劳斯汀的解读提醒读者更深入地去思考陀氏思想观念在异域的变形与接受问题。

英语世界涉及罪与救赎较为重要的比较研究论著还有彼得·卡恩（Peter Kaye）的《陀思妥耶夫斯基与英国现代主义，1900-1930》（*Dostoevsky and English Modernism, 1900-1930*）[58]、杰里米·史密斯（Jeremy Smith）的《福克纳、陀思妥耶夫斯基、沃尔夫和贝尔纳诺斯的宗教情感和宗教献身》（*Religious Feeling and Religious Commitment in Faulkner, Dostoevsky, Werfel and Bernanos*）[59]和伊芙吉尼亚·彻卡索娃（Evgenia Cherkasova）的《陀思妥耶夫斯基和康德：关于伦理的对话》（*Dostoevsky and Kant: Dialogues on Ethics*）[60]等。

2、德、法学者的研究

德国学者赖因哈德·劳特（Reinhard Lauth）于1950年出版的《陀思妥耶

55　Maria Bloshteyn, *The Making of a Counter-Culture Icon: Henry Miller's Dostoevsky*, Toronto: University of Toronto Press, 2007, p.132.

56　Ibid, p.133.

57　Ibid, p.135.

58　Peter Kaye, *Dostoevsky and English Modernism, 1900-1930*, Cambridge: Cambridge University Press, 2004.

59　Jeremy Smith, *Religious Feeling and Religious Commitment in Faulkner, Dostoevsky, Werfel and Bernanos*, New York & London: Garland Publishing, Inc., 1988.

60　Evgenia Cherkasova, *Dostoevsky and Kant: Dialogues on Ethics*, Amsterdam-New York: Rodopi B. V., 2009.

夫斯基哲学》（*Die Philosophie Dostojewskis*）[61]是一部全面、系统地论述陀思妥耶夫斯基世界观的专著，涉及作家对于原罪、赎罪、苦难、爱和上帝等问题的理解，超越了之前一些学者所达到的高度。他认为，陀思妥耶夫斯基将原罪归结为相信依赖理性可以达到真理的幻想，是一种认识行为，一种对于恶的积极认识；陀氏反对虚无主义者关于罪的观点，主张人要主动地为自己的罪负责，同时也同情罪人，俄罗斯人民的特点就是能够视犯罪者为不幸者；陀氏的小说以弑父杀兄的罪孽肇始，以重归个性形成前的原始心灵和孕育生命的母亲—女性因素告终；个体的救赎既需回到上帝怀抱，还要向社会和大自然寻求宽恕，更要经受苦难的洗礼。

　　托马斯·曼探讨了作家深沉的罪恶意识与其癫痫病之间的关联，但过于强调疾病同天才作家的关系而对作品中的罪恶问题缺乏深入的分析。汉斯·昆指出，用弗洛伊德提出的俄狄浦斯情结理论无法说明德米特里的行为，认为小说《卡拉马佐夫兄弟》除了表现外在的犯罪行为和"内在的、不同典型和心理特征的戏剧性变化"之外，还作为"一部时代、社会和观念小说"表达出"精神、伦理和宗教的基本立场"，即"伊万的西方现代经启蒙后的无宗教性（他的仆从和实施者是被鄙视、被拒绝的同父异母兄弟私生子斯麦尔佳科夫，由于本性和教育，他体现了一种根本的怀疑）与阿廖沙的启蒙——基督教的宗教性（阿廖沙的代言人和教父是佐西玛神父）的对立"[62]。瓦尔特·延斯认为，陀思妥耶夫斯基的主人公从大罪人到大圣徒之间的转换完全是可能的："梅什金公爵这个最温和、最可爱的人物可能会成为一个杀人犯；而杀人犯拉斯柯尼科夫在西伯利亚，在陪伴他的妓女索尼娅身边，可能会变成一个居住在与世隔绝的死屋里的虔诚的人：一个妓女和一个杀人犯，他们更接近于修道院里的长老和修士的世界。"[63]瓦尔特·延斯对拉斯科尔尼科夫、梅什金、伊万和斯梅尔佳科夫等人的分析都突出其罪恶与崇高之间的动态变化过程。

　　除此，赫尔曼·黑塞（Herman Hessen）将卡拉马佐夫家族所有成员称为

61　〔德〕赖因哈德·劳特：《陀思妥耶夫斯基哲学》，沈真等译，北京：东方出版社，1996年。

62　〔德〕汉斯·昆、瓦尔特·延斯：《诗与宗教》，李永平译，北京：三联书店，2005年，第248页。

63　〔德〕汉斯·昆、瓦尔特·延斯：《诗与宗教》，李永平译，北京：三联书店，2005年，第263页。

"无定形的未来人"，认为"卡拉马佐夫们随时能够犯罪，但他们只是偶尔犯罪，因为他们通常只是思考犯罪、幻想犯罪以及熟悉犯罪的可能性"[64]，这一灵魂特性是"欧洲的没落"的象征性预言。汉斯·乌斯·冯·巴尔萨沙在其《德国心灵的末日预言》中论及陀氏作品中罪恶问题时指出作家极看重罪恶的"社会性"方面，因之他在提出依靠基督赎罪时又极看重教会生活对人的建造。在海因利希·伯尔（1917-1985）看来，陀思妥耶夫斯基属于描写城市生活最早的一批作家，反映了人同大地和自然疏离后陷于罪中的状态，人民是陀氏最广泛和唯一的素材。不过，伯尔并未指出人民在陀氏心中所具有的精神意义。弗·林登贝格在《陀思妥耶夫斯基：一个俄国僧侣》中极力强调陀氏作品中罪人身上残存的上帝形象，认为正是在他们那里出现了"净化"的神迹："不管他的主人公们多么卑鄙、下贱，不管他们多么肮脏、多么臭不可闻，不管他们多么堕落——陀思妥耶夫斯基仍给予他们以同情。门总是有缝的，它使我们看见净化的奇迹如何出现。"[65]

在法国，纪德（Gide）在他的系列讲座中提到了思想对于陀思妥耶夫斯基笔下人物所扮演的"魔鬼般的角色"，指出只有放弃智性、自我拒绝、进入上帝之国才能实现灵魂的救赎。加缪1955年所写的《纪念陀思妥耶夫斯基》（*Dostoïevski Memorial*）一文对陀氏给予了高度评价："在我看来，陀思妥耶夫斯基首先是这样一位作家：在早在尼采之前，就识别出当代虚无主义，并予以界定，预言其可怕的后果，并且试图指出解救之道。"[66]阿尔邦（Dominque Arban）的《陀思妥耶夫斯基》（*Dostoïevski*）一书考察了拉斯科尔尼科夫的思想与施蒂纳《唯一者及其所有物》的关系、《白痴》的创作初衷与罪的问题的联系，对斯塔夫罗金以自我惩罚来赎罪的方式提出了批评——"这种赎罪方式——耳光、唾沫和嘲笑——同样也诱惑着'荒唐人'，他能从中享受到快感，斯塔夫罗金也是如此……但吉洪明白了：这种方式不会带来补赎、宽恕和拯救，只会造成'更大的罪'：破灭希望的罪。"[67]

64　〔德〕赫尔曼·海塞等：《陀思妥耶夫斯基的上帝》，斯人等译，北京：社会科学文献出版社，1999年，第61页。

65　〔德〕赫尔曼·海塞等：《陀思妥耶夫斯基的上帝》，斯人等译，北京：社会科学文献出版社，1999年，第204页。

66　〔法〕加缪：《加缪全集》（戏剧卷），李玉民译，石家庄：河北教育出版社，2002年，第503页。

67　〔法〕阿尔邦：《陀思妥耶夫斯基》，解薇、刘成富译，上海：上海人民出版社，2008年，第170页。

0.3.3 国内研究状况

　　中国学者对陀氏作品中罪与救赎问题的研究兴趣渐浓。在最近六十多年出现的二十多部专著中，涉及此问题较多者有以下几部。刘小枫的《拯救与逍遥》[68]初版于 1988 年，该作认为"德感"和"乐感"共同构成了中国精神的意象结构，而基督教的精神意象结构以"罪感"和"爱感"为基本的构成要素。在此基础上，该作深入地分析了陀思妥耶夫斯基小说含有的"罪感"元素，将拉斯科尔尼科夫和伊万等人拒绝接受"理性的上帝"置于对西方思想和文化脉络中"上帝之死"的追问中进行解读。冯增义的《陀思妥耶夫斯基论稿》[69]在作家思想的动态发展中把握其对于基督、救赎、复活和上帝的认识，鞭辟入里，恰切道出了陀氏信仰的实际状况。冯川的《忧郁的先知：陀思妥耶夫斯基》[70]探讨了陀思妥耶夫斯基对犯罪的原因、自由与罪和上帝信仰等问题的看法，凸显了陀氏"思想艺术家"的特征。赵桂莲的《漂泊的灵魂——陀思妥耶夫斯基与俄罗斯传统文化》一书对斯塔夫罗金等人物罪的本性进行了深入分析，并参照白银时代俄罗斯宗教哲学家维舍斯拉夫采夫的著作《变容之厄罗斯的伦理学·法与恩惠问题》的叙述框架对《罪与罚》和《卡拉马佐夫兄弟》中的人物和情节进行了阐发，突出了法律惩罚的有限性，在对各种圣愚形象、受难者形象进行探讨的基础上指出陀氏主人公经受的多重苦难具有重要的赎罪意义；该著作也论及自由与罪恶、陀氏思想与东正教和民间文化的复杂关系等问题。王志耕在《宗教文化语境下的陀思妥耶夫斯基诗学》一书中对陀氏小说中的罪与救赎思想也有较深入的研究，涉及陀氏无条件的上帝信仰、神正论、自由与恶、东正教思想渊源、圣愚和"中介新娘"等议题，颇有启发意义。田全金的《言与思的越界——陀思妥耶夫斯基比较研究》用三分之一篇幅来探讨陀思妥耶夫斯基作品中的宗教哲学问题，论及和谐与苦难、信仰与理性以及沉沦与救赎等议题；论者视野宏阔，但尚留有进一步开拓的空间。何怀宏在《道德·上帝与人：陀思妥耶夫斯基的问题》一书中分析了拉斯科尔尼科夫的犯罪同其"超人"理论和"越界"思想的内在关系，指出陀氏对于人类罪恶给出的根本解决之道是上帝信仰——"要在人的内心中升扬起一种趋近上帝的精神"

68　刘小枫：《拯救与逍遥》（修订本），上海：三联书店，2001 年。

69　冯增义：《陀思妥耶夫斯基论稿》，上海：上海文艺出版社，2011 年。

70　冯川：《忧郁的先知：陀思妥耶夫斯基》，成都：四川人民出版社，2000 年。

[71]；另外，论者对陀氏小说中"作为问题的思想"的分析也十分深入。刘文飞在《伊阿诺斯，或双头鹰》[72]中有意突出《群魔》作为"政治讽喻小说"的性质，其对陀氏社会和政治观念的解析有助于理解陀氏的"土壤论"[73]和该作具有的思想争鸣意义。

郭小丽的《陀思妥耶夫斯基的救赎思想——兼论与中国文化思维的比较》是新近出版的一部集中研究陀氏救赎思想的专著。作者将《卡拉马佐夫兄弟》作为研究的重点，对作品中的人物在个人层面上如何走向救赎和在更高的层面上所喻示的整体的人、俄罗斯民族和全人类的救赎之道进行了分析。除此，论者对陀氏救赎思想的渊源和所处的思想环境进行了考察，并对陀氏救赎观背后蕴含的文化思维模式与中国文化思维模式进行了比较研究。

除此，冷满冰的《宗教与革命语境下的〈卡拉马佐夫兄弟〉》[74]着力探讨陀氏在伊万和阿廖沙之间的倾向问题，涉及知识人与大众关系、大法官与基督的对立等命题。何云波的《陀思妥耶夫斯基与俄罗斯文化精神》[75]正确地指出陀氏笔下人物在罪恶与崇高的本性之间存在极大的张力，罪人们的救赎之道在于承受苦难、爱人和皈依基督，但作者对陀氏东正教信仰的理解似可商榷。

涉及罪与救赎问题的论文较多，特别是近十多年来，相关研究倍增。如汪剑钊在《美将拯救世界——〈白痴〉与陀思妥耶夫斯基的末世论思想》中廓清了作家"美将拯救世界"这句话的基本命意，即拯救世界的是集真善美于一体的终极理想、是基督之爱。[76]周丹在《神性的诗意——浅论陀思妥耶夫斯基的宗教思想，兼与何云波先生商榷》的文章中客观地阐释了基督教关于罪和基督神人二性的理解，对陀氏作品中"人神"和"神人"概念进行了清晰的界定。[77]高旭东在《基督教文化的金秋硕果——重估陀思妥耶夫斯基小说

71 何怀宏：《道德·上帝与人：陀思妥耶夫斯基的问题》，北京：北京大学出版社，2010 年，第 76 页。

72 刘文飞：《伊阿诺斯，或双头鹰》，北京：社会科学出版社，2006 年。

73 又译为"根基论"，在俄语中土壤和根基是同一个词（почва）。

74 冷满冰：《宗教与革命语境下的〈卡拉马佐夫兄弟〉》，成都：四川大学出版社，2007 年。

75 何云波：《陀思妥耶夫斯基与俄罗斯文化精神》，长沙：湖南教育出版社，1997 年。

76 汪剑钊：《美将拯救世界——〈白痴〉与陀思妥耶夫斯基的末世论思想》，《外国文学评论》，2002 年第 1 期。

77 周丹：《神性的诗意——浅论陀思妥耶夫斯基的宗教思想，兼与何云波先生商

的文化价值》一文中高屋建瓴地指出，只有将陀思妥耶夫斯基的创作置于基督教文化的内在冲突中才能认识作家作为伟大救赎者同时又是伟大恶魔的双重身份，才能"破译其作为西方文化高峰之奥秘"[78]。闫美萍在《论陀思妥耶夫斯基小说中的犯罪问题》的文章中分析了陀氏的犯罪小说同传统侦探小说本质上的艺术区别，指出作家要在探索人性奥秘的过程中表现某种宗教情结。[79]朱建刚在《从"地下室人"到"群魔"——陀思妥耶夫斯基与俄国虚无主义》一文中分析了俄国虚无主义思想对于从"虚无主义思想家'地下室人'"到"孤独的反抗者"拉斯科尔尼科夫再到虚无主义者的"群魔"团体深刻的影响。[80]张变革在《幻想的爱与实践的爱——陀思妥耶夫斯基后期创作问题》中指出，"在后期创作中，幻想成为软弱和伪善的代名词，与高尚的救世之爱相结合成为幻想的爱，指向抽象的'概括的人'，其理论基础是当时流行的人文主义，最终转化为对人自由的奴役。在揭示幻想的爱对爱的扭曲时，作家肯定了信仰原则下的实践的爱。"[81]其他较重要的相关研究还有闫美萍的《陀思妥耶夫斯基小说中犯罪问题探源》、李必桂的《观照苦难——陀思妥耶夫斯基作品中的苦难问题》、张竹筠的《人类社会新生母题的构建——论陀思妥耶夫斯基小说的拯救意识与虚幻艺术》、贺立华和姜桂栩的《人的有限性与上帝的可能性——论陀思妥耶夫斯基复调小说的拯救主题》、王志耕和陈遐的《陀思妥耶夫斯基是否"怀疑"上帝存在?》、徐田秀的《论陀思妥耶夫斯基"原罪"与"救赎"的悲剧色彩》和刘锟的《论陀思妥耶夫斯基"罪"与"罚"思想中的东正教文化内涵》等论文。

　　一些对陀思妥耶夫斯基创作进行溯源或厘定其影响的研究论文也往往涉及小说中的罪与救赎思想。如赵桂莲在《白银时代的陀思妥耶夫斯基研究》中阐释了白银时代哲学家、文学家和文学评论家在人的善恶本性、精神自由和俄罗斯民族使命与陀思妥耶夫斯基思想的内在关联。[82]王宗琥在《普拉东诺

　　　　权》，《俄罗斯文艺》，2003 年第 2 期。

78　高旭东：《基督教文化的金秋硕果——重估陀思妥耶夫斯基小说的文化价值》，《外国文学》，2004 年第 6 期，第 71 页。

79　闫美萍：《论陀思妥耶夫斯基小说中的犯罪问题》，《国外文学》，2004 年第 1 期。

80　朱建刚：《从"地下室人"到"群魔"——陀思妥耶夫斯基与俄国虚无主义》，《外国文学研究》，2008 年第 5 期。

81　张变革：《幻想的爱与实践的爱——陀思妥耶夫斯基后期创作问题》，《外国文学评论》，2009 年第 2 期，第 82 页。

82　赵桂莲：《白银时代的陀思妥耶夫斯基研究》，《国外文学》，1996 年第 3 期。

夫与陀思妥耶夫斯基的对话》中阐述了陀思妥耶夫斯基的基督形象对普拉东诺夫的影响。[83]方珊在《新宗教艺术的先驱——索洛维约夫论陀思妥耶夫斯基》中论证了索洛维约夫在罪恶、上帝信仰和爱的观念等方面对陀氏的理解与高度评价。[84]张百春在《别尔嘉耶夫与陀思妥耶夫斯基》一文中勾画出陀思妥耶夫斯基对别尔嘉耶夫产生影响的脉络。[85]林精华的《去民族性特色与扩展全球性价值——西方 20 世纪视野中的陀思妥耶夫斯基形象》描绘了陀氏在西方世界不同的接受图景。[86]景凯旋在《陀思妥耶夫斯基有什么错——从米兰·昆德拉〈一个变奏的导言〉谈起》中指出昆德拉对陀氏小说中情感氛围的反感是不公正的，"陀思妥耶夫斯基小说中反映的信仰与功利、情感与理性、善与恶的冲突，并不是他个人的内心冲突，而是俄罗斯道德情感对西方理性激情的反抗"[87]，两人在反对理性压制自由的立场上并无大的沟壑。曾艳兵在《陀思妥耶夫斯基与卡夫卡》一文中分析了卡夫卡笔下蜷缩地洞中的鼹鼠与"地下室人"相似的生存处境和性格特质，指出陀思妥耶夫斯基是卡夫卡的先行者。[88]单世联在《"水晶宫"与现代文化的分裂——重思车尔尼雪夫斯基与陀思妥耶夫斯基之争》中将"水晶宫"解读为现代文明的象征，探讨了车尔尼雪夫斯基的"新人"和"地下室人"的对立。[89]同类的研究论文较重要的还有冯华英的《陀思妥耶夫斯基与霍夫曼的艺术影响》、赵桂莲的《陀思妥耶夫斯基创作思想探源》、吴勇立的《陀思妥耶夫斯基棱镜中的托马斯·曼和黑塞》、童明的《自然机器·人性·乌托邦：再论陀思妥耶夫斯基和车尔尼雪夫斯基之争》、汪汉利的《索尔·贝娄与陀思妥耶夫斯基》和陈杨的《索洛维约夫与陀思妥耶夫斯基的关系：一种新阐释》等。

近年来，将陀思妥耶夫斯基作为研究对象的博、硕士学位论文数量在整

---

83 王宗琥：《普拉东诺夫与陀思妥耶夫斯基的对话》，《俄罗斯文艺》，2001 年第 4 期。

84 方珊：《新宗教艺术的先驱——索洛维约夫论陀思妥耶夫斯基》，《俄罗斯文艺》，2002 年第 4 期。

85 张百春：《别尔嘉耶夫与陀思妥耶夫斯基》，《博览群书》，2002 年第 4 期。

86 林精华：《去民族性特色与扩展全球性价值——西方 20 世纪视野中的陀思妥耶夫斯基形象》，《俄罗斯文艺》，2003 年第 2 期。

87 景凯旋：《陀思妥耶夫斯基有什么错——从米兰·昆德拉〈一个变奏的导言〉谈起》，《书屋》，2005 年第 4 期。

88 曾艳兵：《陀思妥耶夫斯基与卡夫卡》，《俄罗斯文艺》，2008 年第 1 期。

89 单世联：《"水晶宫"与现代文化的分裂——重思车尔尼雪夫斯基与陀思妥耶夫斯基之争》，《外国文学评论》，2011 年第 2 期。

体上呈上升趋势。笔者能查到的博士学位论文共 10 篇（1986-2012 年，有的已以专著形式出版），硕士学位论文 67 篇（2000-2012 年，其中仅 2012 年即有 13 篇），另有博士后出站报告 2 篇。其中涉及罪与救赎问题的为数不少。如杨江平的《陀思妥耶夫斯基小说人物形象的宗教阐释》重点探讨了"维护、敬重上帝的'神人'"形象同"质询抗辩上帝的'人神'形象"的对立。[90]万海松的《陀思妥耶夫斯基根基主义思想研究》廓清了陀氏根基主义思想的渊源及不同角色与这一思想的关系。[91]其他的诸如郑煦的《罪恶与救赎：从〈卡拉马佐夫兄弟〉看陀思妥耶夫斯基的精神复兴之路》、褚艳玲的《陀思妥耶夫斯基作品人物的神人化道路》、刘莉萍的《堕落与救赎：论陀思妥耶夫斯基的小说与法律》、宋雪峰的《陀思妥耶夫斯基长篇小说中的"思想者"形象》和肖伟芹的《救赎的力量——评〈卡拉马佐夫兄弟〉中表现的爱和上帝的形象》等硕士学位论文都做出了有益的尝试和探索。

　　总的来看，以上提到的这些成果都从某些方面洞察了陀氏作品中罪与救赎思想的特征，不乏真知灼见，某些创见因其高屋建瓴已成为陀思妥耶夫斯基研究不可或缺的路标，给笔者提供了丰富的灵感和深刻的启示。然而，研究者并非专门地关注罪与救赎问题，或者只是将其作为自己整个论域或思想体系的一个部分顺带提及，或者只关注这一问题的部分方面、只关注与之相关的部分作品。譬如，索洛维约夫、梅列日科夫斯基和别尔嘉耶夫等人的研究尽管很深刻，但他们是把陀思妥耶夫斯基纳入其整体哲学世界观来理解，多少存有拿陀思妥耶夫斯基的思想来浇筑自己块垒的嫌疑。西方一些学者没有充分凸显罪与救赎问题在陀氏作品中的重要地位和意义。国内学界对陀思妥耶夫斯基小说中罪与自由的关系、作家对罪的态度等问题的研究还不够充分，对作品中基督形象的救赎意义、隐修士形象与俄罗斯圣徒传文学和东正教哲学传统的关系等问题重视不够。因此，之前的相关研究还有继续深入和进行整体性、综合性阐释的空间。本研究将在前人研究的基础上继续深入和突进，力争把罪与救赎在陀氏世界观中的基本含义和重要地位凸显出来，在此基础上揭示出陀思妥耶夫斯基在俄罗斯思想史和世界文学史上的独特意义。

90　杨江平：《陀思妥耶夫斯基小说人物形象的宗教阐释》，山东大学，2004 年。
91　万海松：《陀思妥耶夫斯基根基主义思想研究》，中国社会科学院，2008 年。

第一章 陀思妥耶夫斯基：与罪恶抗争的一生

　　陀思妥耶夫斯基是 19 世纪俄罗斯文学星空中最闪亮的一颗巨星，曾"以自己的天才力量震撼了全世界"[1]。出于对这位天才作家的肯定与热爱，人们赠予他诸如"灵魂的洞察者和神意的阐释者"[2]、"先知"、"精神领袖"、"精神之父"等许多荣耀的冠冕。陀思妥耶夫斯基完全无愧于这些称号。这不仅是因为他的作品包蕴着引导和烛照精神之旅穿越黑暗的巨大力量，而且在于他本人的命运就能昭示出通向真理的道路。茨威格在《三大师传》中称"陀思妥耶夫斯基的命运是《旧约》式的，是英雄式的，而丝毫不是现代式的，不是市民式的。他像雅各一样，不得不永远与天使搏斗，永远反抗上帝，又不得不像约伯一样，永远俯身屈从。"[3]就是在这样的精神磨砺中，陀思妥耶夫斯基给每一位愿意"谦卑"下来聆听或追思其人生脚步者以安慰、鼓励和希望。他的命运带来的最大启示首先是如何对待现实中的罪恶问题。

　　在陀思妥耶夫斯基布满荆棘和苦难的一生中，在他的创作行动中，始终贯穿着一条主线：探究人性的罪恶，与罪恶进行抗争。笔者大致将其生平分为两个阶段。

1　〔意〕葛兰西：《论文学（续集）》，吕同六译，北京：人民文学出版社，1983 年，第 326 页。

2　〔俄〕波诺马廖娃：《陀思妥耶夫斯基：我探索人生奥秘》，张变革等译，北京：商务印书馆，2011 年，第 1 页。

3　〔奥〕茨威格：《三大师》，申文林译，北京：人民文学出版社，2001 年，第 68 页。

1.1 第一阶段：从童年到"死屋"时期

作家对自己童年时代的回忆文字并不多，且总伴有"美化"的倾向，而实际状况却是贫穷的出身、父亲的忧郁和多疑性格作为"排斥性的力量"主导了作家的童年。作家几乎终生都在同这种力量的影响抗争，有意无意把自己遭受的灾祸归因于"罪恶"："他对他的兄弟表白：'我有可怕的罪恶，无限的自尊心和虚荣心。'"[4]这种信念可能与他很早就接触纯正的宗教生活有关：圣经是作家的启蒙读本，他的母亲是虔诚的基督徒，平时会带领孩子们去教堂、教他们在圣像前祈祷，每年还带他们去修道院朝圣。[5]少年时代的陀思妥耶夫斯基"曾和哥哥一起没完没了地读书，熬过多少个日日夜夜。那个时候，他这个贪得无厌的人便萌发了对罪恶的兴趣。"[6]他特别喜欢狄更斯的作品，为其笔下"不幸的孩子"伤心难过。阅读席勒则使他的心灵更为崇高："在结交俄国革命者之前，年轻的费多尔学习席勒的社会学思想，并接触到'圣罪'的概念，这个概念直达他灵魂深处。"[7]

1837 年，陀思妥耶夫斯基和他的兄长米哈伊尔·陀思妥耶夫斯基一起报考彼得堡军事工程学校，考试和录取过程中遭遇到不公正。考方"没有任何根据"地要求陀思妥耶夫斯基出具身体健康的证明，哥哥笔试成绩名列第一综合成绩却被列为第十二名。陀思妥耶夫斯基在给父亲的信中写道："这些不公正的做法使哥哥伤心透了。我们没有钱送礼，即使有，我们也肯定不会送，因为用钱去买而不是靠成绩去争第一是可耻的。"[8]作家自己的公费生资格被别人以"卑鄙"的手法"抢走"，而作家本来指望藉此完成学业。[9]如果

---

4 〔俄〕梅列日科夫斯基：《托尔斯泰与陀思妥耶夫斯基》（卷一），杨德友译，北京：华夏出版社，2009 年，第 90 页。

5 见〔法〕阿尔邦：《陀思妥耶夫斯基》，解薇、刘成富译，上海：上海人民出版社，2008 年，第 14、27 页；〔俄〕波诺马廖娃：《陀思妥耶夫斯基：我探索人生奥秘》，张变革等译，北京：商务印书馆，2011 年，第 6-7 页；〔俄〕陀思妥耶夫斯基：《一篇当代的谎言》（见陈燊主编：《陀思妥耶夫斯基全集·第 19 卷》，张羽译，第 166-167 页）。

6 〔奥〕茨威格：《三大师》，申文林译，北京：人民文学出版社，2001 年，第 71 页。

7 〔法〕阿尔邦：《陀思妥耶夫斯基》，解薇、刘成富译，上海：上海人民出版社，2008 年，第 34 页。

8 陈燊主编：《陀思妥耶夫斯基全集·第 21 卷》，郑文樾、朱逸森译，第 6 页。

9 作家在军事工程学校学习的费用后来由其姨夫供给。见陈燊主编：《陀思妥耶夫斯基全集》（第 21 卷），郑文樾、朱逸森译，第 9 页。

说之前在慈善医院的住宅[10]见到的苦难构成了作家对生存最初的理解的话，那么以上遭遇则使他更切身地看清社会的不公。这位 16 岁的少年对此既有强烈的愤恨，也有托身于宗教生活深得安慰的体验："让我们祷告上帝吧！他不会抛弃无依无靠的可怜人的。他还会赐予很多恩惠。"[11]

在彼得堡军事工程学校学习期间（1838-1843 年），在霍夫曼、巴尔扎克、歌德、富凯和雨果等人作品的陪伴下，陀思妥耶夫斯基愈来愈显示出忧郁的幻想家的特征。他清晰地感觉到，天和地都可以融合进人的心灵氛围中，但人是"不法"的孩子，因为"心灵本质的规律遭破坏"。他对世界产生了这样的认识：

> "我觉得，我们的世界是为罪恶思想蒙蔽了的天国精灵的涤罪所。我觉得，世界具有了反面的意义，以致崇高优美的精神却成了一种讽刺。如果一个既不共享整体的印象，又不赞同整体的思想的人，即一个完完全全的局外人落入这种状况……结果会怎样呢？这状况会遭破坏，而且不可能再存在！"[12]

这种认识只能从站在宇宙的极处俯瞰地球时才能得出。也许是经受了苦难的试炼，也许是上帝的特殊恩赐，陀思妥耶夫斯基能够弃置庸常的、尘世的眼睛转而用超然的、独特的、属天的"第二视力"[13]"看"世界。他通过"第三只眼睛"更为清晰、更为深透地从"世界之外"看到"世界之中"人的罪性和荒诞，看到世人常深陷其中却盲目无视的悲剧性存在："地下室人"从地下洞穴中观看人类的理性法则和秩序，斯塔夫罗金幻想站在地球上看待自己作为"月球人"时犯下的罪孽，"荒唐人"在梦幻中踏上"一块没有受

---

10 陀思妥耶夫斯基出生在莫斯科玛利亚济贫医院旁的公寓里，年少时"喜欢倾听和询问医院里的病人"（〔法〕阿尔邦：《陀思妥耶夫斯基》，解薇、刘成富译，上海：上海人民出版社，2008 年，第 26 页）。

11 陈燊主编：《陀思妥耶夫斯基全集·第 21 卷》，郑文樾、朱逸森译，第 6 页。

12 〔俄〕陀思妥耶夫斯基：《书信集》（上）（全集·第 21 卷），郑文樾、朱逸森译，第 10-11 页。

13 陀思妥耶夫斯基拥有"第二视力"这一说法是舍斯托夫在《战胜自明》一文中提出的，他指出有人拥有"双重视力"——"天然的视力"和"非天然的视力"：前者是与人的其余的知觉感官和理性本身相一致的人的通常的视力；后者是"死亡天使"赠予人的"不合规律的、荒唐的、幻想的幽灵或混乱想象力的错觉。"陀思妥耶夫斯基就是拥有"双重视力"的人，他常用"第二视力"来看世界和发现新的东西。（参考〔俄〕舍斯托夫：《在约伯的天平上》，董友等译，北京：三联书店，1992 年。）

罪恶玷污的土地",在那里回想已被罪孽败坏的地球人的生活……

　　然而人类承受的痛苦和煎熬并没有碾碎陀思妥耶夫斯基善感的心。无论是心灵的痛苦、世间的苦难还是人的罪性都没有使作家陷入绝望与虚无;毋宁说,他在人的苦难与罪性存在中看到了人性神圣的光辉,从绝望与虚无的转身间看到了救赎与盼望的曙光。虽然他意识到"只需意志爆发就足以粉碎外壳,并同永恒结合在一起"[14],虽然从哈姆雷特身上,他只看到了人的懦弱和"麻木不仁",但他对美好人性的期望不是借助激烈的行动抵达:"认识自然界、心灵、上帝和爱情……这一切是用心,而不是用智慧。"[15]他相信,亲人之间的心灵和志向可以"从基督教原则"出发得以协调,"恶习和耻辱"可以通过教育转变为美德。

　　也是自这一时期开始,陀思妥耶夫斯基树立了探索和识破人的奥秘的宏愿。这首先与他体验到自身常常如他后来所说的"行走到极处"有关。在1838年8月9日给兄长的信中,他写道:"我有一个空中楼阁式的计划:变成一个疯子。让人们去胡闹,去给我治疗,把我变成聪明人吧!"[16]这里孕育着后期创作的思想端倪,"变成一个疯子"的"计划"以文学狂想的形式得以实现:"地下室人"就是这样自视为疯狂的、"愚蠢的聪明人",《一个荒唐人的梦》的开篇就是:"我是一个荒唐的人。现在他们把我叫做疯子。"[17]1844年11月,在跟所有人"闹翻"之后作家写道:"大人们大概会对孩子们说我是败家子、放荡人、懒虫……这个想法使我感到非常痛苦……但上帝会看到,我像绵羊一样善良……"[18]在这种混淆善与恶、理性与非理性之间界限的背后,作家经受着巨大的痛苦,思考和探求着人性的秘密。

　　1844-1848年期间,初入文坛并获得极大成功的陀思妥耶夫斯基开始倾向

14　〔俄〕陀思妥耶夫斯基:《书信集》(上)(全集·第21卷),郑文樾、朱逸森译,第11页。

15　〔俄〕陀思妥耶夫斯基:《书信集》(上)(全集·第21卷),郑文樾、朱逸森译,第15页。

16　〔俄〕陀思妥耶夫斯基:《书信集》(上)(全集·第21卷),郑文樾、朱逸森译,第13页。

17　〔俄〕陀思妥耶夫斯基:《作家日记》(下)(全集·第20卷),张羽、张有福译,第709页。

18　〔俄〕陀思妥耶夫斯基:《书信集》(上)(全集·第21卷),郑文樾、朱逸森译,第46页。

于空想社会主义思想，"朝无神论方向偏离"[19]。作家的处女作、书信体小说《穷人》讲述的是一段真挚的爱情如何失败的悲惨故事："小人物"杰武什金付诸所有努力也未能拯救孤女瓦连卡，"纯洁的女性"最终沦为不公社会的牺牲品。经由《穷人》获得的巨大成功，陀思妥耶夫斯基结识了当时身负盛名的批评家别林斯基。随后，陀思妥耶夫斯基经常在别林斯基处听其整夜长谈乔治·桑、卡贝、皮埃尔·勒鲁、普鲁东、费尔巴哈和施特劳斯等人的思想；对陀思妥耶夫斯基来说，后者扮演着精神导师的角色。陀思妥耶夫斯基 1873 年撰文回忆这段交往时说："我认识他的时候，他已是激进的社会主义者，他同我交谈径直从无神论开始。在这种交谈中有很多令我难忘的东西。"[20] "早在 1846 年我就已经从别林斯基那里领会了未来'革新的世界'的全部真理和未来共产主义社会的全部神圣性。"[21]就影响来说，别林斯基唤起了陀思妥耶夫斯基"无神论的冲动"，然而作家并"未以任何方式中断"[22]对基督信仰的忠诚，他"不曾把对于在大地上实现这种'狂热'的信仰（指作家对社会主义的迷恋，笔者）与对基督的信仰分割开来。"[23]

1847 年 3 月，陀思妥耶夫斯基开始参加彼特拉舍夫斯基的"星期五"聚会。在这里，一群怀着崇高目标和牺牲精神的年轻人，在傅里叶空想社会主义思想的激励下，喝茶、谈话、思考，为献身于"共同事业"和改造社会的梦想激动不已。他们讨论的话题涉及沙皇制度、农奴解放、言论自由、司法改革等，然而多数人并不主张用暴力手段推翻沙皇政府。陀思妥耶夫斯基与彼特拉舍夫斯基小组保持着若即若离的关系。一方面，他强烈地意识到社会的不公、环境的败坏和人类背负的苦难，并为期待建立更美好、更公义的社会而热血澎湃；另一方面，他并不赞同空想社会主义的无神论原则。据雅诺夫斯基博士回忆，陀思妥耶夫斯基在参加小组会议时"总是先分析某个实例或情况，然后得出实际的结论，然而是那种'从未与福音书背道而驰的'结

---

19 〔俄〕波诺马廖娃：《陀思妥耶夫斯基：我探索人生奥秘》，张变革等译，北京：商务印书馆，2011 年，第 14 页。

20 〔俄〕陀思妥耶夫斯基：《作家日记》（上）（全集·第 19 卷），张羽译，第 11 页。

21 〔俄〕陀思妥耶夫斯基：《作家日记》（上）（全集·第 19 卷），张羽译，第 161 页。

22 〔俄〕波诺马廖娃：《陀思妥耶夫斯基：我探索人生奥秘》，张变革等译，北京：商务印书馆，2011 年，第 15 页。

23 〔俄〕瓦·瓦·津科夫斯基：《俄国哲学史》（上卷），北京：人民出版社，2013 年，第 466 页。

论"[24]。他持守的是这样的立场——"身上披着席勒的外衣，内心却永远充斥着狄更斯和欧仁苏的'悲惨世界'，这就是陀思妥耶夫斯基面对俄国社会问题的态度。"[25]

1849 年初，陀思妥耶夫斯基处于谢·杜罗夫小组的核心人物派尼·斯佩什涅夫的影响之下，后者曾是彼特拉舍夫斯基小组的激进派成员，主张不惜使用一切手段宣扬社会主义、无神论和恐怖主义[26]。阿尔邦就此指出，陀思妥耶夫斯基曾表示要为他的"梅菲斯特"斯佩什涅夫效劳，甚至两人商量了共同建立地下印刷厂来印发传单的具体事宜，而《群魔》的创作源起就在于此。这样，陀思妥耶夫斯基再次走到了极限之处："这个席勒的崇拜者，傅里叶主义的幻想者，基督徒，多愁善感的文人，他想要在精神和意识上弑君。他又一次被一桩想象中的罪行吓坏了，尽管只是在脑子里想想而已，这不是肉体上的犯罪，而是精神上的犯罪。"[27]

陀思妥耶夫斯基为"精神上的犯罪"同时也是为自己的道德理想付出了沉重的代价。在彼得保罗要塞囚禁九个月后，在遭受了假死刑的心灵磨难之后，他最终被判服四年苦役，苦役期满后又被流放近六年，甚至在 1859 年返回彼得堡后仍长期受到秘密警察的监视。"死屋"生涯使得陀思妥耶夫斯基真正走近了不幸的"罪犯"、"穷人"和"被侮辱与被损害的人"，生活在他们中间。阿尔邦读过《死屋手记》后，如此评论每日陪伴作家的这些罪犯：

> "罪犯中有的残杀婴儿，有的弑父杀母，有的纵火行凶，有的是将儿童碎尸的变态狂，有的谋害少女并鞭挞她们的尸体。作家十分惊骇，对他来说，他们不是普通的恶人，而是罪大恶极的魔鬼。
>
> ……
>
> 不负责任的怪物，缄口不言的犯人，他们之中许多人不是因为

---

24 〔俄〕波诺马廖娃：《陀思妥耶夫斯基：我探索人生奥秘》，张变革等译，北京：商务印书馆，2011 年，第 14-15 页。

25 〔法〕阿尔邦：《陀思妥耶夫斯基》，解薇、刘成富译，上海：上海人民出版社，2008 年，第 75 页。

26 〔法〕阿尔邦：《陀思妥耶夫斯基》，解薇、刘成富译，上海：上海人民出版社，2008 年，第 79 页。

27 〔法〕阿尔邦：《陀思妥耶夫斯基》，解薇、刘成富译，上海：上海人民出版社，2008 年，第 80 页。

饥饿或仇恨而杀人，而仅仅是因为"想这么干"，为了消遣。有一个是"精神上的卡西莫多，十足的怪物，是一个长着牙齿和肚子的肉，无法克制地追求最下贱的感官享乐"；有一个为了偷一块手表就杀了人；还有一个更不可原谅：只是为了一个洋葱。"[28]

是什么力量支撑作家在如此可怕的环境中度过了一千多个日日夜夜？或许这永远无法尽然说明。不过，在《死屋手记》中可以找到这样的话语："我记得，只有一种追求复活、再生和新生活的强烈愿望，才给了我期待和希望的勇气。"[29]而且几乎众所周知的是，在"死屋"中作家唯一被允许阅读的书就是十二月党人 M.A.方维津的妻子娜·德·方维津娜送的那本圣经。1854 年2 月，苦役刑满不久，陀思妥耶夫斯基在给她的信中郑重提到他心中的信条："这信条极其简单，相信没有什么能比基督更加美好、更加深刻、更加令人喜爱、更加明智、更加刚毅和完善……不仅如此，如果有人向我证明基督存在于真理之外，而真理又确实是存在于基督之外的话，那么我也宁可与基督站在一起，而不是与真理站在一起。"[30]在《群魔》中，宁可舍弃真理也要选择基督的话语又由斯塔夫罗金说出并深深影响了沙托夫的信仰[31]。

由此可以解释为何数年的苦难生活在陀思妥耶夫斯基这里不仅没有产生对社会的仇视、对人的怨恨，反而带来了灵魂的蜕变和新生。正是从这些囚犯朋友们身上，陀氏发现了人的普遍罪性，认识到基督信仰对于他们的根本意义，建立起对"人身上的上帝形象"的坚定信念并经历到信仰的复活。在孤独漫长的牢狱生活中，他重新思考社会的公义、人的罪性、恶、惩罚以及救赎等问题，终于"看清了自己革命志向的谬误"[32]。"他从监狱生活中了解犯罪和罪犯。在无可置疑的事实面前那些抽象的理论和哲学黯然失色。"[33]罪犯的身份和同罪犯们的朝夕相处让他对人性所能达到的极限有着深刻的体

---

28 〔法〕阿尔邦：《陀思妥耶夫斯基》，解薇、刘成富译，上海：上海人民出版社，2008 年，第 91 页。

29 〔俄〕陀思妥耶夫斯基：《死屋手记》（全集·第 5 卷），臧仲伦译，第 361 页。

30 〔俄〕陀思妥耶夫斯基：《书信集》（上）（全集·第 21 卷），郑文樾、朱逸森译，第 145 页。

31 〔俄〕陀思妥耶夫斯基：《群魔》（上）（全集·第 11 卷），冯昭玛译，第 309 页。

32 〔俄〕索洛维约夫等著：《精神领袖》，徐振亚等译，上海：上海译文出版社，2009 年，第 13 页。

33 〔俄〕波诺马廖娃：《陀思妥耶夫斯基：我探索人生奥秘》，张变革等译，北京：商务印书馆，2011 年，第 105 页。

认，对苦难和赎罪问题也有切身的理解。尤其是，在"死屋"中建立的基督信仰赋予陀思妥耶夫斯基从神性之维面对人间的恶，使他意识到人经由灵魂革命而非社会革命跳出罪恶与苦难的可能性：虽然罪还不是恶，罪性掩蔽在人的灵魂深处，不如恶那么醒目，但它是恶的肇端，是始源，是隐而未显的恶，要清除恶首先要直面人的罪性。在后来的《作家日记》中，陀思妥耶夫斯基这样写道："十分清楚和易于理解的是，恶隐藏于人类心中，比社会主义者——医师所想象的要深刻得多。因此任何社会制度都不能避免恶，人的心灵始终不变，因此反常现象和罪恶都源自心灵本身……"[34]这一理解或显或隐地贯穿于陀氏后期的所有创作。

1.2 第二阶段：从回归彼得堡到去世

1859 年底，陀思妥耶夫斯基获准重返彼得堡居住，进入一生中最为丰产的创作时期。

陀思妥耶夫斯基创作的盛年，适逢俄罗斯帝国数百年间最为急遽的变动与转型，各种社会问题层出不穷，各样社会思潮勃兴。特别是作为俄罗斯社会转型和步入现代资本主义时代的标志性事件，即 1861 年的废除农奴制改革引发了各种新兴思潮，导致了社会道德败坏和犯罪率攀升的现象。根据社会学家的考察，"1860-1870 年改革时期恰恰是犯罪率急剧提高的时期"，[35] "1860-1870 年改革导致大多数居民的价值观念和行为标准发生了变化，新旧价值体系发生冲突导致偏离行为增加，犯罪率提高。"[36] 1870 年前后，诸如涅恰耶夫案[37]、德米特里耶娃案[38]、坦波夫·科兹洛夫股票案、多尔古

---

34 转引自陈燊主编：《陀思妥耶夫斯基全集·总序》（第 1 卷），第 82 页。

35 〔俄〕鲍里斯·尼古拉耶维奇·米罗诺夫：《俄国社会史：个性、民主家庭、公民社会及法治国家的形成（帝俄时期：18 世纪至 20 世纪初）》（下），张广翔等译，济南：山东大学出版社，2006 年，第 81 页。

36 〔俄〕鲍里斯·尼古拉耶维奇·米罗诺夫：《俄国社会史：个性、民主家庭、公民社会及法治国家的形成（帝俄时期：18 世纪至 20 世纪初）》（下），张广翔等译，济南：山东大学出版社，2006 年，第 83 页。

37 1869 年 11 月，以谢·格·涅恰耶夫为首的秘密组织"人民惩治会"策划和杀死了其成员之一大学生 И. И. 伊万诺夫；1871 年，政府对 1868-1869 年学潮参加者和人民惩治会成员进行公开审判。谢·格·涅恰耶夫（1847-1882），俄罗斯秘密团体"人民惩治会"的组织者，主张以愚弄和挑拨手段发动群众进行斗争，后死于狱中。

申案[39]和叶·普·科尔尼洛娃案[40]等轰动一时的重大案件典型地体现着当时社会的部分实情，一度刺痛了俄罗斯人（包括作家本人）并引发广泛讨论和争议。

从写实的角度看，陀思妥耶夫斯基的作品真实地反映了俄罗斯 19 世纪60-80 年代俄罗斯社会犯罪流行、道德败坏的特征。在《罪与罚》中，即便是道德上远非清白的卢仁也对时况颇有訾词："且不说最近五年来下层阶级里犯罪数量有所增加，且不说各个地方接二连三发生的抢劫和纵火案，最让我震惊的是，上层阶级的犯罪数量也同样在增加，或者说是在同步增加。这里听说是从前的大学生在大道上抢劫邮车，那里是一些社会地位较高的人，居然制造假钞。莫斯科抓获了一个伪造最近发行的有奖债券的同伙……'大家都在通过各种手段发财，因此我也想迅速地变得富有。'……那意思是想无代价地、迅速地、毫不费力地弄到钱！……伟大的时刻到来之后，各色各样的人纷纷显出原形了……"[41]这无疑也是陀氏对时代的判断，甚至卢仁提到的伪造债券案也实有所指——1865 年，莫斯科市破获一起类似案件，让作家极为震惊的是，他的一个名叫亚历山大·涅奥菲托夫的亲戚，虽身为大学教授竟然也是团伙成员。值得一提的是，在创作《罪与罚》的最初构想中，陀思妥耶夫斯基原本是要把拉斯科尔尼科夫的犯罪动机仅仅表现为了摆脱贫困生活而拿起斧头，而这样的事件对作家来说屡见不鲜。

《群魔》中彼得·韦尔霍文斯基形象的塑造与涅恰耶夫案件有关。陀氏

38　1871 年前后，一个名叫 В.П.德米特里耶娃的女性与其情夫被控犯有盗窃巨款和杀婴罪，后被宣判无罪。陀思妥耶夫斯基在读了案宗后对律师不负责任的辩护和按照自由主义模式"改革"的法庭不满，在致迈科夫的信中讽刺说"宣告她无罪了！这些山鹬！他们正如所预料的那样反复说老一套"（见陈燊主编：《陀思妥耶夫斯基全集·第 21 卷》，郑文樾、朱逸森译，石家庄：河北教育出版社，2009 年，第 816 页）。

39　亚·瓦·多尔古申为民粹派小组"多尔古申派"的领导人，该小组成员于 1874 年7 月因散发传单受到审判。

40　叶·普·科尔尼洛娃是彼得堡一位女裁缝，妊娠期间由于精神错乱将六岁的继女从四楼窗户摔下致死。陀思妥耶夫斯基在 1876 年 10 月号《作家日记》中对她的行为做了深刻的心理分析，同法学家和律师康·伊·马斯良尼科夫通信探讨如何解决这一案件中的问题，还亲自去监狱探访并提供实际的帮助，甚至准备恳求沙皇赦免其罪。从中可以看到，陀思妥耶夫斯基将真正的神经错乱同以此为借口来为罪犯开脱的行径严加区分。

41　〔俄〕陀思妥耶夫斯基：《罪与罚》（上）（全集·第 7 卷），力冈、袁亚楠译，第188-189 页。

在 1873 年 2 月 10 日写给皇储罗曼诺夫的信件中谈到该作时说："我奢望在其中说明：为何在我们这个奇怪的社会里有可能出现诸如涅恰耶夫罪行的骇人听闻的现象？"[42]《白痴》中罗戈任杀害纳斯塔西娅的创作素材与 1867 年一个名叫马祖林的年轻人暗杀珠宝商人的案件有关，甚至作家写到的诸如油布、消毒剂、围绕纳斯塔西娅尸体嗡嗡飞动的苍蝇等细节都与当时报纸刊登的犯罪现场的情况完全相同。[43]《少年》的写作参考了多尔古申案件的相关材料[44]，在谢廖扎公爵犯罪的问题上还利用了 1874 年 2 月坦波夫·科兹洛夫铁路股票伪造案的一些细节[45]。《卡拉马佐夫兄弟》中孩子受虐待（指五岁孩子被虐待者用粪便涂抹一事，笔者）的材料"取自刑事审判过程"[46]，而当时报纸对此事也有连续报道；伊万所讲故事重复了克罗涅贝格案情[47]中的细节[48]。

在作家晚年的文字中，也常能见出作家对"弯曲的世代"的担忧。1879 年 8 月 7 日作家写给妻子的信中说："报纸上读到的尽是凶杀和抢劫。我变得十分多疑，有时会为你们感到痛苦：可别出什么事啊。"[49]在 1879 年 8 月 9 日回复康·彼·波别多诺斯采夫的信中作家说道："心情也十分糟糕。再加上……目睹周围发生的一切而产生的难过心情，还有由俄国报刊和知识界'疯人院'引起的沉重印象。"[50]

与犯罪率攀升、道德水准下降的社会现实相应的是，俄罗斯各界的思想现状异常混乱，这种混乱状况成为新的犯罪事实的温床。陀思妥耶夫斯基对此深为担忧。60-80 年代，随着西欧派和斯拉夫派的论争暂时偃旗息鼓，各种

---

42 〔俄〕陀思妥耶夫斯基：《书信集》（下）（全集·第 22 卷），郑文樾、朱逸森译，第 869 页。

43 〔美〕乔治·斯坦纳：《托尔斯泰或陀思妥耶夫斯基》，严忠志译，杭州：浙江大学出版社，2011 年，第 126 页。

44 见 1874 年 8 月 11 日给普齐科维奇的信。

45 〔俄〕陀思妥耶夫斯基：《少年》（下）（全集·第 14 卷），陆肇明译，第 410 页。

46 〔俄〕陀思妥耶夫斯基：《书信集》（下）（全集·第 22 卷），郑文樾、朱逸森译，第 1097 页。

47 1876 年 2 月号的《作家日记》中对此案细节有描述。

48 〔俄〕陀思妥耶夫斯基：《书信集》（下）（全集·第 22 卷），郑文樾、朱逸森译，第 1102 页。

49 〔俄〕陀思妥耶夫斯基：《书信集》（下）（全集·第 22 卷），郑文樾、朱逸森译，第 1119 页。

50 〔俄〕陀思妥耶夫斯基：《书信集》（下）（全集·第 22 卷），郑文樾、朱逸森译，第 1119 页。

学说沉渣泛起，"社会主义"学说、"革命"学说、功利主义、实证主义、自由主义、虚无主义思潮主导了一大批青年人的意识。《罪与罚》中的斯维德里盖洛夫曾感叹说："受过教育的青年人由于无所事事，整天沉湎于不可实现的梦幻之中，为形形色色的理论弄得畸形。"[51]这道出了思想界的真实境况。陀思妥耶夫斯基关注重大犯罪案件时注意到其背后涌动的虚无主义、功利主义和自由主义等社会思潮带来的影响和危害，并将一些相关案宗材料运用到作品的情节建构和人物塑造中去。《地下室手记》等作品带有同赫尔岑、车尔尼雪夫斯基、巴枯宁等人思想论战的明显意图。《群魔》表现了各种思想争锋的现象[52]；在作家看来，西欧派是虚无主义者的精神之父，他借《群魔》勾勒出两者的思想承袭关系并对之加以有力的抨击。各种思潮对于犯罪现象的争论尤为激烈，比较流行的是在达尔文进化论思想影响下将罪的问题简化为环境决定论的实证主义。陀思妥耶夫斯基在创作中一贯以人的自由的名义反对这一理论立场。自称为"老'涅恰耶夫分子'"[53]并因其思想立场而经历了十年精神磨难的陀思妥耶夫斯基，在各种思想样态的对垒和漩涡中保持着清醒的头脑，能敏感地嗅出其中蛊惑和败坏人心的腐败气息。

　　作家甚至曾立志要专门写一部名为"大罪人传"的长篇小说来探索和廓清思想领域的问题。这部小说由《无神论》的构思衍生而来。从1868年底至1869年8月，在《白痴》即将完稿和全部完成之后的这段时间，陀思妥耶夫斯基多次在信件中提到他在构思一部名为《无神论》的长篇小说。这部小说"篇幅巨大"，"它不是对当代信念的揭露，它是另一种东西，是真正的叙事诗"[54]；甚至有两三个人物形象已在作家的头脑中栩栩如生（其中包括一个类似于弗朗齐斯克·克萨韦里的狂热的天主教神父，尚无法确认《卡拉马佐夫兄弟》中宗教大法官形象的创造与这一构想有多大关联）。然而，这一构想最终并未实现。1869年底，在《永远的丈夫》（1869年12月5日寄给《曙光》杂志）完稿之际，作家又开始构思长篇小说《大罪人传》。对于将要创作的这部小说，作家在当年12月14日给伊万诺娃的信中讲道，"这是一部长篇小

51　〔俄〕陀思妥耶夫斯基：《罪与罚》（下）（全集·第8卷），袁亚楠译，第608页。

52　〔俄〕陀思妥耶夫斯基：《群魔》（上）（全集·第11卷），冯昭玙译，第499页。

53　〔俄〕陀思妥耶夫斯基：《作家日记》（上）（全集·第19卷），张羽译，第159页。

54　〔俄〕陀思妥耶夫斯基：《书信集》（下）（全集·第22卷），郑文樾、朱逸森译，第612页。

说，将在《俄国导报》上发表的只是它的第 1 部。写完全部作品至少要花五年功夫，它将分成三部互相独立的中篇小说。这部长篇小说是我一生的全部期待和全部希望，而不单单是指在金钱上的意义……这主旨是我为之而生的一切。"[55]在1870 年 3 月 25 日写给迈科夫的信中，陀氏更加详细地谈到这篇小说的创作计划和主题：

> "这将是我的最后一部长篇小说，其篇幅相当于《战争与和平》……贯穿于小说所有部分中的主要问题正是我一辈子自觉和不自觉地为之苦恼的那个问题：上帝的存在。主人公在他的一生中时而是无神论，时而是信徒，时而是宗教狂者和教派信徒，时而又是无神论者，所以第 2 部中篇小说的全部情节将发生在修道院中……"[56]

然而，鉴于这一主题的严肃性、作品规模的宏大性，尤其是由于作家长期身居国外、超负荷的写作压力以及经济上的困顿不堪，最终这部构想中的鸿篇巨制未能付诸实现。但有关构想却不露痕迹地渗入了其后十年的创作中，在《群魔》、《少年》和《卡拉马佐夫兄弟》等作品中都能或多或少地找到《大罪人传》的元素。

从后一阶段创作内容和思想来看，60 年代以后，作家同罪恶的较量进入"全新的"人道主义的探索。别尔嘉耶夫分析道："从《地下室手记》起，陀思妥耶夫斯基开始了他天才的思想的辩证法。他已经不仅仅是心理学家，他是形而上学者，深度研究人类精神悲剧。他已经不是旧有意义上的人道主义者，他已经与乔治·桑、维克多·雨果、狄更斯等很少有共同之处。他彻底地断绝了与别林斯基的人道主义的联系。如果他还是人道主义者的话，那么他的人道主义就是全新的、悲剧式的人道主义。人，更加彻底地成为他创作的中心，人的命运成为他关注的特殊对象。但人不是平面的人道主义的人，而是深度的、被重新揭示其精神世界的人。"[57]作家依然关注社会中具体、实在的恶行，但已深入到人的罪性的深处，着力于揭露强权和暴力如何盘踞在

---

55 〔俄〕陀思妥耶夫斯基：《书信集》（下）（全集·第 22 卷），郑文樾、朱逸森译，第 696 页。

56 〔俄〕陀思妥耶夫斯基：《书信集》（下）（全集·第 22 卷），郑文樾、朱逸森译，第 729 页。

57 〔俄〕别尔嘉耶夫：《陀思妥耶夫斯基的世界观》，耿海英译，桂林：广西师范大学出版社，2008 年，第 13 页。

人的思想、灵魂和情欲之中，恶如何内在地败坏人。他不只表现恶、犯罪和堕落的行为，而且触及人性的复杂、人的整个存在的根基问题。作为一位直面罪的问题的作家，他的后期创作不再满足于对社会现实和恶进行自然主义式的描写，而是触及人的"灵魂的深"，对动荡不安的灵魂的描写达到了新的高度。于是，读者才能看到拉斯科尔尼科夫包藏着毒液的"超人"哲学，看到走向失败的"基督公爵"梅什金，看到谜一样存在的斯塔夫罗金，看到伊万和斯梅尔佳科夫之间复杂的双生体现象。

1881 年 1 月 28 日，陀思妥耶夫斯基在家中病逝，走完了他充满苦难的人生旅程。两年后，他的墓碑落成。墓碑的上面是一个十字架和一个荆棘花环，下面是陀思妥耶夫斯基的雕像，依然用他沉思和阴郁的眼神注视着世界。墓碑的底座上刻着被他引作《卡拉马佐夫兄弟》卷首语的一句话（略有改动）："阿门，阿门，我告诉你们，一粒麦子不落在地里死了，仍旧是一粒；若是死了，就结出许多子粒来。"

综其一生，陀思妥耶夫斯基始终立足于社会现实和人性实际对罪恶进行着深入的思考和勇敢的抗争：反映当下时代的犯罪问题是他思考的起点，撇清其背后的思想争端和人性迷误是他创作的旨归，而作家个人独特的经历、体验使之成为可能。这一切都涵容在陀思妥耶夫斯基一部又一部泣血之作中。它们发出深情的召唤，邀请每位读者以一颗谦卑的心走近和倾听大师的声音。

第二章　罪之遍在

　　陀思妥耶夫斯基的现实主义同屠格涅夫、别林斯基、冈察洛夫和涅克拉索夫等"自然主义学派"所倡导的现实主义是不同的。一旦进入文本中虚构的世界，陀思妥耶夫斯基笔下所有的人物形象就具有了更高的真实和更深一层的意义指涉。作家勾画的是心灵的现实和历史，关注的是人内心的冲动、人精神的细微变化以及人的本性。陀氏本人在 1868 年 12 月 11 日致阿·尼·迈科夫的信中声称："我对现实和现实主义的理解完全不同于我国的现实主义者们和批评家们的理解……用他们的现实主义无法解释百分之一的真实的实际发生的事实。"[1]他对自己的创作特色有清晰的定位："人们称我为心理学家，这并不对，我只是最高意义上的现实主义者，即描绘人的灵魂的全部深处。"[2]

　　陀思妥耶夫斯基超越了所谓的环境决定论、机械生存论等单一、平面的尘世之维去思索人性问题；也即是说，他不仅仅从"人—人"、"人—社会"、"人—环境"、"人—制度"等横向的、世俗的层面，而主要从纵向的、"上帝—人"的神性维度把握灵魂深处的真实处境，破解"人性之谜"。他否定形形色色的环境说，反对简单地将罪归结为环境、制度、贫穷导致的结果，而是视罪为人的悲剧性处境。在《白痴》中，作家对利用外在环境为犯罪开脱提出严厉批评："因为穷杀死六个人是最自然不过的事情，

1　〔俄〕陀思妥耶夫斯基：《书信集》（上）（全集·第 21 卷），郑文樾、朱逸森译，第 598 页。

2　〔俄〕陀思妥耶夫斯基：《作家日记》（下）（全集·第 20 卷），张羽、张有福译，第 65 页。

那么这真是末日到来了。"[3]在《作家日记》中，他直接指出环境论的危害："环境论将人的一切过犯归咎于环境，使人完全解脱个人应负的道德责任和义务，不再独立思考，陷入极度的奴役中，最终完全丧失自我。"[4]在《〈安娜·卡列尼娜〉是具有特殊意义的事实》一文中，作家表达了他对罪的看法：罪恶源于人的心灵本身，任何一种社会制度都不能使人摆脱恶；只有上帝知晓世界的全部秘密和人的最终命运；上帝的仁慈与爱是人类的唯一出路。在他看来，西欧世界主要提供了两种解决犯罪与人的罪行的办法：法律和社会革命；这两种办法都不能将人类从罪责和犯罪行为中解救出来。他非常推崇托尔斯泰（Толстой，1828-1810）在小说《安娜·卡列尼娜》结尾描绘的人陷于罪恶之中的图景："恶控制了人这个生物体，控制了他的每一行动，麻痹了他反抗的全部力量以及全部思想与黑暗斗争的一切意愿，黑暗蒙在心头上，心灵怀着报复的激情自觉自愿地接受了这黑暗，用它取代光明。"[5]陀思妥耶夫斯基强调所有人都被内在的罪性所捆绑，这种观念与基督教关于罪的学说相吻合。

2.1 从天堂坠落的有罪的生命

乔治·斯坦纳曾经提醒说："就对陀思妥耶夫斯基小说的任何严肃解读而言，对东正教和民族背景的某种意识是不可或缺的东西。"[6]只有在基督宗教尤其是东正教文化语境中，才能把握陀思妥耶夫斯基对罪与恶的理解。罪的界定历来都是极为复杂的问题。希伯来语中与罪相关的四个字根 ht'、ps'、'wh 和 sāgah 最为根本的意思分别是"偏离目标"、"背逆"、"歪曲"和"出于无知犯错而离开正道"。[7]由此，圣经关于罪的本质大概可以归结为："罪就是一切不合乎上帝道德律要求的事，不管是出于人的作为，还是不作为。这或

---

3 〔俄〕陀思妥耶夫斯基：《白痴》（上）（全集·第9卷），张捷、郭奇格译，第390页。

4 转引自张变革：《从孩童的世界到世界的孩童——陀思妥耶夫斯基后期创作中的孩童问题》，载《外国文学研究》，2009年第4期，第21页。

5 〔俄〕陀思妥耶夫斯基：《作家日记》（下）（全集·第20卷），张羽、张有福译，第807-808页。

6 〔美〕乔治·斯坦纳：《托尔斯泰或陀思妥耶夫斯基》，严忠志译，杭州：浙江大学出版社，2011年，第259页。

7 参考邱业祥主编：《圣经关键词研究》，北京：宗教文化出版社，2009年，第382-383页。

许是一种行为，或许是一种心思意念，或许是一种内在的倾向或状态。"[8]基
督教神学思想家关于罪的本质的看法存在诸多争论和分歧，主要有以下五种
观点：其一，罪指人达不到上帝的标准、不合乎（偏离）上帝的心意；其二，
罪是人对上帝的悖逆、不顺服；其三，自由派神学家卡尔·巴特将罪视为人
对上帝创世恩典的拒绝和反抗："从上帝创世的恩典来理解被创造物的罪与
恶，'恶'只能从信仰上被人视为'罪'，也就是说，相对于本体论上造物
主的'是'（Ya），'恶'是本体论上的拒绝他的虚无（Das Nichtige）的'不'
（Nein），这一'不'是对作为所意愿的恩典的本己行动（opus proprium）的
上帝创世和拣选的拒绝，是上帝所不意愿、所愤怒和审判的背弃行动（opus
alienum），是实实在在的对上帝恩典的反抗。"[9]其四，非信仰、无信仰即罪。
克尔凯郭尔认为"使罪成为罪"的关键因素是"面向上帝"，"罪就是依据
上帝关于何为罪的启示，在绝望中面对上帝，不要是其自身或者要是其自
身。"[10]其五，弗洛连斯基认为，"罪就在于不愿意从'我＝我'的自我同一
状态中走出来，或准确地说，这个同一就是'我！'。把自己肯定为自己，
而不要同他者的关系，即没有同上帝和被造物的关系，不走出自身而以自己
为支点，就是根本的罪，或是一切罪的根源。'"[11]这些观点各有侧重，但都
强调罪的本性同神人关系的紧张和破裂有关，罪意味着人的实存没有正确或
适当地面向上帝、回应上帝。

　　单就东正教神学思想来说，虽然不同时代的神学家对于罪的看法并不完
全统一，但都极为看重人身上的上帝形象，认为人由上帝所造，是上帝形象
的承载者，人神之间是最为亲密的合作关系，并由此出发来谈论罪。按 C.布
尔加科夫的说法，"人是按照神的形象被造的。这是人的牢不可破的神性基
础，依靠这个基础，人便负有成为'圣恩之神'、成为神之子或另一个神的
使命。"[12]然而，人听任撒旦的诱惑而悖逆上帝，败坏了自己身上的上帝形

8　〔美〕艾利克森著，〔美〕休斯塔德编：《基督教神学导论》，陈知纲译，上海：上
　　海人民出版社，2012 年，第 257 页。

9　张旭：《卡尔·巴特神学研究》，上海：上海人民出版社，2005 年，第 242 页。

10　〔丹麦〕克尔凯郭尔：《致死的疾病》，张祥龙、王建军译，北京：中国工人出版
　　社，1997 年，第 85 页。

11　张百春：《当代东正教神学思想：俄罗斯东正教神学》，上海：上海三联书店，2000
　　年，第 321 页。

12　〔俄〕谢·布尔加科夫：《东正教——教会学说概要》，徐凤林译，北京：商务印
　　书馆，2001 年，131-132 页。

象，由此招致惩罚并置身于罪中。罪成为人堕落之后的真实处境，人陷入罪中就"在人和上帝之间树立起一道屏障……罪阻隔了与上帝结合的道路。"[13]但"大多数正教神学家拒绝奥古斯丁提出的，仍被罗马天主教会接受（虽然是以和缓的方式）的'原罪'观念。（正教常常教导说）人自动继承的是亚当的堕落和有死性，而不是他的罪；只有当他们出于自己的自由选择而模仿亚当的时候，他们才有罪。"[14]东正教神学思想家也极力肯定"上帝的形象"在人堕落后依然存在（这同新教曾经以为上帝形象在人身上完全丧失有差别[15]），正是藉此并靠着信仰为世人赎罪的基督才能走出罪的困境。C.布尔加科夫甚至指出，"在乐园中人没有感觉到上帝与自己之间的距离，因而也没有与上帝结合的渴求"，[16]然而失去乐园之后，人更加渴求上帝，"上帝形象就在这灵魂中闪耀着不朽的美丽之光"，"人始终没有降低到失去宗教和神性的地步，甚至是在'新的时代'，在最为缺乏信仰和'退化'最艰难的时候。"[17]

东正教神学对于恶的一般理解是把它视为罪的结果，认为恶并不具有本体性的地位。东方教父（托名）狄奥尼修斯的见解极有代表性，他将"至善"、"至美"归于"神圣的上帝"，万物都"渴求、愿望和热爱""至善至美者"，甚至非存在者也是如此；"恶并不来源于至善"[18]，也不内在于人的灵魂、自然界、身体、物质，"产生恶的并非原则与力量，而是无能与虚弱，以及不和谐物之不协调的混杂"[19]。在本质上，恶"是一种缺陷、一种匮乏、一种虚弱、一种失衡、一种罪过。它是无目的的、丑的、无生命的、无心的、

13 〔英〕韦尔：《东正教会导论》，田原译，香港：汉语基督教文化研究所，2013年，第226页。

14 〔英〕韦尔：《东正教会导论》，田原译，香港：汉语基督教文化研究所，2013年，第225页。

15 参见张百春：《当代东正教神学思想：俄罗斯东正教神学》，上海：上海三联书店，2000年，第529页

16 〔俄〕谢·布尔加科夫：《亘古不灭之光——观察与思辩》，王志耕、李春青译，昆明：云南人民出版社，1999年，第138页。

17 〔俄〕谢·布尔加科夫：《亘古不灭之光——观察与思辩》，王志耕、李春青译，昆明：云南人民出版社，1999年，第139页。

18 （托名）狄奥尼修斯：《神秘神学》，包利民译，北京：三联书店，1998年，第36页。

19 （托名）狄奥尼修斯：《神秘神学》，包利民译，北京：三联书店，1998年，第47页。

非理性的、不完善的、无基础的、无原因的、不定的、非生成的、不活动的、无力的、无序的。它是失误、无限定、黑暗、非实存的、自身中不具有任何存在。"[20]而救赎就是这种状态的彻底改变和翻转：救赎"把一件事物从恶的状况中提升出，把它稳固地立于它应该在的地方；把失去的品德补上，在无序和不齐之中重建秩序与整齐，使其完善和免于缺陷。"[21]弗·洛斯基几乎完全继承了东方教父们的意见，他指出，"在各种本质中，恶当然没有地位……恶包含了某种行动。恶不是一种本性，而正如教父极为深刻地说的，是本性的一种状态。"[22]别尔嘉耶夫的解释也相近："恶是无根基，它不由任何肯定的存在所决定，它不是从本体论根源产生的。恶的可能性潜藏在这种存在黑暗的基础中，一切的可能性都潜藏于其中。"[23]

陀思妥耶夫斯基关于罪与恶的理解就深深扎根于东正教神学的传统。他怀念人在精神上纯洁无罪的乐园状态，将罪描述为人悖逆上帝、失去对上帝的信仰之后的本然处境，无论是理性还是非理性的力量都将导致罪的产生。在他的笔下，罪具有普遍性，无人能够摆脱；他认为，面对罪责，人类应该相互承担，只有通过自由才能理解恶的问题。

创作于距作家去世仅有四年的小说《一个荒唐人的梦》讲述的就是一则关于人类自天堂世界堕入罪恶之中的寓言。"荒唐人"认为世上的一切"横竖一个样"，陷入类于《传道书》所言的"我见日光之下所作的一切事，都是虚空，都是捕风"（传1:14）[24]那种虚无、绝望的情绪之中无法自拔，像基里洛夫那样失了善恶之分和道德选择的差别，准备自杀。就在自杀前他做了一个梦，并认为他的梦向他宣示了真理，"宣示了一种崭新的、伟大的、脱胎换骨的、强有力的生命！"[25]这是一个什么样的梦呢？

20　（托名）狄奥尼修斯：《神秘神学》，包利民译，北京：三联书店，1998年，第48页。

21　（托名）狄奥尼修斯：《神秘神学》，包利民译，北京：三联书店，1998年，第69页。

22　〔俄〕弗·洛斯基：《东正教神学导论》，杨德友译，石家庄：河北教育出版社，2004年，第62页。

23　〔俄〕别尔嘉耶夫：《自由精神哲学：基督教难题及其辩护》，石衡潭译，上海：上海三联书店，2009年，第122页。

24　本文出自圣经引文均标以经卷缩写和章节，章节之间用冒号连接。如传1:14，意谓经文出自《传道书》第1章第14节。

25　〔俄〕陀思妥耶夫斯基：《作家日记》（下）（全集·第20卷），张羽、张有福译，第717页。

这个梦分为两个阶段。第一个阶段是对另一个星球上的"人"天堂般美好生活的描绘。他们相互挚爱、没有罪孽的生活是人类悖逆上帝之前生活的写照：人懂得树木的语言，与动物和平相处，人与人之间真诚相爱，人们像孩子般幸福、快乐。总之，"这是一块没有受罪恶玷污的土地，在这块土地上生活着没有沾染过罪恶的人"，"我们沾染了罪恶的祖先也曾经生活在与这里一样的天堂里。"[26]所谓"沾染了罪恶的祖先"，指的就是圣经中偷食知识树上的果子、违背了上帝禁令的亚当和夏娃。在作家看来，亚当和夏娃堕落之前在伊甸园的生活就如上述另一星球上的生活一样美好。"荒唐人"想象道，人们在乐园不需要现代人的"学术"，只靠真挚的爱简单、纯洁地生活。他们之间没有争吵、忌妒，男女之间没有"残酷情欲的发作"，而"残酷的情欲差不多都落到我们这块土地上的所有人头上，几乎每一个人都有份，而且它成为我们差不多全部罪恶的渊源。"[27]在神秘星球上，死亡只是生命个体向"宇宙整体"交往和扩展的一种方式，因此人们是毫无痛苦、平静甚至欣喜地走向死亡。

梦的另一阶段是"我"使得整个星球人腐化堕落的阶段。"如同一条令人恶心的旋毛虫一样，如同会传染整个整个国家的瘟疫病原体一样，我自身就这样让这块幸福的、在我来到之前没有罪恶的土地受到疾病的传染。他们学会了说谎，而且爱上了谎言并认识到谎言之美……之后，很快就产生了情欲，情欲产生了忌妒，忌妒产生了残酷……非常快地溅洒出了第一滴血……"[28]由一个人犯罪就使所有人堕落的灵感同世人都因亚当一人悖逆跌入罪中的伊甸园神话有关。保罗有言："这就如罪是从一人入了世界，死又是从罪来的，于是死就临到众人，因为众人都犯了罪"（罗5:12）；"因一人的悖逆，众人就成了罪人"（罗5:19）。而罪的普遍传染、无可逃脱的罪性的恐怖、渐次生出各种各样的罪恶和堕落，这完全是基督教思想中人类自第一亚当悖逆之后堕落境况的真实写照：亚当和夏娃在受到诅咒的大地上漂泊，受到罪恶玷污的大地只长出"荆棘和蒺藜"；人类最初的儿子该隐、亚伯之间的关系

---

26 〔俄〕陀思妥耶夫斯基：《作家日记》（下）（全集·第20卷），张羽、张有福译，第723页。

27 〔俄〕陀思妥耶夫斯基：《作家日记》（下）（全集·第20卷），张羽、张有福译，第725页。

28 〔俄〕陀思妥耶夫斯基：《作家日记》（下）（全集·第20卷），张羽、张有福译，第729页。

开始以谎言、忌妒、杀害而不再以爱来维系；罪孽遂又化身为各种善的面目隐藏在人类的生活中，隐匿在人性的深处……

从梦中醒来以后，"荒唐人"开始为地球人在罪中堕落的生活而痛彻肺腑，因此决定去"传道"。他相信人们能够成为"十分完美和幸福的人"，开始为陷于罪孽之中的人们传讲他所看到的"真理"："我不想也不能够相信，恶是人们正常的状态。"[29]"荒唐人"所献身的真理，其实就是奉行基督"爱人如己"的"圣训"，呼召人们认罪悔改。

"荒唐人"梦中出现的星球人的世界与斯塔夫罗金和韦尔西罗夫梦中出现的"黄金时代"有诸多相似之处。斯塔夫罗金和韦尔西罗夫都在梦中见到一幅名为《阿喀斯与伽兰忒亚》的画作，梦到人们像画中人物那样在和谐中过着天真无邪的生活，人类还没有沾染上罪性："这儿曾经生活过十分完美的人！他们起床和入睡时心里只有幸福感，没有负罪感。"[30]足见陀思妥耶夫斯基始终相信曾存在过一个美好的"黄金时代"，人们由此走向堕落、跌入罪恶的深渊。但他又认为未来时代的人们能够重新找回或者恢复天堂般美好的生活，两个时代中间则是现代人类的命运：在罪恶当中承受着各种痛苦，渴望和寻求上帝的救赎。

《卡拉马佐夫兄弟》中佐西玛的哥哥马克尔原本是宗教信仰的反对者，后来深切地体认到人的罪性。他说，"每个人在所有人面前在所有方面都是有罪的"，而他自己的罪孽尤其深重，甚至对"上帝的小鸟"也犯有罪过，因为他根本没注意到上帝的美和荣耀，从而使地上的一切都"蒙上了耻辱"："上帝的小鸟，快乐的小鸟啊，你们能原谅我吗？因为我也对你们犯了罪。"[31]当丽莎告诉阿廖沙她"常常梦见鬼"时，阿廖沙表示说他也常做同样的梦。丽莎说她心中充满了破坏和犯罪的冲动，想"把坏事做绝"，阿廖沙完全相信并回应说："有时候人们就爱犯罪。"[32]丽莎又提到，全城的人虽然都认为德米特里杀死父亲是可怕的，但骨子里又都喜欢德米特里的父亲被

29　〔俄〕陀思妥耶夫斯基：《作家日记》（下）（全集·第20卷），张羽、张有福译，第733页。

30　〔俄〕陀思妥耶夫斯基：《少年》（下）（全集·第14卷），陆肇明译，第624页。

31　〔俄〕陀思妥耶夫斯基：《卡拉马佐夫兄弟》（上）（全集·第15卷），臧仲伦译，第457页。

32　〔俄〕陀思妥耶夫斯基：《卡拉马佐夫兄弟》（下）（全集·第16卷），臧仲伦译，第899页。

杀死，阿廖沙对此也附和说她所讲的有几分是真的。阿廖沙之所以附和丽莎，是基于对人之普遍罪性的认识和理解。当德米特里向他忏悔自己陷于情欲之中的罪过时，阿廖沙回应说，他同德米特里一样有罪，只是站在"台阶"的不同层级上，没有人能做到不踏上罪的"台阶"。

那么，孩子身上有无罪孽？对于陀思妥耶夫斯基来说，这是个极为重要的问题。特别是孩子们所承受的苦难，作家几乎在每部小说中都有描写，笔者在论文第三章还将就此详细讨论，这里只澄清孩子们究竟有无罪孽这个问题上作家的看法。作家在许多作品中都给予孩子极高的评价：如拉斯科尔尼科夫将孩子称为"基督的形象"[33]；《群魔》中的沙托夫面对新生儿发出了这样的赞叹："本来是两个人，突然出现了第三个人，一个新的、完美无缺的灵魂，这是人的双手创造不出来的；新的思想，新的爱，简直让人感到可怕。世上没有比这更崇高的了。"[34]但在《卡拉马佐夫兄弟》和《白痴》中都出现了这样的情节：一群孩子合力欺负一个势单力薄的人。阿廖沙发现所有孩子口袋里面装满了石头子儿，手里也都拿着一两块石头，一起攻击一个小男孩儿（伊柳沙）；而"这装满了石子的口袋就是作为'充满邪恶意识的象征'"[35]。梅什金则提到他原来所在村庄的孩子们曾经"成群结伙地（约有四十多个小学生）"戏弄、辱骂玛丽，甚至往她身上扔泥巴。这说明陀思妥耶夫斯基绝不因对孩子怀有美好的情感而否定他们身上的罪性，而是认为他们更显为单纯，更容易受到环境或者他人的影响。譬如，同是这些孩子们，很快就在阿廖沙和梅什金的影响下摆脱了邪恶的行为，甚至以其善良和纯洁引导着陷于罪孽之中的人们。

陀思妥耶夫斯基不只强调罪的普遍性，无人能够免罪，同时也强调人们在罪的面前要相互承担，在每一桩罪行面前，所有人都有自己的一份，别人的罪孽与自己相关。当斯塔夫罗金请求吉洪宽恕时，吉洪也请斯塔夫罗金宽恕他："宽恕我有意的或无意的罪过。每一个人犯了罪，他就对所有人犯了罪，而每一个人在别人的罪孽中都有他的一份过错。完全属于个人的罪孽是没有的。我是个大罪人，我的罪也许比您的更大。"[36]甚至激烈地"离经叛

33 〔俄〕陀思妥耶夫斯基：《罪与罚》（下）（全集·第8卷），袁亚楠译，第418页。
34 〔俄〕陀思妥耶夫斯基：《群魔》（下）（全集·第12卷），冯昭玛译，第732页。
35 李震：《杜斯妥也夫斯基的精神世界》，台北：辅仁大学出版社，1975年，第278页。
36 〔俄〕陀思妥耶夫斯基：《群魔》（下）（全集·第12卷），冯昭玛译，第867-868

道"的伊万也明白这个道理："我明白，在犯罪上，人与人应当共同负责。"[37]罪的普遍性以及在罪恶面前需相互担当要求人不能随意去论断人。佐西玛长老用通俗的语言讲解道："尤其要记住，你不能做任何人的法官。因为人世间不可能有审判罪犯的法官，除非这位法官自己认识到，他跟站在他面前的人一样是罪人，站在他面前的那人固然有罪，但是，很可能，他对这人的罪应负的责任比所有的人都大。"[38]法官亦是罪人，在上帝面前对罪犯所犯下的罪也要承担责任，正是在这个意义上作家对世俗法律及其审判一贯持保留和批评立场。

2.2 罪的隐喻——陀思妥耶夫斯基小说中的毒蜘蛛

2.2.1 蜘蛛、虫类的隐喻

陀思妥耶夫斯基的小说是双声的。他笔下的人物既能高呼着"已经没有罪孽"勇敢地举起斧头，又会因深重的罪孽意识发出悔悟的叹息。作家一直致力于揭示人的罪性、揭开罪恶吞噬人的灵魂的丑陋面目。陀氏小说中频频出现的虫子、毒蜘蛛之类的神秘形象与此相关。梅列日科夫斯基以天才般的敏锐洞悉了这些"人虫"、"人兽"的秘密：

> "神兽，神毒蜘蛛，值得高度注意的是，某种神秘昆虫、蜘蛛、巨大毒蜘蛛的这个形象贯彻了陀思妥耶夫斯基的全部作品，在对于它具有最深刻意义的人物的刻画中反复出现，从斯维德里盖洛夫到费多尔·帕甫洛维奇·卡拉马佐夫（又译费奥多尔·帕夫洛维奇·卡拉马佐夫，笔者），似乎不给陀思妥耶夫斯基本人一点安宁，折磨他、迫害他一生，在这个形象里对于他本人来说似乎包含了'某种秘密'，某种宿命的、潜在的、实质的东西。这个形象展现在他面前，不仅在灵魂的，也在肉体的终极深度之中；不仅在最抽象的辩证法里，而且也在最火热的情感的终极深度之中。"[39]

页。

37　〔俄〕陀思妥耶夫斯基：《卡拉马佐夫兄弟》（上）（全集·第15卷），臧仲伦译，第383页。

38　〔俄〕陀思妥耶夫斯基：《卡拉马佐夫兄弟》（上）（全集·第15卷），臧仲伦译，第509-510页。

39　〔俄〕梅列日科夫斯基：《托尔斯泰与陀思妥耶夫斯基》（卷二），杨德友译，北

梅列日科夫斯基深刻地把捉到毒蜘蛛等虫类形象对于主人公以及作家思想与情感表达的重要意义。这些意象在肉体的、可见的层面暗示了罪孽的普遍存在、罪孽对生命的戕害。人置身于由蜘蛛、毒虫、怪兽等神秘意象组成的幽灵般的世界，就会在诱惑、梦魇和死亡的逼迫中节节败退，人的形象就会发生变异和污损。陀思妥耶夫斯基意在告诉人们，人的灵魂本身就是"蜘蛛的灵魂"（正如《少年》主人公阿尔卡季所认为的那样[40]），堕落、情欲、罪孽和污浊都藏身其间，人们意识到这一点但单靠自身又无能为力，只有依靠更为强大的力量才能制服它们。

"地下室人"从阴暗角落发出的充满挑衅却又不乏真诚的声音中就包含有虫子的意象，且非常醒目："先生们，无论你们是否愿意听，我现在都要对你们讲一讲，我为何甚至成不了一只昆虫。我要郑重地告诉你们，我曾有许多次想要成为一只昆虫。然而，甚至连这件事也未能做到。"[41] 想成为昆虫而不得，这听起来似乎让人不知所然。事实是，昆虫，即兽类，作为与神和完美人性的对立性存在，仍意味着经过了"共同体"意识的过滤，打上了须由共同原则审判和确认的权力烙印。"地下室人"其实是不愿而不是不能成为"昆虫"，他对"一般"的仇视和反抗使他不愿被命名和定性。他拼命地抑制自己的意识，将普遍的道德法则所公认的罪孽评判拒斥在外，正如他将公认的善的法则阻挡在自我的城堡之外一样。由此，他才会做到不"在你们的面前忏悔什么"。如他所言，他"不仅不能成为凶狠的人，甚至也不能成为任何一种人"。[42] 他意欲成为自我意志完全的主人，超越一切价值立场和法则，哪怕为此以头撞墙。结果却是，他体认到自己是一只"不幸的耗子"，遭受"一般"的打击而备受屈辱，只能在"可憎的半绝望和半信仰之中"、在"摇摆不定的冷热病"中品尝"快感的琼浆"，更加孤独也更加"凶狠"地仇视一切。

然而，试图自绝于人类道德和所有人的"地下室人"并没有也不可能完全祛除罪孽意识。在像别人侮辱他那样侮辱和折磨了丽莎之后，虽然他极力压抑也极为恼恨自己的悔罪意识，但深重的罪孽意识还是流露出来："我是

京：华夏出版社，2009 年，第 369 页。

40 〔俄〕陀思妥耶夫斯基：《少年》（下）（全集·第 14 卷），陆肇明译，第 509 页。

41 〔俄〕陀思妥耶夫斯基：《地下室手记》（全集·第 6 卷），刘文飞译，第 172-173 页。

42 〔俄〕陀思妥耶夫斯基：《地下室手记》（全集·第 6 卷），刘文飞译，第 171 页。

个下流坯，我是世上所有蛆虫中最龌龊、最可笑、最渺小、最愚蠢、最贪婪的一只。"[43]这真挚的悔悟之声是灵魂陷入罪中最为痛苦的呐喊，也是灵魂渴求赎罪和向往神圣的急切之音。

"毒蜘蛛"也爬进了斯维德里盖洛夫对死后世界的揣想中。在他看来，"那里只有蜘蛛或者类似的东西"，[44]所谓的永恒只是逼仄、肮脏和平庸的混合物："我们总觉得永恒是一个无法理解的思想，是某种庞然大物！为什么一定是个庞然大物呢？突然间，您瞧，它并非庞然大物，却是一间小房子，像乡下被熏得漆黑的澡堂，屋里各个角落都爬满了蜘蛛，这也就是整个的永恒。您要知道，我有时正是这样感觉的。"[45]在俄罗斯的传统观念中，澡堂是魔鬼出没之地。因此，充塞于整个"澡堂"的蜘蛛正是大大小小的魔鬼的化身；斯维德里盖洛夫完全消解了关于永恒的任何神圣与美好，把它想象为任由魔鬼横行的堕落之地。梅列日科夫斯基指出了这种"醒时之梦"的危险性："斯维德里盖洛夫关于'布满蜘蛛熏得发黑的澡堂'的呓语，是比但丁的地狱可怕得多、杂乱得多的：因为在这地狱里还依然有某种正义，亦即宗教的崇高。事实上，难道能够凭这种呓语、心里怀着这种又聋又瞎、毫无意义的恐怖生活吗？"[46]无论何人心中怀着这样的地狱都无法正常生活下去，只能一步步滑向深渊的极处。

拉斯科尔尼科夫死气沉沉的阁楼单间是地上的"地下室"，他本人则"像只蜘蛛似的躲在墙角里"。将自己比作蜘蛛，这既是针对本人离群索居在"矮矮的天花板和窄小的房间"而言，也意味着他深知自己在思想和情感上自绝于他人。正是在"墙角里"，这只"蜘蛛似的"超人编织出可怕的"信仰和法则""谁强大，谁智谋和精神超人，谁就是人们的主宰！谁胆大敢干，谁就真理在握！谁能藐视一切，谁就是人们的立法者！谁最敢干，谁就最正确！自古以来一直如此，将来也总是这样！"[47]如此散发着剧毒的思想，扭曲了拉斯科尔尼科夫的灵魂并藉他的行动和疯狂来俘获和毒杀猎物。毒素

43　〔俄〕陀思妥耶夫斯基：《地下室手记》（全集·第6卷），刘文飞译，第292页。

44　〔俄〕陀思妥耶夫斯基：《罪与罚》（下）（全集·第8卷），袁亚楠译，第366页。

45　〔俄〕陀思妥耶夫斯基：《罪与罚》（下）（全集·第8卷），袁亚楠译，第367页。

46　〔俄〕梅列日科夫斯基：《托尔斯泰与陀思妥耶夫斯基》（卷一），杨德友译，北京：华夏出版社，2009年，第292页。

47　〔俄〕陀思妥耶夫斯基：《罪与罚》（下）（全集·第8卷），袁亚楠译，第526-527页。

强化了他"敢作敢为"的力量。且听他面对索尼娅痛苦的眼睛所坦白的如何试验自我强力的内在秘密："我杀了人不是为了接济母亲,那是胡说!我杀人不是为了攫取钱财和权力,不是为了当人类的救星,那全是胡说!我说杀就杀了;我杀人是为了自己,为了我个人。"[48]然而,毒液在使他貌似心灵强大的同时也使他变得盲目,使他自身成为牺牲品:他在行动时根本无暇去考虑杀人之后"一生都得像蜘蛛一样张网扑捉生物,并吸干它们的养料"[49]的恐怖图景。只是当他事后预见到整个人生都可能如此生活时内心才充满恐惧。这也说明,在他灵魂深处,像蜘蛛那样凶狠、贪婪地捕食生命是深恶痛绝的事情,他尚保存着对更为善美的生活的期待。

在流放地医院中,拉斯科尔尼科夫昏迷不醒,梦见发生了致命的鼠疫,随之"出现了某种新的旋毛虫,是侵入人体的微生物。但这些微生物都是有智慧和意志的精灵。被精灵附体的人们立刻变得疯疯癫癫。"[50]而后这些疯癫的、被精灵附体的人自以为手握唯一的真理,强迫所有人去相信和接受,于是,冲突肆虐,鲜血横流。能使人疯癫的"新的旋毛虫",被附体的手沾鲜血的"真理"坚守者……这样的梦境牵扯的是"超人"个体哲学的另一根丝线,即道德、信仰和法则的相对性与绝对性问题。"旋毛虫"意谓新的诱惑,不是像超人那样站在"善恶的彼岸"的超道德的诱惑,而是将自我秉持的真理王者般绝对化的"善"的意愿的诱惑。梦魇中还出现了极少能够抵御这种诱惑而幸存的"纯洁而优异人物",他们将承担"复兴和净化大地"的使命,这暗示着拉斯科尔尼科夫已经找到走出精神危机和迈入新生的方向。

伊波利特的梦境里出现了"一个可怕的动物,一个怪物。它与蝎子相似,但又不是蝎子,要比蝎子更丑陋,比蝎子可怕得多。"[51]小说对"怪物"的头部、爪子和触须的颜色、尺寸和数目等特征进行了几何图形般精细的描写。而后,伊波利特家五年前死去的狗出现在梦境,它与怪虫展开决斗,却被爬虫蜇伤……梦境中善兽与恶虫的斗争正是现实世界中梅什金与罗戈任这两种力量的斗争,或者说是善恶两种力量在伊波利特灵魂世界中争夺地位的

48 〔俄〕陀思妥耶夫斯基:《罪与罚》(下)(全集·第8卷),袁亚楠译,第528页。
49 〔俄〕陀思妥耶夫斯基:《罪与罚》(下)(全集·第8卷),袁亚楠译,第528页。
50 〔俄〕陀思妥耶夫斯基:《罪与罚》(下)(全集·第8卷),袁亚楠译,第689页。
51 〔俄〕陀思妥耶夫斯基:《白痴》(下)(全集·第10卷),张捷、郭奇格译,第529页。

象征。小说富有深意地写道，在两者胜负未决之时，"这时我醒了，公爵走了进来。"[52]在另外一次病态的幻觉中，象征死亡的毒蜘蛛使这位患病的、只能存活两三个月的十八岁少年惊恐不已："我记得好像有人手里拿着蜡烛，拉着我的手带我走，让我看一只巨大的令人厌恶的蜘蛛，并且告诉我说，这就是那个神秘的、冷漠的和全能的东西，嘲笑我，说我不该表示愤慨。"[53]这一幻象出现在他拜访罗戈任并感受到其家中"死去的基督"的画作显示出死亡的绝对力量之后，而将蜘蛛展示给伊波利特的幻影般的造访人就是罗戈任。最终，伊波利特选择自杀，以他的自我意志和"巨大的、不可估量的力量"来对抗"以蜘蛛的模样出现的神秘的力量"[54]，亦即试图去战胜尘世的冷漠、罪孽和死亡的自然法则。

《卡拉马佐夫兄弟》中毒蜘蛛和虫类与魔鬼联袂出场。费拉蓬特神父声称看见了物质的、有形的魔鬼，并当场使它毙命，"像只被踩死的蜘蛛。"[55]在佐西玛长老的尸体腐臭之际，他来到修道室驱赶"妖魔鬼怪"："你们这里鬼魅成群，就像墙角里的蜘蛛。"[56]殊不知真正的魔鬼就潜藏在他自己心中，他一直暗自强烈地妒忌受到众人拥戴的佐西玛长老："明天一早，人们将在他身旁唱崇高的赞美诗《乐于助人和保护他人》，一旦我死了，就只会唱短小的颂歌《人生多么甜蜜》。"[57]在德米特里看来，卡拉马佐夫家族流淌的血液里混合着昆虫一样强烈的冲动和欲望："弟弟，我就是这昆虫……咱们都姓卡拉马佐夫，全一样，即使在你这样的天使身上这昆虫也活着，它将在你的血液里兴风作浪……这里，魔鬼跟上帝在搏斗，这战场就是人心。"[58]这

---

52 〔俄〕陀思妥耶夫斯基：《白痴》（下）（全集·第 10 卷），张捷、郭奇格译，第 531 页。

53 〔俄〕陀思妥耶夫斯基：《白痴》（下）（全集·第 10 卷），张捷、郭奇格译，第 553 页。

54 〔俄〕陀思妥耶夫斯基：《白痴》（下）（全集·第 10 卷），张捷、郭奇格译，第 555 页。

55 〔俄〕陀思妥耶夫斯基：《卡拉马佐夫兄弟》（上）（全集·第 15 卷），臧仲伦译，第 263 页。

56 〔俄〕陀思妥耶夫斯基：《卡拉马佐夫兄弟》（下）（全集·第 16 卷），臧仲伦译，第 531 页。

57 〔俄〕陀思妥耶夫斯基：《卡拉马佐夫兄弟》（下）（全集·第 16 卷），臧仲伦译，第 533 页。

58 〔俄〕陀思妥耶夫斯基：《卡拉马佐夫兄弟》（上）（全集·第 15 卷），臧仲伦译，第 165-166 页。

是德米特里对自身罪性的深切体验和最为坦诚的忏悔，充满了灵魂挣扎于"圣母的理想"与"所多玛的理想"之间的疼痛。他也道出了人类的共同命运，人被身上的动物性部分所左右，人的神性被污损，甚至被完全打败，人往往在魔鬼面前颜面尽失……

2.2.2 嫩叶

如果说毒蜘蛛和虫类是罪孽、诱惑、魔鬼和死亡的象征，是人的灵魂中最卑劣、最丑陋、最黑暗部分的化身，那么，陀思妥耶夫斯基小说中也常常出现寓意与之完全对立的形象：嫩叶。两者分别意味着两种生存样态，两种生命果实：一个象征有罪、邪恶、丑陋、必死的生命，一个象征鲜活、生机勃勃、美好和充满希望的生命。

最为引人注目的是"叶子"和"蜘蛛"在基里洛夫生命中的隐喻意义。他给斯塔夫罗金讲述了关于"叶子"的寓言："我不久前看到过一张黄叶，带点绿色，四周已经腐烂，风吹下来的。当我十岁的时候，我在冬天故意闭上眼睛，想象一张叶子，绿色的，鲜嫩的，叶脉分明，太阳照耀着，我睁开眼，简直不相信，因为太好了，于是又闭上眼睛。"[59]从梦幻般的嫩叶转变为腐烂不堪、垂死的黄叶，喻示着基里洛夫从十岁少年到行将自我毁灭的生命轨迹。虽然他等而视之，宣称黄叶也很美（"叶子很美。一切都很美。"[60]），他现在正处于幸福的顶点，但是自奉为"人神"的信仰、善恶不辨和对善恶无动于衷的自我意志已扭曲了他的灵魂。他不再渴求善和美好，甚至向爬行的蜘蛛祷告："我向什么都祷告。瞧，那只蜘蛛在墙上爬，我瞧着它，因为它爬而感谢它。"[61]考虑到蜘蛛等虫类形象在陀氏小说中的特殊含义，基里洛夫是在不自知地向罪恶和死亡低首谢拜，这增添了他自杀的悲剧色调。

伊波利特则清醒地意识到毒蜘蛛显示出的神秘力量对他的威胁，渴望看见"树木"。当清楚地知道到自己只能再活几个星期时，在"最后的信念"被决定之前，虽然他的身体"像一片从树上掉下来的颤抖的树叶那样十分虚弱"[62]，他仍然渴盼余下的不多时日能像嫩叶那样鲜活："在公爵的凉台上，

---

59 〔俄〕陀思妥耶夫斯基：《群魔》（上）（全集·第 11 卷），冯昭玙译，第 294 页。
60 〔俄〕陀思妥耶夫斯基：《群魔》（上）（全集·第 11 卷），冯昭玙译，第 294 页。
61 〔俄〕陀思妥耶夫斯基：《群魔》（上）（全集·第 11 卷），冯昭玙译，第 296 页。
62 〔俄〕陀思妥耶夫斯基：《白痴》（下）（全集·第 10 卷），张捷、郭奇格译，第

就在那一时刻，当时我想要做活下去的最后尝试，想看看人们和树木。"[63]然而，他又即刻看清了生命盛宴就要散去的现实，决定以自杀的方式来证明自己强大的自我意志。同拉斯科尔尼科夫一样，这是一位宣称可以"不受法律的任何管束"的"超人"。他公开宣读死亡告白书，以此挑战所有听者忍耐的极限、嘲笑生者的"温顺"并抗议死亡的绝对力量。

阿廖沙和伊万也讨论过"春天的嫩叶"的问题。在情感上，伊万还保持着对生命极为自然的爱和激情："我爱那春天苍翠欲滴的嫩叶，我爱那湛蓝的天空，真是这样的！这不是理智，也不是逻辑，而是全身心，发自肺腑的爱，爱自己风华正茂的年轻活力……"[64]然而，由于在理智上他已弃绝了上帝和人世间的爱，他对生命"发自肺腑的爱"只是一时的激情，很快就被虚无和痛苦湮没。关于宗教大法官的长诗是他的精神自白，阿廖沙从中感受到伊万的极度绝望。在阿廖沙看来，正如叶子的鲜嫩需要持续不断的供养，人的灵魂也需要根基和滋润，而被虚无包裹的伊万因为灵魂无所归依是无法活下去的："那苍翠欲滴的树叶，宝贵的坟墓，蓝天、心爱的女人呢？你准备怎么活下去，你用什么来爱他们呢？"[65]伊万承认，他只能依靠"卡拉马佐夫家的卑劣的力量"，即"为所欲为"的方式来生活。与之相对的是佐西玛长老教导的生活方式："要爱上帝的一切造物，爱整体，也爱每一粒沙子。要爱每一片树叶，每一道上帝的光。"[66]佐西玛长老从每片叶子看到上帝之道，从每一造物身上感受到爱的存在，坚信具体、持久、深沉并敢于担当的爱可以减少罪孽，这是对伊万极有可能导致暴力和犯罪思想的有力回应。

2.3 陀思妥耶夫斯基的罪人们

在陀思妥耶夫斯基笔下，罪对于每一个体而言是本体性的，无人能完全

---

561 页。

63 〔俄〕陀思妥耶夫斯基：《白痴》（下）（全集·第 10 卷），张捷、郭奇格译，第532 页。

64 〔俄〕陀思妥耶夫斯基：《卡拉马佐夫兄弟》（上）（全集·第15卷），臧仲伦译，第 358 页。

65 〔俄〕陀思妥耶夫斯基：《卡拉马佐夫兄弟》（上）（全集·第15卷），臧仲伦译，第 418 页。

66 〔俄〕陀思妥耶夫斯基：《卡拉马佐夫兄弟》（上）（全集·第15卷），臧仲伦译，第 506 页。

摆脱罪性的缠累。伴随着信仰危机和人神关系失和，人内在本性的罪外显为或大或小的恶行。在上帝面前称为罪人者不止是作恶之人，也包括那些专事上帝之道的圣人们。从斯维德里盖洛夫、罗戈任到费奥多尔·卡拉马佐夫这类道德上备受指责、离上帝最远的人，从诅咒世人和自我诅咒的"地下室人"到拉斯科尔尼科夫和伊万这类思想者，他们身上都打上了罪的印记。哪怕是吉洪和佐西玛这类世人眼中的圣徒，陀氏也没有忽视他们曾受到罪的诱惑而跌倒过。总的来看，与《罗马书》3 章 23 节所说的"世人都犯了罪，亏缺了神的荣耀"（罗 3:23）相合，这些人物都处在下降至更深的罪域或者从罪中飞升至高处的运动之中，所有灵魂都在"神的荣耀"面前经受烈火的试炼和煎熬，都在信仰或者拒绝信仰的挑战与抉择中承受着狂喜、颤栗、恐惧和不安。更进一步来看，这三类人物又依其同上帝"在能里结合"（非本质上结合）的程度大致呈现出一个精神阶梯性特征。[67]

总的来说，陀思妥耶夫斯基是展示人动荡不定的灵魂实景的大师。他最擅长表现人在肉体与灵魂、情欲与圣洁、罪孽与救赎、地狱与天堂之间的争战与挣扎，凸显人于悖逆与信从、沉沦与超越、自毁与拯救之间进行抉择的痛苦与绝望。

2.3.1 "恶人"群像

从外在行为来看，"永久的丈夫"、《罪与罚》中的斯维德里盖洛夫、《白痴》中的托茨基和罗戈任、《群魔》中的彼得·韦尔霍文斯基、《少年》中的兰伯特、《卡拉马佐夫兄弟》中的费奥多尔·帕夫洛维奇·卡拉马佐夫（老卡拉马佐夫）和斯梅尔佳科夫都可以归入同一类形象："恶人"。以传统的道德价值而论，他们或荒淫无耻或杀人掠货的罪行使其十恶难赦。所以在别尔嘉耶夫看来，"这些人已经不再有未来的人的命运，这些人已经从人的王国堕落到虚无。"[68]但作家对这些所谓的"恶人"的表现并不是喜剧式的、讽刺

---

67 可以参考 C.C.霍鲁日：《静修主义人学》（张百春译，载《世界哲学》2010 年第 2 期，第 92-100 页）和《东正教苦修传统中的人的形象》（张百春译，载《俄罗斯文艺》2012 年第 1 期，第 111-117 页）。依照 C.C.霍鲁日的理解，人的精神之路具有不同层次，"人应该消除在苦修学里所谓的欲望"，静修主义者通过注意力和祷告的修行实践可以实现精神梯级的上升，修行者达到的最高精神层次是"与神结合"、"神化"。由此而论，陀氏笔下的"恶人"、"人神"和"圣徒"形象分别处在"修行道路"的不同层次上。

68 〔俄〕别尔嘉耶夫：《陀思妥耶夫斯基的世界观》，耿海英译，桂林：广西师范大

的笔调，而是不加评判和略带悲悯地描写他们承受的痛苦。斯维德里盖洛夫无法容忍自己堕落和绝望的生活而自杀，老卡拉马佐夫会因为害怕地狱的钩子而整宿难以成眠。他们清醒地意识到自身沾满了罪的污泥，但又无力与堕落的生活决裂代之以全新的生命，只能是无望地逐渐滑向万劫不复的境地。对于此类情形，诺瓦利斯曾有极深刻的见解："恶人必须行恶事，这既违背又符合他们的意志。他们觉得每次攻击都击中他们自己，却又不能放弃攻击。恶性无非是一种心性疾病，病根是在理性上，因此它很顽固，只能靠奇迹治愈。"[69]在陀氏笔下，"恶人"也往往无法战胜各种欲望（本文主要关注为情欲所困者）而自主向善。从阿廖沙对老卡拉马佐夫的"不评判"和"容忍"来看，作家对这类不幸的灵魂充满了同情。

先从斯维德里盖洛夫谈起。斯维德里盖洛夫正式出场是在小说第三部临近结尾处。在此之前，拉斯科尔尼科夫母亲的信件和一些零碎的议论，已大致呈现出他真实面目的粗浅轮廓：出于情欲，虽为有妇之夫，他拼命追求和诱惑家庭教师杜尼娅；但当杜尼娅蒙受不白之冤成为众矢之的时，他又甘愿受千人所指而将杜尼娅谴责他的信件公之于众，以此证明了杜尼娅的清白无辜。他毒打自己的妻子，在妻子死后立即带着不可告人的企图来到彼得堡。他令索尼娅、杜尼娅和拉斯科尔尼科夫等人都感到恐惧，用杜尼娅的话来说就是"无法想象会有比他更可怕的人"[70]。之所以给周围的人留下恐怖的印象，因为他随从的是人堕落的天性："淫荡这东西，起码是稳定的，甚至以天性为基础，不是幻想的结果；人的血液里一直有这种燃烧着的东西，甚至随着年龄的增长也不能很快将它扑灭。"[71]拉斯科尔尼科夫称之为"一种危险的病"。然而他又始终挣扎在堕落与悔罪、放纵情欲与克制己身、行善与作恶、生与死的矛盾中。来到彼得堡时，他已经打定主意要自杀："我到这儿以后，现在决定做一次……远行，想先做些必要的安排。"[72]他所要做的"安排"主要是想方设法解除杜尼娅和卢仁的婚约。他有向善之心，也悔悟自己

学出版社，2008 年，第 62 页。

69　刘小枫主编：《夜颂中的革命和宗教：诺瓦利斯选集卷一》，林克等译，北京：华夏出版社，2007 年，第 148 页。

70　〔俄〕陀思妥耶夫斯基：《罪与罚》（上）（全集·第 7 卷），力冈、袁亚楠译，第 285 页。

71　〔俄〕陀思妥耶夫斯基：《罪与罚》（下）（全集·第 8 卷），袁亚楠译，第 594 页。

72　〔俄〕陀思妥耶夫斯基：《罪与罚》（下）（全集·第 8 卷），袁亚楠译，第 368-369 页。

的所作所为："我的确给您这位可敬的妹妹添了麻烦和不愉快，因此我后悔莫及；我不是为了赎罪，也不是对那些不愉快作出补偿，我是真诚希望为她做件好事。因为我总不能只做恶人吧。"[73]在卡捷琳娜·伊凡诺夫娜死后，他主动安置了她的孩子（在拉斯科尔尼科夫看来他这样做"别有用心"）。但是当他窥见拉斯科尔尼科夫的杀人秘密并认定有机可乘之后，他又萌发了以此来要挟杜尼娅的欲念。情欲之火在他心中燃烧，使他不能自持，设下了胁迫杜尼娅来顺从他的圈套。然而杜尼娅的决绝使他意识到，他毫无可能同这个"苦行者"[74]走到一起，不能指望从后者而来的力量战胜心中不可遏止的色欲。于是，在阴谋破产后，长久以来良心的折磨、道德上的无力和绝望感攀至顶点，最终使他主动选择了自杀。

因此，很难说斯维德里盖洛夫不属于恶者，但他又不简单地只是罪孽的化身：他深知自身的罪孽，具有洞察人性深层奥秘的眼力；他时常也向光明和善伸出触角去试探，甚至还靠近它们来温暖日趋冰冷的心；然而，他的灵魂逡巡游荡在善恶的边界时万难抵挡情欲之火的煽动，轻易地就飞蛾扑火般地沉沦；于是，他身上惊人的激情、活力甚至是无所畏惧都似乎成了恶魔的诱捕器。

作品对斯维德里盖洛夫和拉斯科尔尼科夫两人关系的描写充满了神秘色彩。与彼得·韦尔霍文斯基同斯塔夫罗金、斯梅尔佳科夫同伊万的关系一样，他也是拉斯科尔尼科夫灵魂中的暗影，恶魔般地追从和胁迫后者，同后者"像双生者一样"[75]。在和拉斯科尔尼科夫的对话中，斯维德里盖洛夫多次提到"两人之间有着某种共同之处"[76]、"我俩是一丘之貉"[77]以至于拉斯科尔尼科夫本人也承认并且逐渐相信两人确有某种共同之处。可以看到，两人都放弃了生命的主动性而任性无为：斯维德里盖洛夫空虚、无聊，无所事事，拉斯科尔尼科夫离开人群闭门玄思；忧郁是两人生命共同的底色。斯维德里盖洛夫曾说，"我是个忧郁寡欢的人：我不做坏事，但独自闷坐在角落里；有

---

73 〔俄〕陀思妥耶夫斯基：《罪与罚》（下）（全集·第8卷），袁亚楠译，第369页。

74 赵桂莲：《漂泊的灵魂——陀思妥耶夫斯基与俄罗斯传统文化》，北京：北京大学出版社，2002年，第321页。

75 〔俄〕梅列日科夫斯基：《托尔斯泰与陀思妥耶夫斯基》（卷一），杨德友译，北京：华夏出版社，2009年，第277页。

76 〔俄〕陀思妥耶夫斯基：《罪与罚》（下）（全集·第8卷），袁亚楠译，第363页。

77 〔俄〕陀思妥耶夫斯基：《罪与罚》（下）（全集·第8卷），袁亚楠译，第367页。

时三天都不同人们说话。"[78]拉斯科尔尼科夫则将自己囚禁在斗室，酝酿"可怕的思想"和准备做出"最后的决定"，他正是斯维德里盖洛夫所说的思想畸形儿之一："受过教育的青年人由于无所事事，整天沉湎于不可实现的梦幻之中，为形形色色的理论弄得畸形。"[79]两人也都跨越了界限，都杀了人并经受良心的不安和痛苦。斯维德里盖洛夫"毒杀"了妻子，孤注一掷地寻求不可能的"爱情"，内心隐秘的痛苦使他在来到彼得堡之前就已有自杀之念。同样的"疯狂"和强大的犯罪力量使得拉斯科尔尼科夫从斯维德里盖洛夫身上看到自己黑色的身影，令他极度不安："斯维德里盖洛夫是个谜……斯维德里盖洛夫令他不安，这是事实，不过这好像是另一种不安。"[80]他意识到"这人身上潜藏着某种左右他的力量"，认为"这个人很令人厌恶，显然非常淫荡，一定很狡猾，善欺骗，或许还特别狠毒。"[81]拉斯科尔尼科夫已认识到两人都受制于同样的黑暗势力，斯维德里盖洛夫对他来说意味着不同于索尼娅的另一条道路，即在罪恶当中继续滑落至无可救赎境地的道路，一条死亡之路。

罗戈任则是纳斯塔西娅通往地狱和死亡之路。他的个性中最为鲜明的特征就是强烈、狂热的欲望。在一下子爱上纳斯塔西娅之后，为了送给她"见面礼"，他毫不迟疑就花掉用债券换来的一万卢布，而这笔钱是嗜财如命又家教甚严的父亲让他来结账用的。当纳斯塔西娅提出让他准备十万卢布来"买"她时，他东奔西走不到一天时间高息贷来了全部钱款。为了得到纳斯塔西娅的垂青，他甘愿付出任何代价，不惜牺牲一切。他的爱非常真诚、坦率、热烈，但也因为其中包含极为强烈的欲望而充满了危险。"罗戈任由强烈欲望导致的罪孽是不可能从外部寻找原因的，魔鬼存在于他自己的心里，而魔鬼就是这强烈的欲望，并且恰恰是这连他自己都无法控制的强烈欲望使他如梅什金公爵所说的那样'身临灾难'，并最终毁灭了娜斯塔霞·菲利波芙娜（即纳斯塔西娅，笔者）和他自己。"[82]梅什金和纳斯塔西娅就罗戈任的个性说出了惊人一致的看法，他们都认为如果罗戈任没有生发对纳斯塔西娅

78 〔俄〕陀思妥耶夫斯基：《罪与罚》（下）（全集·第8卷），袁亚楠译，第606页。
79 〔俄〕陀思妥耶夫斯基：《罪与罚》（下）（全集·第8卷），袁亚楠译，第608页。
80 〔俄〕陀思妥耶夫斯基：《罪与罚》（下）（全集·第8卷），袁亚楠译，第564页。
81 〔俄〕陀思妥耶夫斯基：《罪与罚》（下）（全集·第8卷），袁亚楠译，第586页。
82 赵桂莲：《漂泊的灵魂——陀思妥耶夫斯基与俄罗斯传统文化》，北京：北京大学出版社，2002年，第29页。

的爱情，他就会像他父亲一样拼命地攒钱，同时也会成为阉割派[83]教徒。两人也都预感到罗戈任可能会杀人：梅什金公爵揣测到罗戈任出于妒忌可能会谋杀他；纳斯塔西娅恐惧地感受到罗戈任狂热的爱将转变成毁灭一切的恨。

罗戈任为强烈的欲望承受了极大痛苦。更可悲的是，他"有头脑"，一旦跟纳斯塔西娅的"胡闹"结束，就会极端地排斥和禁绝情欲，他具有成为阉割派教徒的潜质。这种排斥和转变在作品中已初现端倪：譬如他听从纳斯塔西娅的提议开始读书，对她的爱情中有了怜悯的成分；他"想尽力恢复自己失去的信仰"[84]；他也很有可能会走出情欲的捆锁转而去追求他视为圣洁的生活，像阉割派信徒那样极端地摈除情欲。从他同梅什金公爵曾数月一起谈论宗教信仰和俄罗斯人的使命问题来看，从梅什金甚至感觉需要这位精神"知己"来看，罗戈任身上存在着由大罪人转变为疯狂虔信者甚至是成为圣徒的可能性。然而，梅什金愈来愈严重的怀疑加速了他滑向毁灭一端的趋向，情欲的主导力量最终占了上风并扼杀了他。

陀氏小说的"恶人"群像尤以彼得·韦尔霍文斯基为最。这是一个和《怎么办》中的职业革命家拉赫美托夫完全不同的"痞子革命家"[85]角色。拉赫美托夫身上表现出的是革命者对事业的献身精神和自身的坚忍与克制，彼得·韦尔霍文斯基则是混迹于革命阵营中的阴谋家。他穿梭于各类人物之间，试图建立一个敢于统一行动的组织。他鄙视希加廖夫学说，认为它只是"空谈"和"理想"，而"革命"所需要的是暴动、谋杀、动乱和流血，哪怕为此砍掉"一亿颗脑袋"也无需畏惧。为了选中的"伊万王子"斯塔夫罗金担当起"革命"旗帜的角色，他甚至唆使人杀死了瘸腿女人玛丽娅·列比亚德金娜，试图以帮助斯塔夫罗金实施精神上犯罪杀人的方式"绑架"和逼迫斯塔夫罗金参加"革命"。为了所谓的"共同的事业"，他把杀人犯费季卡也吸纳进"革命"队伍，还利用基里洛夫的自杀来掩盖罪行，甚至为了把小组"粘合起来"不惜杀害沙托夫。他的疯狂、冷酷与残忍竟然令杀人犯

---

83 由俄罗斯正教会分离出来的一个派别，又称科蒲奇派，18世纪末由农民塞列凡诺夫创立。阉割派主张摆脱世俗生活，反对性欲，宣扬用阉割的办法来摆脱性欲、拯救灵魂，具有极强的神秘主义和禁欲色彩，充满宗教狂热。该派成员多数经商，彼此互助，一度在俄罗斯产生过较大影响。

84 〔俄〕陀思妥耶夫斯基：《白痴》（上）（全集·第9卷），张捷、郭奇格译，第316页。

85 何怀宏：《道德·上帝与人：陀思妥耶夫斯基的问题》，北京：北京大学出版社，2010年，第89页。

费季卡也感到难以接近[86]。费季卡对彼得·韦尔霍文斯基评价道："他给我出主意……心肠很硬。此外，他对用泥土制造我们的创世主一丁点也不相信，还说一切都是大自然安排的。"[87]费季卡虽然洗劫过圣母堂，但对上帝尚存敬畏之心，而无神论者彼得·韦尔霍文斯基的灵魂已完全为"共同的事业"所扭曲。

《卡拉马佐夫兄弟》中的费奥多尔·卡拉马佐夫是欲望的化身，是福马·福米奇·奥皮斯金（《斯捷潘奇沃的人们》，1859）和列别杰夫（《白痴》，1868）等形象的综合和深化。福马·奥皮斯金是一个卑劣无耻、忸怩作态的怪诞形象。列别杰夫则以夸夸其谈、虚张声势而又妄自菲薄为特征。费奥多尔·卡拉马佐夫更为彻底地滑向罪恶。他拼命攒钱捞钱，甚至独占亡妻留下的属于儿子们的遗产。对于孩子们，他"甩手不管"，丝毫不尽为父之责。个人生活方面狂饮纵欢、淫荡好色，还与长子德米特里争风吃醋。他丑陋的外表正与"花天酒地度过的一生的特征和本质"相称："厚颜无耻的小眼睛"，"又小又肥的脸庞"，深深的皱纹，尖尖的下颌，肉巍巍的大喉结，"黑黢黢的、几乎蛀尽了的牙齿的残根"……此相已足以让人生厌，何况是做出种种罪恶的行径却依然小丑一样地装腔作势，难怪德米特里会出于愤恨而高声喊出"这种人活着干什么"，伊万会低声悄语称之为"一条毒蛇"。

但是，就是这样一条受到诅咒的"毒蛇"却总是在想如下问题："我老琢磨：将来有谁会来替我祷告呢？人世间有没有这样的人呢……这方面我笨透了……我在想，我要死的时候，总不至于鬼忘了用钩子钩我走吧……到时候谁来用钩子把我抓走呢？因为，要是没有鬼来抓，那又成何体统呢？……这些钩子，特意为了我，为了我一个人……我这人多么死不要脸哪！……"[88]这是一颗堕落到黑暗深渊的灵魂在自省时、在看到纯洁之光时充满绝望的自白。听到这样的自白，"唯一不戳我脊梁骨"的阿廖沙明白了父亲的心灵事实："您的心比您的头脑好。"[89]茨威格在提到这位父亲时提醒读者不要忘记

86　〔俄〕陀思妥耶夫斯基：《群魔》（下）（全集·第12卷），冯昭玙译，第690页。
87　〔俄〕陀思妥耶夫斯基：《群魔》（上）（全集·第11卷），冯昭玙译，第347页。
88　〔俄〕陀思妥耶夫斯基：《卡拉马佐夫兄弟》（上）（全集·第15卷），臧仲伦译，第30页。
89　〔俄〕陀思妥耶夫斯基：《卡拉马佐夫兄弟》（上）（全集·第15卷），臧仲伦译，第210页。

这一点："好色之徒，过度兴奋的性欲人，猥亵的费多尔（即费奥多尔·帕夫洛维奇·卡拉马佐夫，笔者）与救世主、圣徒及陀思妥耶夫斯基——卡拉马佐夫身上的阿廖沙是天生的兄弟姐妹关系。"[90]这对我们理解包括费奥多尔·卡拉马佐夫在内的所有"恶人"形象都不无启发意义。

2.3.2 人神

人神是陀思妥耶夫斯基着力塑造的形象类型之一，人神思想的发现是他的伟大贡献。别尔嘉耶夫评价说，"人的命运永远处于神人与人神、基督与反基督两极的冲突之中。人神思想的发现归功于陀思妥耶夫斯基。"[91]王志耕这样界定人神和神人的区别："神人的原则是虚己，通过虚己，使人意识到自身的神性存在，从而获得启示，归于上帝。而人神的原则是自我主宰，而自我主宰的前提是人掌握了超越上帝的理性，也就是'知识'。"[92]在陀思妥耶夫斯基的小说中，这一思想首先与《群魔》中的基里洛夫有关，他同斯塔夫罗金对话时明确提出"人神"的概念：

> "谁能教会人认识大家都好，谁就使世界归于完满。"
>
> "那个曾经教导的人，已经被钉在十字架上了。"
>
> "他还会来的，他的名字是人神。"
>
> "是神人吧？"
>
> "是人神，这里有差别。"[93]

在基里洛夫的心中，人神（Человекобог）和神人（Богочеловек）有明显差别：后者已归于历史的陈迹，前者将屹立在人类的未来世界。在《卡拉马佐夫兄弟》中，伊万的长诗《地质剧变》（借魔鬼之口讲述）也讲到"人神"的出现："只要人类人人摒弃上帝……人必将因同时具有上帝和提坦神的自豪精神而扬名天下，出现人神……就这个意义说，他可以'为所欲为'……那这新人就不妨成为人神，甚至于，哪怕整个世界只有他一人如此，也无伤大雅……他可以毫不犹豫地跨过从前的奴隶人不敢逾越的任何道德障

90　〔法〕阿尔邦：《陀思妥耶夫斯基》，解薇、刘成富译，上海：上海人民出版社，2008 年，第 91 页。

91　〔俄〕别尔嘉耶夫：《陀思妥耶夫斯基的世界观》，耿海英译，桂林：广西师范大学出版社，2008 年，第 126 页。

92　王志耕：《圣愚之维：俄罗斯文学经典的一种文化阐释》，北京：北京大学出版社，2013 年，第 103 页。

93　〔俄〕陀思妥耶夫斯基：《群魔》（上）（全集·第 11 卷），冯昭玛译，第 295 页。

碍。"[94]这里，伊万提到了人神奉行的摒弃上帝、"为所欲为"的法则。德米特里思考的是同一个问题："如果没有上帝，人就成了大地和宇宙的主宰。"[95]与伊万不同的是，他马上意识到没有了上帝人也就不可能"一心向善"。

总的来看，陀思妥耶夫斯基小说中的人神呈现出两副面孔，人神思想表现为相通的两条道路：基里洛夫及其精神同路人的个人主义道路和希加廖夫、宗教大法官的群体主义道路。与上文所述的"恶人"形象不同的是，人神们更多地是思想者而非行动者，但在其思想根柢中包含着骄傲的毒素，而骄傲在陀氏的基督信仰中也意味着人的罪性。

1、基里洛夫及其精神同路人

在陀思妥耶夫斯基的笔下，基里洛夫是人神思想的阐述者，亦是人神类个人主义道路的最高代表。

基里洛夫身上呈现出世俗与超越双重性特征的悖谬组合。一方面，他是位年轻的工程师，喜欢孩子，热爱生活，脸上常带有"孩子般的笑容"，乍看似乎是远离苦恼和忧虑之人。另一方面，他又对俄国人的自杀问题怀有极大兴趣，不遗余力地研究它，并做出将自我的肉体献祭给哲学信念的"勇敢"行动。当斯塔夫罗金质疑他既已决定自杀又如何能够去爱世人时（想一想《白痴》中的伊波利特竟有在自杀前任意杀人、干一件"最最可怕的事"的极端想法），他如此作答："生活是一回事，那又是另一回事。生活是实在的，而死亡是完全存在的。"[96]他认为世俗生活和形而上之思是相互分离、互不相涉的两个世界。他坚信自己拥有具体实在的生活能力和爱的能力，同时又能应对死亡的必然性。在形而上之思中，基里洛夫赋予个体的自杀事件以绝对和神圣的意义，试图将自我对生命的弃绝同对世人的爱调和起来，这确实与伊波利特、斯塔夫罗金和斯梅尔佳科夫等人的自杀逻辑不同。在基里洛夫看来，基督被钉十字架只是真实的死亡事件而不具有任何复活意义，以基督名义再来的是"人神"而不是"神人"；超越了善恶观念的人、敢于自杀的人取代了上帝，自我成为上帝，在当下就凭靠绝对的自我意志达到了永恒。抱持这

---

94 〔俄〕陀思妥耶夫斯基：《卡拉马佐夫兄弟》（下）（全集·第16卷），臧仲伦译，第 1006-1007 页。

95 〔俄〕陀思妥耶夫斯基：《卡拉马佐夫兄弟》（下）（全集·第16卷），臧仲伦译，第 916 页。

96 〔俄〕陀思妥耶夫斯基：《群魔》（上）（全集·第11卷），冯昭玙译，第 293 页。

种信念，他勇敢地杀死了自己。

但就其总体命运来看，基里洛夫又是形而上之思的奴隶，是思想的牺牲品。"思想"一词反复出现在基里洛夫的话语中；他深信自己是新思想的创造者，深信他所采取的行动将向世人昭示和传播新的思想。彼得的判断基本是正确的——"不是您把思想吞噬掉，而是思想把您给吞噬掉了。"[97]那么，"吞噬掉"基里洛夫的是什么样的思想呢？就是建立在"人神"和"神人"区分基础上的关于"人神"的思想——"基里洛夫全部的反基督教的基础，当然是以这种区分为依据的。"[98]综其一生，人神思想使他走上了一条不同于神人之路的道路，也决定了他的命运。

基里洛夫的人神学说表面上与圣经中关于基督的说辞相合，实是貌合神离。梅列日科夫斯基形象地将两者比拟为有着同一条边的两个三角形，一个顶尖向上，一个顶尖颠倒向下。在关于世界和历史的起点与终点这一问题上，基里洛夫的思想似乎对圣经做出了正确阐释。圣经讲到太初之时上帝用爱和恩典创造出一个全善的世界——"神看着一切所造的都甚好"（创 1:31），而基里洛夫也看到世界尽善尽美："一切都很美……一切都好，一切。谁知道一切都好，这对他就好。"[99]甚至他还时常感受到神秘的和谐——陀思妥耶夫斯基将自己癫痫状态的切身体验赋予这一角色——他对此讲述道："有几秒钟时间，每次大约五六秒钟，你突然感觉到完全达到了永恒和谐的境界。这不是尘世的境界……必须脱胎换骨，或者死亡。这种感觉是清晰的，无可争辩的。"[100]

这是基里洛夫关于复活和永恒的神秘体验，他关于肉体的变化和时间终结的想法与此相关。在基里洛夫看来，人类的历史分为两个时代——从大猩猩到神被消灭的时代和神被消灭之后人的形体发生变化的时代，而在后一个时代中"人成了神之后，形体上就会变化。世界也会变化，各种事情、思想，各种感情也会变化。"[101]这里当然有自然选择与物种演化论遗留的痕迹，但更重要的是，人神究竟在形体上会有什么样的变化？基里洛夫的理解是成为

---

97 〔俄〕陀思妥耶夫斯基：《群魔》（下）（全集·第 12 卷），冯昭玙译，第 689 页。
98 〔俄〕梅列日科夫斯基：《托尔斯泰与陀思妥耶夫斯基》（卷二），杨德友译，北京：华夏出版社，2009 年，第 384 页。
99 〔俄〕陀思妥耶夫斯基：《群魔》（上）（全集·第 11 卷），冯昭玙译，第 294 页。
100 〔俄〕陀思妥耶夫斯基：《群魔》（下）（全集·第 12 卷），冯昭玙译，第 729 页。
101 〔俄〕陀思妥耶夫斯基：《群魔》（上）（全集·第 11 卷），冯昭玙译，第 143 页。

新神的人将不再害怕疼痛，将不再有痛苦、恐惧，也不再有死亡。这是一个永恒的时刻，时间将会终结——当人意识到自己处于幸福之中的那一刻，时间就会停滞和终结，永恒就会降临。在永恒降临后，人的肉体生育也不再有意义。但福音书论到复活时（"当复活的时候，人也不娶也不嫁，乃像天上的使者一样。"）（见太 22:30）所言的"不娶不嫁"只是说人在天堂中凡胎肉体发生了某种变化，而非意谓人的生殖繁衍行为。基里洛夫带有神秘性的时间终结的体验也与《启示录》中"不再有时日了"（启 10:6）要表达的意思不同，后者强调神的旨意和整体救赎计划的实现。

基里洛夫的思想背离了圣经中的基督之路、神人之路。圣经中更多地是关注人的实存，意在阐明世界的败坏和人的罪恶、善的始基的崩塌和神人（基督）的重建工作；在基里洛夫那里却只有善恶的混淆、对罪恶的认可和纵容——"如果有人饿死，有人侮辱糟蹋这个女孩子——这好吗？""好。如果谁替女孩儿砸烂那人的脑袋，那好；如果谁不替女孩儿砸烂那人的脑袋，那也好。"[102]至少在精神层面上，这是一个为所欲为、肆意狂欢、恃强凌弱和暴力横行的世界。《白痴》中的伊波利特视上帝为吞噬人生命的、让人恐怖的力量："难道不能简单地把我吃掉而不要求我去赞颂吃掉我的力量吗？"[103]基里洛夫的人神就是具有如此特征的上帝形象。这样的新神有着蛊惑人心的面目，以至于斯塔夫罗金竟误以为基里洛夫将相信上帝。

基里洛夫信奉的新神，实质上是人的绝对自由意志的化身。虽然他视自杀为救赎世人的方式，但更大程度上是他自我确证的事件："我杀死自己，为了表现我的不甘驯服和新的极端的自由。"[104]他完成了从自我意识到绝对自由意志的转换：人的自我意识并不是自由意志，然而过于夸大人的自我意识对于外在世界的作用极易导向自由意志的膨胀，再向极处发展就是自我僭取上帝之位评断和决定一切的境况。基里洛夫的思想就贯穿着这条主线。他将一切都归结为人的自我意识——当人意识到幸福时就真的实现了幸福，意识到自己是好人时就不会犯罪；上帝也仅是人的意识的产物，取决于人的意识。其思想结果必然导致认为人的自由意志决定一切的观念。

所以，基里洛夫的人生悲剧是理性的悲剧、无神思想的悲剧，更是自由

---

102 〔俄〕陀思妥耶夫斯基：《群魔》（上）（全集·第11卷），冯昭玙译，第294页。
103 〔俄〕陀思妥耶夫斯基：《白痴》（下）（全集·第 10 卷），张捷、郭奇格译，第559页。
104 〔俄〕陀思妥耶夫斯基：《群魔》（下）（全集·第 12 卷），冯昭玙译，第764页。

的悲剧。他思考的是神人的问题，基督的问题，最终却走向了反基督。其人生的悲剧性寄寓于此。这是一个对信仰问题怀有炽热与激情的不幸的人："我一辈子只想一件事。神把我折磨了一辈子。"[105]折磨基里洛夫的同样是折磨了陀思妥耶夫斯基一生的问题，即上帝存在与世界关系的问题。决定基里洛夫生命状态的并非物质而是精神上的紧张和痛苦。他自诩为新神，再也不怕疼痛和死亡，但在自杀前仍然对死亡充满恐惧。这个声称爱世人和救赎世人的人神在实施自杀过程中呈现出野兽般的狂躁不安，直至咬掉彼得的手指——这完全是野兽的疯狂撕咬行为，是人的动物性表现。人意欲成为神结果反成了兽——舍斯托夫已从"地下室人"那里洞见到人神的共同命运："人类的经验，人们多少世纪历史存在的经验，具有充分说服力证实理性的一般意见：人经常变成野兽——粗野的、笨拙的野兽，而在人们中间还没有变成神的。"[106]人神基里洛夫同时相信又不相信基督，试图通过基督之门却以失败告终，陷入尼采式的疯狂和毁灭。正如梅列日科夫斯基所言，"基里洛夫和尼采，都要走进，或者试图走进这道门，因为没有其他的门。虽然他们否定基督，但是实际上是肯定他的——任何人也没有以这样的方式，至少是这样有意识地肯定他的。"[107]

在《群魔》中，基里洛夫绝非孤立的"人神"。斯塔夫罗金与他惺惺相惜，可谓精神上的知己。首先是自杀将两人联结起来：斯塔夫罗金同基洛夫一起详细探讨过自杀问题，基本上理解基里洛夫抱持的信念，他自己也有自杀的欲念，也是以自杀终结生命。其次，两人对善恶无差别的基本认知上也并无二致。在基里洛夫看来，鲜嫩绿色的"树叶"与蜘蛛同样都是好的、当人意识到自己是善的时候就不会做恶事；为了说明自己的看法，他还特意提到强奸小女孩的事情，而这正是斯塔夫罗金曾经犯下的罪行。相较而言，斯塔夫罗金有更为深重的罪孽感。其三，人神的概念是在两人的谈话中提出来的，基里洛夫这一思想的形成与斯塔夫罗金有关，他提醒斯塔夫罗金"回忆一下您在我的生活中曾经具有的意义"[108]，这暴露出两人在思想上的亲缘关

105　〔俄〕陀思妥耶夫斯基：《群魔》（上）（全集·第 11 卷），冯昭玙译，第 144 页。

106　〔俄〕舍斯托夫：《在约伯的天平上》，董友等译，北京：三联书店，1992 年，第 36 页。

107　〔俄〕梅列日科夫斯基：《托尔斯泰与陀思妥耶夫斯基》（卷二），杨德友译，北京：华夏出版社，2009 年，第 386 页。

108　〔俄〕陀思妥耶夫斯基：《群魔》（上）（全集·第 11 卷），冯昭玙译，第 296 页。

系。基里洛夫是斯塔夫罗金的创造物。作为精神导师的斯塔夫罗金引导和削弱了基里洛夫的上帝意识。正是在这个意义上沙托夫当面指责斯塔夫罗金毒害了基里洛夫这个"不幸的人"、"狂人"。

在陀思妥耶夫斯基的其他小说中，"地下室人"身上已经有了人神的影子。人们已奉送《地下室手记》的主人公无数的称号，从多余人、边缘人、局外人到西绪福斯式的反理性主义英雄等，不一而足；这些称号都道出了地下人某一方面的生存实质。为了揭示其真实面目，乔治·斯坦纳在《托尔斯泰或陀思妥耶夫斯基》一书中不只分析了他的性格与行为中显现出来的和隐秘不宣的诸多特征，更将"地下室人"作为谱系上延至首先背叛上帝要求实现自我意志的始祖亚当，下迄卡夫卡笔下由人变成虫的格里高尔，把桑丘·潘沙、莱波雷洛、拉摩的侄儿等角色都归入这一宏阔的视域。这一研究不乏启发意义，让人明白每一个体身上都普遍存在着永远无法完全洞悉和穷尽的黑暗的地下部分。然而问题在于，"地下室人"固然有其历史与文化隐喻指向，但他首先是陀思妥耶夫斯基最具独创性的角色之一，若非从陀氏小说一贯的思想立场出发就难以确切地定位这一形象。

"地下室人"脱胎于封闭的蒸馏瓶式的空间而非大自然，唯有强烈的意识而没有自然的、"直来直去"的行动能力，常受屈辱，心头聚满仇恨和报复的烈焰，却又因过度发达的意识否定了复仇的正义性。因此，当行动的时候，这只"不幸的耗子"（这无疑是作家本人对"地下室人"极贴切的比喻）只会被新的疑虑和躁动不安包围和击倒，在众人的嘲笑声中仓惶窜回"洞穴"。于是，在羞愧和愤恨中，他又会常年如一日地咀嚼蒙受的所有屈辱和伤害，幻想新的报复，但马上又否定它，直至在"可憎的半绝望和半信仰之中"[109]痛苦地死去。他自称是"无辜的罪人"，自认为比周围的人聪明，更善于思考，因此陷于心胸豁达和宽恕的强烈意愿和幻想中，结果是既不能真正做到宽恕别人，又不可能主动地、有力地报复他人。在自我隔绝中，他的幽暗意识和仇恨情绪持续发酵。自然，他不无哲学灵感，甚至与哈姆莱特相比更配得上哲人的称号，但他完全选择了对世界的逃避，内心激烈的争斗甚至使他无力像哈姆雷特那样勇敢地刺出最后一剑。这位"地下室人"比拉斯科尔尼科夫软弱，比伊万的绝望更彻底：拉斯科尔尼科夫尚能举起斧头；伊万的绝望来自人间痛苦与上帝之爱的矛盾，他那里还有来自阿廖沙的光照，

---

109 〔俄〕陀思妥耶夫斯基：《地下室手记》（全集·第6卷），刘文飞译，第178页。

而"地下室人"则穴居在黑黢黢的自我世界中，独自品尝与世界隔绝和敌对的苦味——"我是孤身一人，而他们却是全体。"[110]当然，这位"地下室人"身上也流淌着同拉斯科尔尼科夫和伊万一样的血液。在幻想中，他"超越"了所有人，正如拉斯科尔尼科夫认为自己可以跨过所有人的躯体成为拿破仑式的英雄一样，他也自认为"战胜了所有的人；所有的人，当然都已化作灰烬，都不得不心甘情愿地承认我所有的美德，而我也原谅了他们所有的人。"[111]"地下室人"是幻想世界里的超人，是敢于拿起斧头站立在大地上的"超人"的雏形，是人神思想的酝酿者。

之后，站在"善恶的彼岸"的"超人"拉斯科尔尼科夫已是基里洛夫较为成型和完备的形态，试图在道德上达到"无善无恶"状态的斯塔夫罗金是其面影的侧显，韦尔西罗夫是其同路人，伊万是其思想继承人。自"地下室人"起始的人神，个个都走在绝对个人主义的道路上。

2、人神的另一副面孔——从希加廖夫到"宗教大法官"

与极端个人主义、无神论者和反基督者相通的是偏好"安排"人类共同道路和共同生活的希加廖夫、宗教大法官们，另一类人神思想的代表者。他们相信，精神高贵的少数人手中掌握着人性软弱、卑贱的庸众幸福和生存的权利；为了达到整体上的和谐，必须消灭或以谎言来统治作为材料和工具的多数人。对人类共同幸福和简单的普遍性的追求取代上帝成为至高的原则，这与索洛维约夫的看法一致：人—神"即接受了神性的人……人—神必须是集体的和普遍的，即是全人类，或普世教会……人神是普遍的。"[112]无论普遍幸福的许诺多么美好和蛊惑人心，就其本质而言，仍是将人的原则凌驾于神的原则之上。

人神思想群体生活道路和秩序的拥护者们其实信从的是他们自身的绝对力量。在宗教大法官看来，人任性、乖张、浅薄，根本无力承担自由的重负，人只能追随奇迹、权威和神秘；因此，对人的统治或者说社会群体秩序的建立只能依赖面包的旗帜、强权和暴力。他心中人的形象已降格为只有生存本能和欲望的兽类。同样，希加廖夫提出的建立完美社会的计划是可怕

---

110 〔俄〕陀思妥耶夫斯基：《地下室手记》（全集·第6卷），刘文飞译，第212页。
111 〔俄〕陀思妥耶夫斯基：《地下室手记》（全集·第6卷），刘文飞译，第225页。
112 〔俄〕索洛维约夫：《神人类讲座》，张百春译，北京：华夏出版社，1999年，第177页。

的，"其原因不是在于它破坏公民权利，而是在于它把人变为心满意足的畜牲，通过填满人的肠胃来窒息人的灵魂。"[113]希加廖夫和拉斯科尔尼科夫看到了人与人之间的自然差别，这本无可厚非，但人社会地位的不同、财富掌握的多少甚至在历史上所起作用的大小并不能成为人是否应具有生存权的前提。这并非"天赋人权"所能涵纳的简单道理，而是事关人的上帝形象、神对世人的爱。在正教神学家看来，"正教的宗教思想最为强调人具有上帝的形象……因为他或她是上帝的形象，人类的所有成员，即使是罪孽深重的，在上帝看来都是极其珍贵的。"[114]而在陀氏笔下，人身上的上帝形象永远不能抹杀殆尽，人的生命的神圣意义和维度显现在每一个体身上，费奥多尔·卡拉马佐夫就是例证。在"宗教大法官"一段基督重临人间的描写中，基督再次眷顾了病弱的人、穷困的人和孩子，这与圣经中基督在人间的救赎行动形成了呼应——陀思妥耶夫斯基相信，基督永不放弃对每一个人的爱。

人神思想的个人主义道路和群体主义道路是相通的，后者是前者的自然延伸。其思想实质终究也是一致的，都是反基督、敌基督之路。圣经中已经出现了人神之路和神人之路的对立，亚当的堕落中包含着人而神的僭越，基督道成肉身的奥秘昭示着神人复和的可能。陀氏将人神思想发挥到了极致。人被部分地赋予上帝的神性，拥有选择和决断面向或悖逆上帝的自由。但上帝已确立其先在和不受限制的地位，神人基督是上帝的恩典和启示同人之间唯一的通道。人神之路不承认这条通道，视有限的自我为绝对的上帝，或将上帝的在与不在纳入自我意识之中，自然也就杀死了上帝。神人之路要求人们自由地信从、勇敢地追随、在爱与宽恕的行动中"效法基督"，从而将人提升到神的荣耀之中；人神之路只相信自由意志的力量、只肯定自我行动的有效性。神人之路给爱和牺牲注入神圣性和可能性，人神之路戏仿性的爱和牺牲显示的是人狂妄的野心，导致神性之爱遭受践踏、死亡称胜为王。当基里洛夫明确表示"我的神明的特性是自由意志"[115]的时候，他所信赖的已不是为了救赎世人而将自己送上十字架上的那位神人基督，而是绝对的

---

113 〔美〕乔治·斯坦纳：《托尔斯泰或陀思妥耶夫斯基》，严忠志译，杭州：浙江大学出版社，2011 年，第 262 页。

114 〔英〕韦尔：《东正教会导论》，田原译，香港：汉语基督教文化研究所，2013 年，第 222-223 页。

115 〔俄〕陀思妥耶夫斯基：《群魔》（下）（全集·第 12 卷），冯昭玙译，第 764 页。

自我。尽管其"牺牲"出自神圣的动机，结果却成为对基督牺牲行为的滑稽戏仿。

以另一副面孔出现的人神希加廖夫、宗教大法官们走上的也是一条悲剧之路。正如伊万诺夫所言，"关于人神的幻想，关于超人的幻想，是在真正的宗教绝望的眼泪里产生的，这时另外的伟大幻想消失了，人靠其全部意识彻底了解到自己在以前道路上的理性探索是徒劳的。人与上帝分离，无法获得上帝，于是在无限怨恨的激情里，他便沉浸在可怕的幻想中。"[116]宗教大法官貌似强硬，威胁要处死基督，但他也曾经为了追寻上帝而受苦受难，也曾由于无法确立上帝的道路而深深地忧郁不安，也曾为上帝流下"真正的宗教绝望的眼泪"。可以说，陀氏揭示了人神形象身上善与恶及其可能达到的极限。从拉斯科尔尼科夫、斯塔夫罗金、希加廖夫、基里洛夫、韦尔西罗夫到宗教大法官的人生都像伊万的整个故事那样"仿佛就是神人与人神的斗争以及神人胜利的历史"。[117]陀思妥耶夫斯基正面肯定的神人之路是在人神们的血泪中显示出来的。

3、人神思想的背景与现实映像

18 世纪以来启蒙语境下人的自我意识的绝对化构成了人神思想的背景。其中最为直接的是启蒙思想对理性人的造就。史蒂文·卡斯德（Steven Cassedy）在《陀思妥耶夫斯基的宗教》（*Dostoevsky's Religion*）一书第二章集中探讨了陀思妥耶夫斯基宗教信念的思想背景。在他看来，基里洛夫、沙托夫、斯塔夫罗金和斯捷潘·韦尔霍文斯基"四人的世界观尽管表面上显得不同，但有两个共同特征：都明确或暗自否认或未能相信上帝（至少是一个上帝）的存在；都根本上深植于人和现世。"[118]就西方资源来讲，基里洛夫等人的思想背景既与康德试图在理性基础上建立道德宗教的目标有关，也与为了抵制康德而将宗教理解为直觉和感觉、认为"上帝显然仅仅是人的精神而已，人是上帝的原型"的施莱尔马赫有关。陀氏与"比任何人更应该为将宗教经验缩减为人的意识现象负责"的黑格尔、试图"寻找历史上真实的耶

---

116 〔俄〕A·L·沃伦斯基：《人神与神人》，张百春译，《俄罗斯文艺》，2009 年第 2 期，第 35 页。

117 〔俄〕A·L·沃伦斯基：《人神与神人》，张百春译，《俄罗斯文艺》，2009 年第 2 期，第 48 页。

118 Steven Cassedy, *Dostoevsky's Religion*, Stanford: Stanford University Press, 2005, p.30.

稣"的施特劳斯、视上帝意识为人的自我意识的费尔巴哈以及《唯一者及其所有物》的作者麦克斯·施蒂纳和为耶稣作传的法国作家勒南等西欧知识分子的精神相遇也在相关人物的思想中留下了印记。

如前文所述，陀思妥耶夫斯基清晰地揭示出人神思想的根柢：极端地反基督（"神人"）、弃绝上帝，这一倾向有时表现为披戴基督的外衣、以善的面目来实现"崇高"的目标；在杀死上帝后人僭取了上帝的地位，人成为上帝而"为所欲为"，人类试图单靠自身的力量建立集体秩序；人神相信他们将站立在大地上拯救人类，相信他们代表着人类的未来和希望。陀氏小说也揭示出人神们的共同道路是悲剧性地走向疯狂、毁灭和死亡，其命运体现了现代人在失去神的庇护之后生命匮乏和破碎、灵魂"无家可归"的状态。那么，人神思想将会结出什么样的果实呢？陀氏深刻描绘或预言了人神思想在现实处境已经出现或可能出现的映像：个体人的"虫化"、革命乌托邦、纳粹式暴政和极权政治。

对人的变形的描写在文学史上源远流长。古罗马时代阿普列乌斯的《金驴记》是出现较早且产生较大影响的一部作品。它描写了主人公误饮魔药变身为驴之后的神奇经历，可视作美妙的寓言。而陀氏小说展示的是人神在精神异化后承受的痛苦：人神在弃绝上帝的时候也就损毁了人身上的上帝形象，而人的整全的形象遭到破坏之后就降格为兽的形象。人的虫化、兽化既与外来的各种压力有关，亦植根于人自身深处的原始罪性。如果说左拉的小说出色地表现了工业时代对人的压抑和人的异化，那么陀氏是表现人的原始罪性对人的异化的大师。面对人的原始罪性，如果没有上帝的防护和遮掩，那么毒蜘蛛就会四处横行。它既出现在斯维德里盖洛夫的呓语中，又在伊波利特的梦境中爬行——陀氏极为形象地表现了人对毒蜘蛛的恐惧。乔治·斯坦纳认为，"陀思妥耶夫斯基以持续的方式利用这类意象，从而达到对人进行'非人化'和去人性化处理。"[119]进一步来讲，陀思妥耶夫斯基似乎已经痛苦地意识到了一个未言自明的事实：神人的时代已经成为历史，现代人自身已经堕落为半人半虫的怪兽。

卡夫卡从陀思妥耶夫斯基那里得到灵感。当然，卡夫卡描写的变形与陀氏并不相同，他表达的是人的异化感、孤独感和荒诞感，表现的是人神内心

---

119 〔美〕乔治·斯坦纳：《托尔斯泰或陀思妥耶夫斯基》，严忠志译，杭州：浙江大学出版社，2011 年，第 200 页。

深处的感觉及其思想的必然结果。陀氏展现的是人面对上帝和魔鬼、神人和人神道路之间必须做出选择的痛苦，表现的是人面临的危险甚至是甜蜜的诱惑。换言之，陀思妥耶夫斯基侧重表现的是人神思想最初在人的精神世界引发的震荡不安，卡夫卡描绘的则是20世纪已经跃过思想纠结并完全失去上帝庇护的普通小职员（现代人）的现实处境。可以说，20世纪人变虫的寓言是陀氏笔下人神类命运的自然延续。

在陀思妥耶夫斯基看来，俄罗斯社会革命的逻辑与人神思想具有相似的内在肌理。他在小说中表现了人神思想所结出的畸形的革命果实，《群魔》中的彼得·韦尔霍文斯基和《卡拉马佐夫兄弟》中的斯梅尔佳科夫之流是其中最恶劣的。他从俄罗斯革命的风潮中看到的是人神们企图重新洗牌和安排人类命运的努力与尝试，认为"俄国革命思想的真谛在于否定人格"[120]。他深感忧虑的是，为了革命乌托邦的实现，两个群体和阶层即有产者和无产者之间水火不容，阶级之间只能以对抗和相互毁灭的方式存在，"正义的激情"将引发人自视为义和在正义口实下"为所欲为"的冲动，而仇恨的火焰将扭曲人身上的上帝形象。陀氏之所以对法国历史上发生的无数次革命和预感到将要发生的俄国革命抱有怀疑就在于此。他是站在维护上帝之道的立场上来看待革命的，他担心它将煽动仇视，释放出人最为阴险、最为黑暗和原始的恶，自认为革命的结局必然是以玛利亚的理想始、以所多玛的罪恶终，而这或多或少与人神思想具有某种关联。作为彼特拉舍夫斯基小组这个带有革命性质团体的成员之一，经过了苦役和流放生涯的磨砺，陀思妥耶夫斯基在表现数十年间俄国历史上风起云涌的革命浪潮及其思想背景时，对于人神思想及革命乌托邦保持着高度警惕，并对人类的革命历史和未来提出了富有终结性和预言性的创见。

陀思妥耶夫斯基也预见到人神思想的另一可能性：从纳粹暴政以及其他极权政治那里都能发现人神思想可能结出的恶果——极端地"追求"共同生活道路，为了整体的秩序与和谐而不惜使用任何手段，结果只能带来极端的专制、极端的不自由；将一部分人作为材料和工具必然导致整体上的腐朽、败坏和对所有人生命权利的损害。诚如乔治·斯坦纳所言，宗教大法官的传说"确实以不可思议的预感，提前揭示了20世纪出现的极权主义统治的种种倒行逆施：对人实施思想控制；精英统治阶层掌控着湮灭人性的救赎力量；

120　〔俄〕陀思妥耶夫斯基：《群魔》（上）（全集·第11卷），冯昭玛译，第457页。

在纽伦堡和莫斯科体育馆中，让民众在类似音乐舞蹈的仪式上表现出狂热愉悦；让个人生活完全服从公众生活。"[121]在希特勒以及任何时代的极权政治代言人身上都能看到宗教大法官的影子；历史的现实镜像让人们清醒地意识到人类社会可以堕落的极限和陀氏敏锐的睿智先见。

2.3.3 有罪的"圣人"

在陀思妥耶夫斯基小说中，尽管吉洪、佐西玛长老、马卡尔等圣徒和梅什金、阿廖沙这类准圣徒都以"接受了人的本性的上帝"[122]即神人的原则来生活，但罪性也在其人生的某一阶段或某一心理瞬间显现出来。譬如，佐西玛长老在年少时曾"近乎野蛮、残暴，甚至蛮不讲理"[123]，虐待仆人、嫉妒、骄傲。阿廖沙在打定主意去找格鲁申卡的时候，心里怀着堕落和放纵的狂想——这虽然可以理解为信仰的一时坍塌给他的心灵造成了巨大创伤，但如果严格按照耶稣基督的训诲："凡看见妇女就动淫念的，这人心里已经与她犯奸淫了"（太 5:28），那么阿廖沙已经是陷于罪中并被罪捆绑了。

《白痴》的主人公梅什金公爵身上的罪性特征最为鲜明。这一人物本来是作家要建构的基督化的形象：在作家的构思中，他曾称梅什金公爵为"基督公爵"，他要通过这一形象来"塑造一个十分美好的人"[124]，一个以完全的"无辜"为特征的"大写的人"。作家的意图部分地实现了。在小说的第一部，他开诚布公、平等地对待每一个人，很快赢得了他们的爱。在加尼亚打他耳光时，他没有还手，正如基督教导的那样："有人打你的右脸，连左脸也转过来由他打。"（太 5:39）他唤醒了纳斯塔西娅的羞耻感；在命名日晚宴上，虽然两人仅仅相识一天，但他深切的怜悯和完全宽恕的爱使她断然把自己的命运交给她心中这个"真正的人"来决定。他也得到了罗戈任的信任、友谊和尊重。但从小说第二部开始，他不再能够完全坦然面对罗戈任，心中疑神疑鬼，总不能打消自己关于罗戈任要杀人的想法："难道能肯定罗

121 〔美〕乔治·斯坦纳：《托尔斯泰或陀思妥耶夫斯基》，严忠志译，杭州：浙江大学出版社，2011 年，第 304 页。

122 〔俄〕索洛维约夫：《神人类讲座》，张百春译，北京：华夏出版社，1999 年，第 177 页。

123 〔俄〕陀思妥耶夫斯基：《卡拉马佐夫兄弟》（上）（全集·第 15 卷），臧仲伦译，第 469 页。

124 〔俄〕陀思妥耶夫斯基：《书信集》（上）（全集·第 21 卷），郑文樾、朱逸森译，第 521-522 页。

戈任要杀人吗……我这样公然无耻地胡乱推测，岂不形同犯罪，岂不是卑鄙无耻吗？"[125]在自我谴责和对自己做出要"光明磊落"的表示之后，他开始相信罗戈任身上的"同情心"，但很快他又"相信自己心中的魔鬼了"。这个魔鬼就是，他一定要确证他的预感，即罗戈任是否在跟踪他，是否想要谋杀他，他"从夏园出来，唯一的目的就是要看到那双眼睛"[126]。他本来已向罗戈任许诺"不再见她"，但还是忍不住向纳斯塔西娅住的房子走去，只因为"这种卑鄙的预感"已经牢牢地控制了他。虽然他想立刻跑到罗戈任那里拥抱他，解释和了结一切，但他无法摆脱心中的魔鬼。梅什金对罗戈任的怀疑部分地也是出自情欲，这最终导致了罗戈任出于绝望而杀死了纳斯塔西娅。悲剧发生后，梅什金深悔不已："他突然明白了，在此时此刻以及很久以前，他说的一切都不是他该说的，他做的一切都不是他该做的。"[127]在一定程度上可以说，罗戈任就是梅什金公爵的黑暗一面："梅思金（即梅什金，笔者）与罗果金（即罗戈任，笔者）的关系是明确的。罗果金就是梅思金的原罪。"[128]

梅什金对纳斯塔西娅和阿格拉娅的感情比人们通常所理解的要复杂得多。对于纳斯塔西娅，他并不是坚定的同情和救赎者，他时常在爱、恨和恐惧等多重情感之间纠结。在发现无力介入纳斯塔西娅的生活之后，他甚至开始躲避她；而在预感到纳斯塔西娅可能影响到他与阿格拉娅结婚时，他心中又生发出愤恨的情绪："又是'这个女人'！为什么他总是觉得，这个女人恰好会在最后时刻出现并像扯断一根烂线似的毁灭他的前途？……他怕的是纳斯塔西娅·菲利波芙娜这个人。"[129]乔治·斯坦纳指出，"梅思金的'罪行'是对爱抱有太多激情，这是因为，即使存在盲目的爱（见《李尔王》），也存在盲目的怜悯。公爵同时爱上了阿戈拉亚（即阿格拉娅，笔者）

125 〔俄〕陀思妥耶夫斯基：《白痴》（上）（全集·第9卷），张捷、郭奇格译，第314页。

126 〔俄〕陀思妥耶夫斯基：《白痴》（上）（全集·第9卷），张捷、郭奇格译，第317页。

127 〔俄〕陀思妥耶夫斯基：《白痴》（下）（全集·第10卷），张捷、郭奇格译，第823页。

128 〔美〕乔治·斯坦纳：《托尔斯泰或陀思妥耶夫斯基》，严忠志译，杭州：浙江大学出版社，2011年，第133页。

129 〔俄〕陀思妥耶夫斯基：《白痴》（下）（全集·第10卷），张捷、郭奇格译，第762-763页。

和纳斯塔夏（即纳斯塔西娅，笔者），然而他无法在情感上左右这两个人。"
[130]梅什金公爵对纳斯塔西娅的复杂情感引发的问题是：当怜悯以强烈的激情
力量显现时，被怜悯者是否能够承受？施怜悯者是否可能会以自己的强力摧
毁了被怜悯者的自我意志？或者说，充满激情的怜悯是否会引发其他不良后
果？当罗戈任告诉梅什金"你的怜悯可能比我的爱更强烈"、"从过生日那
天起，她就爱上你了"[131]时，他看到了梅什金怜悯情感的高尚之处，也洞察
到其中的激情因素及其结果，因此胸中充溢着怨恨之情。而当梅什金指责罗
戈任爱妒忌、情欲强的时候，当他不敢再坦然面对罗戈任和纳斯塔西娅时，
他是否在害怕他的拯救情怀和深切怜悯中所包含的像情欲一样的破坏力量？
如果说梅什金身上怜悯的激情同堕落的激情一样都带有可怕的毁灭性，那么
他对纳斯塔西娅的爱就与圣经中的基督之爱还有相当的距离。当梅什金曾反
省到自己"什么也干不成"时，很可能是在表达他无法抵达基督怜悯之爱的
挫败感和绝望。

在陀思妥耶夫斯基的人物身上能够看到罪的遍在，但作家并非将自我置
于更高的审判立场，而是将所有人物摆在上帝面前，以神性之光来洞照人身
上的黑暗，使所有的罪孽无处隐藏。罪孽的本体性和普遍存在，并不必然导
致对人的否弃，反而可以由此走向神性救赎。东正教神学和俄罗斯人的观念
尤其强调对罪人的爱。作家正是以无比深情的爱来展示罪人们灵魂的不幸与
痛苦。诚如劳特所言，"上帝诅咒罪孽。但是，上帝不诅咒罪人；而且，它
通过自己博大的爱始终同他们在一起。它始终准备面对他们。它把一切人，
也把罪孽深重的人召唤到自己跟前来。"[132]意识到人身上的罪，是对上帝神
性的回应和救赎的起点。陀思妥耶夫斯基从来没有对人失去信心和希望。他
始终坚信人身上依然保有依稀可辨的上帝形象，罪人依然具有从罪恶的极处
飞升到善美天堂的可能性。要么走向复活和新生，要么彻底堕落和沉沦，陀
思妥耶夫斯基的人物都走在向上或向下的途中。

130　〔美〕乔治·斯坦纳：《托尔斯泰或陀思妥耶夫斯基》，严忠志译，杭州：浙江大
　　　学出版社，2011 年，第 150 页。

131　〔俄〕陀思妥耶夫斯基：《白痴》（上）（全集·第 9 卷），张捷、郭奇格译，第 291
　　　页。

132　〔德〕赖因哈德·劳特：《陀思妥耶夫斯基哲学》，沈真等译，北京：东方出版社，
　　　1996 年，第 370 页。

2.4 "已经没有罪孽"?

2.4.1 罪孽的否认者

悖论的是，无论是就世俗意义还是宗教意义来看，陀思妥耶夫斯基小说的主人公虽然常常犯罪，却又声称或坚信自己没有犯罪，甚或整个世界并无罪孽。"地下室人"声称自己是无辜的："最最难堪的是，我是无辜的罪人，可以说是由于自然的规律而成了罪人。"[133]拉斯科尔尼科夫在自我意识中完全扯断了自己的行为与犯罪的联系，因而在实施犯罪的过程中超常地理智和谨慎："在他干事的整个过程里，他的理智和意志会坚强如故，镇定自若，原因就是他要干的事'不是犯罪'"。[134]拉祖米欣家的乔迁喜宴上，六个人挤在一间屋子里为"犯罪是否存在"[135]等问题争吵不休，多数人认为犯罪是对不公正的社会制度的抗议，一旦社会结构正常罪孽就会销声匿迹。在决意要自杀的基里洛夫的新"思想"中，穷困、死亡、奸淫、谋杀都与罪孽无关，"一切都好，一切。"[136]宗教大法官相信人类将拿起面包作为旗帜来反对基督并宣称罪孽将不被人所知："这人间的魔鬼正是以这食物为名起来反对你，给你交战，并战胜你……你知道吗，再过若干世纪，人类将用他们的绝顶聪明和科学向全世界宣告：没有犯罪，因此也没有罪孽，而只有饥饿的人群。"[137]结果便是"几十亿不知道罪孽为何物的幸福的赤子"[138]将奉他们为精神领袖，由此卸去"自由的重负"并生活于"平静而又谦卑的幸福"之中。佐西玛长老的临终遗言对罪孽有无的问题所做的回应可以视为作家的心声。他指出，俄罗斯的平民百姓知道自己处在罪恶之中并为之痛心疾首，但上层人士"已经不要基督了，而且他们还宣称，已经没有犯罪，因此也已经没有罪孽。不过按照他们的看法，这话也对：因为既然你已经没有了

---

133 〔俄〕陀思妥耶夫斯基：《地下室手记》（全集·第6卷），刘文飞译，第175页。

134 〔俄〕陀思妥耶夫斯基：《罪与罚》（上）（全集·第7卷），力冈、袁亚楠译，第89页。

135 〔俄〕陀思妥耶夫斯基：《罪与罚》（上）（全集·第7卷），力冈、袁亚楠译，第320页。

136 〔俄〕陀思妥耶夫斯基：《群魔》（上）（全集·第11卷），冯昭玙译，第294页。

137 〔俄〕陀思妥耶夫斯基：《卡拉马佐夫兄弟》（上）（全集·第15卷），臧仲伦译，第399-400页。

138 〔俄〕陀思妥耶夫斯基：《卡拉马佐夫兄弟》（上）（全集·第15卷），臧仲伦译，第413页。

上帝，那还是什么犯罪呢……"[139]凡此种种，道出了陀思妥耶夫斯基面对的思想现实：人们倾向于从社会环境角度去看待个人的犯罪问题、人的罪性问题，出现了将个人的自由意志和权力凌驾于一切道德、信仰和法则之上的强人……对这一思想现实的思考如丝线般缠绕在陀思妥耶夫斯基的重要创作中。

那么，面对充满罪行的活生生的历史和现实，面对人的内在罪性，陀氏笔下的这些人物何以能够如此"超然"？他们判定自己无罪的依据何在？"已经没有罪孽"的认识论根源何在？

2.4.2 "已经没有罪孽"说的思想根源

在陀思妥耶夫斯基的小说中，"脸色苍白的罪犯"和其他人物的行动与命运往往是由其热烈拥抱或深信不疑或舍身验之的思想决定的。而这些思想几乎不是舶来品就是还多少有点夹生的创新，但在当时的俄罗斯却风行一时。

拉斯科尔尼科夫的思想源于施蒂纳的《唯一者及其所有物》中宣扬的利己主义思想。谢列兹聂夫、多米尼克·阿尔邦和史蒂文·卡斯德提供了诸多显示作家了解或阅读过该著作的证据。谢列兹聂夫提到"施蒂纳的《唯一者及其所有物》曾经风靡一时（别林斯基没有少谈这本书，彼得拉舍夫斯基小组的成员围绕它也开展过不少辩论）。"[140]由此不难想象，陀思妥耶夫斯基至少参与或听到了关于施蒂纳的一些议论。阿尔邦则直接从作品中寻找线索："在施蒂纳的著作中，我发现了《罪与罚》的明显痕迹，还有拉斯科尔尼科夫的思想，甚至语言……拉斯科尔尼科夫是施蒂纳思想的直接继承者。"[141]他提到了一个有趣的细节，即拉斯科尔尼科夫曾经"写过一篇书评"并与波尔菲里展开了关于犯罪的讨论，并暗示说引起拉斯科尔尼科夫的兴趣并写下评论的正是施蒂纳的这本《唯一者及其所有物》。史蒂文·卡斯德则将《群魔》中一些人物的上帝观念溯源至施蒂纳、黑格尔、费尔巴哈等人。总之，虽然

---

139 〔俄〕陀思妥耶夫斯基：《卡拉马佐夫兄弟》（上）（全集·第15卷），臧仲伦译，第499-500页。

140 〔俄〕谢列兹涅夫：《陀思妥耶夫斯基传》，徐昌翰译，北京：人民文学出版社，2011年，第197页。

141 〔法〕阿尔邦：《陀思妥耶夫斯基》，解薇、刘成富译，上海：上海人民出版社，2008年，第136-138页。

陀氏小说中并未出现施蒂纳的名字，但这位宣扬利己主义思想的哲学家对作家的影响可以说是确实无疑的。

施蒂纳的利己主义思想相当复杂，在历史上也产生过深远的影响。笔者无意探讨它的细节，也不去探究其被接受或误解的历史过程和原因，只就他的代表作《唯一者及其所有物》与陀氏作品的内在联系略述一二。

《唯一者及其所有物》的核心观念是个人作为利己主义者有权越过宗教、道德、法律以及国家和民族等各种"共同体"，个人唯可信靠的原则是自我的权力，并依此实现各种权利。在施蒂纳看来，犯罪与"固定观念"有关，罪孽由于自我权利的维护者与作为类的"人"的概念和社会整体之间的冲突而产生："我却由于自己力量的完整性而与自己给与自己权利或从我自己处取来权利，并且对于任何优势的力量来说，我都是一个最不思悔改的罪犯。"[142]也就是说，罪来自于一个异己力量的裁决，它不在自我的属性之内，反而是自我的压制者。施蒂纳又指出，个人的真正本质和意义是成为"利己主义者"、"唯一者"，这就需要个人不再相信任何关于罪孽的学说，更不能被它束缚手脚："如果说宗教提出了我们全都是罪人这样的命题，那么我就与之相对提出另一个命题：我们全都是完善而从无更多的需要的。（因为我们在任何时候都是我们能够成为的一切。）因为我们不沾染任何缺点，故而罪孽就没有任何意义……我们全都是完善的，在世界上没有一个人是罪人……不存在什么罪人和有罪的利己主义。"[143]这几乎完全是拉斯科尔尼科夫的腔调和声音——拉斯科尔尼科夫也曾经认为真正的强者、拿破仑式的人物可以跨过血泊，他们非但不被视为有罪反而被历史尊为英雄，他要检验一下本人是否也能居于道德良心和法律之上。而佐西玛长老的言论可以视为是对施蒂纳观点的抗议，他关于"否认罪孽者"与上帝敌对关系的见解是睿智的，极端"利己主义者"否弃罪孽的同时也必然否弃上帝。

在俄罗斯风行一时的来自边沁的功利主义思潮在陀氏作品中也留有痕迹。[144]边沁设想了人趋乐避苦的本能，由此提出对于个体与社会都适用的要

---

142 〔德〕麦克斯·施蒂纳：《唯一者及其所有物》，金海民译，北京：商务印书馆，1989 年，第 221 页。

143 〔德〕麦克斯·施蒂纳：《唯一者及其所有物》，金海民译，北京：商务印书馆，1989 年，第 400-401 页。

144 据《陀思妥耶夫斯基全集》第 7 卷中文译者，"陀思妥耶夫斯基年轻时接触过边沁的著作，在他于 1844 年 9 月 19 日致 П.А.卡列平的信中曾谈到边沁"；见

实现"最大多数人的最大幸福"的目标。车尔尼雪夫斯基、皮萨列夫等人深受此说影响，陀思妥耶夫斯基则不以为然。他并不同意人有"避苦求乐"的本性，同时也担心功利主义思想落入以追求普遍幸福的名义而丢弃道德善恶标准的窠臼。因此，陀思妥耶夫斯基在多处批评和讽刺了车尔尼雪夫斯基的"合理利己主义"论、"一双靴子要胜过普希金"的文艺社会功用论和皮萨列夫的"有益论"。《罪与罚》中的列别贾特尼科夫就公然喧嚷道："一切对人类有益的，就是高尚的；我只懂得一个词，有益！"[145]触动拉斯科尔尼科夫紧绷神经的是一位大学生关于如何实现社会利益最大化的言辞，正是这次偶然的聆听拨动了他的心弦并促发他为了"共同的事业"采取行动：

> "用老太婆那些注定要葬送在修道院里的钱，可以兴办和办好成百上千桩好事和创举！可以使成百的人，也许可以使成千的人走上光明大道：可以使数十户人家免于贫穷、破产、毁灭和堕落，免于进花柳病医院；只要拿到她的钱，这一切都可以办到。杀死她，把她的钱拿来，有了这些钱，以后就可以献身于全人类和公众事业；你以为怎样，成千上万件好事还不足以弥补一件微不足道的罪行吗？用一条人命，可以换取成百上千人的生命，使之免于沉沦和堕落。一个人的死可以换来一百个人的生——这笔账是最简单不过的！"[146]

陀思妥耶夫斯基在此深刻地暗示了为了建立人类整体和谐、普遍秩序和共同幸福可能付出的代价：面对"全人类和公众事业"，一个人的牺牲何足挂齿，因为"一切都计算过了"，唯一重要的就是确保能够精确无误地实现最大利益；于是，杀人的罪孽被轻轻地抹去，正如拭去一颗微尘。且看拉斯科尔尼科夫在杀人之后的辩辞："我只有一次生命，永远不会再有第二次，因此我不愿坐等着'共同的幸福'降临……我只是不愿意捏着自己口袋里的一个卢布，看着母亲挨饿而不管，而去等待'共同的幸福'。说什么'我为共同的幸福添一块砖，所以我感到心安理得'。哈哈，可你们为什么把我给

〔俄〕陀思妥耶夫斯基：《罪与罚》（上）（全集·第7卷），力冈、袁亚楠译，第186页。

145 〔俄〕陀思妥耶夫斯基：《罪与罚》（下）（全集·第8卷），袁亚楠译，第470-471页。

146 〔俄〕陀思妥耶夫斯基：《罪与罚》（上）（全集·第7卷），力冈、袁亚楠译，第83页。

漏了呢？"[147]在拉斯科尔尼科夫看来，"共同的幸福"虽是不可企及的梦想，但"我"有权拿它作为旗帜，像拿破仑那样跨过一切界限和原则"为所欲为"，因为自我利益的实现也意味着为"整体的幸福"添砖加瓦。手段是次要的，罪孽更是无谓，这便是拉斯科尔尼科夫的逻辑。伊波利特洞察到这一逻辑惊人的恐怖并发出了抗议："这里只不过需要我的微不足道的生命、一个原子的生命来从整体上给某种普遍的和谐锦上添花，来增添和减少点什么，来形成某种反差等等……"[148]宗教大法官则许诺了这一逻辑所导向的"幸福"幻象："在我们这里所有的人都将是幸福的。"[149]总之，在陀思妥耶夫斯基看来，虽然在追求普遍幸福的潮流中偶尔也会出现目的纯粹、行为高尚的人士，但由于否认了罪孽的存在即取消了道德上的善恶之别，"崇高"的人生目标难免会堕落为不惜采用任何手段、不对任何结果负责的自私自利的行为和态度。

在陀思妥耶夫斯基的小说中，罪充斥于各个角落，充塞于每个灵魂，或长久或瞬间主导着人的生命，甚或使人陷入万劫不复的境地。但同时，在作品中某些角色高声宣告"已经没有罪孽"，人可以"为所欲为"。这再次显现了陀思妥耶夫斯基小说独特的复调性特征——每一种思想、每一个声音都面临着质询和抗辩，真理之光是在云雾的罅隙中微微泄露出来而非朗朗普照大地。因此，必须从陀思妥耶夫斯基的整体世界观入手来进一步考察陀思妥耶夫斯基关于罪的根源、实质、恶果以及赎罪之可能性等问题的理解，必须将罪的问题与自由、苦难和救赎等命题系于一端加以探讨。

---

147 〔俄〕陀思妥耶夫斯基：《罪与罚》（上）（全集·第 7 卷），力冈、袁亚楠译，第 346 页。

148 〔俄〕陀思妥耶夫斯基：《白痴》（下）（全集·第 10 卷），张捷、郭奇格译，第 559 页。

149 〔俄〕陀思妥耶夫斯基：《卡拉马佐夫兄弟》（上）（全集·第 15 卷），臧仲伦译，第 410 页。

第三章　罪与人的自由

　　陀思妥耶夫斯基小说中关于罪和救赎的所有问题都与自由这一核心命题相关。别尔嘉耶夫指出，"自由是陀思妥耶夫斯基所有创作的核心、自由是理解他的世界观的钥匙……陀思妥耶夫斯基深入考察了各种途径，各种减轻人类自由重负的途径，各种塑造没有精神自由之人的途径。陀思妥耶夫斯基具有真正天才的关于自由的思想。"[1]廓清陀思妥耶夫斯基对自由的理解就可以进入其整体世界观的中心地带，从而把握到作家对人性和人的命运的基本看法。而"自由"一词有如此众多的定义和争论，以至于以赛亚·伯林称其为"一个同幸福与善、自然与实在一样……意义漏洞百出以至于没有任何解释能够站得住脚的词。"[2]他区分了两种较为核心的自由观念："消极自由"与"积极自由"——前者是一种"免于……"的自由，即"不受别人阻止地做出选择的自由"；后者是"去做……"的自由，即"成为某人自己的主人的自由"[3]。不过似乎很难借用以赛亚·伯林备受争议的概念区分来界定陀思妥耶夫斯基的自由观。因为，陀思妥耶夫斯基虽然也常表现非理性的自由（有些类似于伯林所说的"消极自由"），但作家始终是在人神关系的总体框架内来演绎作为整体的人在自由中的命运。陀思妥耶夫斯基呈现出的是基督教的自由观，他使小说中的人物置身于类似亚当堕落前所处的那种原初的自由当中，从而洞察了人的罪性的秘密、罪恶和苦难的根源。同时，他也将基督里

---

1 〔俄〕别尔嘉耶夫：《陀思妥耶夫斯基的世界观》，耿海英译，桂林：广西师范大学出版社，2008年，第39页。

2 〔英〕伯林：《自由论》，胡传胜译，南京：译林出版社，2003年，第189页。

3 〔英〕伯林：《自由论》，胡传胜译，南京：译林出版社，2003年，第200页。

的自由带到主人公那里，表明了救赎的方向和可能。

3.1 自由

陀思妥耶夫斯基不只看到在自由之中包含着人的全部尊严，而且窥见了自由中藏裹着人性的秘密，于是将人引至原初的自由那里，用绝对的自由、终极的自由来探究人性，察看人心。他笔下的主人公似乎不为任何其他目的存在，唯一所做的事情就是检视自由的极限。作家以此来探求在自由中人的处境和命运，并坚决为人的精神自由进行辩护。

3.1.1 个体生命和精神自由的绝对价值

陀思妥耶夫斯基在世界面前为人辩护，甚至在恶面前为人执言，因为他肯定个体生命的绝对价值，他从人的身上看到了自由。人通向自由的道路是悲剧的道路，人会受到恶的诱惑，制造混乱和苦难，但不能因此而否弃个体生命的存在或者取消人身上的自由。这就是陀思妥耶夫斯基关于自由与人的生命存在关系最基本的理解。

陀思妥耶夫斯基始终守护着人身上的上帝形象，坚持人的生命的神圣来源，并在这个意义上反对任何剥夺个体生命和精神自由的行为。费奥多尔·卡拉马佐夫是阿廖沙的肉身之父，同时也跟阿廖沙一样是上帝的孩子，在忧心上帝的惩罚。在《群魔》中的一位普通军官"老粗大尉"看来，"如果没有了上帝，那么我还算什么大尉呢？"[4]伊万的长诗《宗教大法官》既是对信仰的指控，同时也是"对耶稣的赞颂"。在作家笔下，在普通人的心灵世界中，在上帝的悖逆者、冒犯者、亵渎者和道德败坏的人那里仍然有对上帝的意识，他们有意无意地将自己的意念、行为同其生命的神圣来源联为一体。即便是人在自由中败坏了自己的生命，有辱人身上的上帝形象，成了上帝的"坏孩子"，陀思妥耶夫斯基仍坚决维护生命和精神自由的神圣性，认为人的价值就来源于神圣的自由。

在陀思妥耶夫斯基那里，自由首先意味着个体生命存在的绝对性，意味着对这种绝对性的尊重。自由就是人的生命本身，失去了对生命的尊重，窒息和扼杀人的生命也就取消了人的自由。他的小说出色地展示了人生命的微

---

4 〔俄〕陀思妥耶夫斯基：《群魔》（上）（全集·第 11 卷），冯昭玛译，第 281 页。

贱，人堕落的可怕以及"人身上的上帝形象"可以被玷污到怎样肮脏的地步。谋杀、奸淫、仇恨、嫉妒、骄傲、贪婪等诸般罪恶充斥人间，孩子们从生活的地狱中发出惨叫和哀哭。此情此景让伊万不再接受上帝的世界而"离经叛道"。阿廖沙在听到八岁的孩子如何被将军放狗撕成碎片的事情时忍不住发出了"正义"的呼声："枪毙！"，同时"脸上现出一丝苍白的凄苦的笑"[5]。人的罪孽如此深重，使得阿廖沙只能对宽恕的"无能为力"发出"凄苦的笑"，一时失去对基督之爱的信心转而同意用暴力来消除恶。然而，陀思妥耶夫斯基始终坚持，任何人都没有权利以任何名义来消灭个体的生命及其自由，哪怕是以善的名义、以整体和谐的名义也决不允许。即便被视为"虱子"（《罪与罚》中被拉斯科尔尼科夫杀死的放高利贷的老太婆）、"毒蛇"（《卡拉马佐夫兄弟》中的费奥多尔·卡拉马佐夫）、"小丑"（《白痴》中的列别杰夫），即使被所有人唾弃，生命亦有其生存的权利。作家甚至借梅什金之口表达了这样一种观点，即哪怕是一个人杀了人，也不能出于惩罚而剥夺他的生命："因为一个人杀人而处死他，是比犯罪本身大得无可比拟的一种惩罚。根据判决杀人，这比强盗杀人可怕得多，无可比拟地可怕。"[6]这种惩罚之所以可怕，就在于死刑判决使人完全失去了生的希望。这里包含着陀思妥耶夫斯基自身的生命体验。他在小说中对所有戕害生命的行为进行谴责。拉斯科尔尼科夫试图跨过血泊，最终疏离了世界和自我，证明他自己也是一只微不足道的虱子；意念中杀了人的斯塔夫罗金在痛苦中杀死了自己，精神上弑父的伊万发了疯。陀思妥耶夫斯基以此证明，人人无权手沾别人的鲜血，毁灭他人生命的自由必然带来自我生命的毁灭。

　　大大小小的"宗教大法官"们所有以善的名义来计划、设计群体生活的尝试是对人及其自由的另外一种侵犯方式。他们未必消灭人的肉体生命，然而由于剥夺人的精神自由，事实上将人降格为畜群和动物。希加廖夫的理论之所以可怕，就在于它包含着摧毁人的精神生命的倾向："他建议，把人类分成不相等的两个部分，作为问题的最终解决办法。十分之一的人享有个人自由和支配其余十分之九的人的无限权力。这十分之九的人应当丧失他们的个性，变成类似牲畜的群体，在无限服从的条件下，经过一系列的彻底

5　〔俄〕陀思妥耶夫斯基：《卡拉马佐夫兄弟》（上）（全集·第15卷），臧仲伦译，第380页。

6　〔俄〕陀思妥耶夫斯基：《白痴》（上）（全集·第9卷），张捷、郭奇格译，第29页。

转变，达到原始人的纯朴，类似最初的伊甸园……使十分之九的人丧失自由意志，转变为一群牲畜。"[7]在陀思妥耶夫斯基看来，以希加廖夫为代表的大法官们只是借了自由的名义来统治人，他们真正信奉的只是虚假的自由，是压制和暴力，而真正的自由只能在基督身上找到，只能来自生命的创造者上帝。

陀思妥耶夫斯基也看到，意欲剥夺他人生命和自由的行为中含有论断的成分，而人的罪人身份使人无权来论断人。在圣经中，人身上的上帝形象已经败坏，所有人的生命自"第一亚当"堕落以后都深陷罪中；人与人之间的差别只是面容不同、罪的显现方式不同而已，在共同的罪性面前无人有权决定别人的生死。有着虔信之心的索尼娅深知这一点。所以当拉斯科尔尼科夫向她追问卢仁是否有权继续活着任其胡作非为时，索尼娅回答说："一切由我来决定，这怎么可能呢？谁派我来裁决谁该活，谁该死呢？"[8]虽然承受了深重的苦难，看清了卢仁的伪善，但她依然坚持圣经中"你们怎样论断人，也必怎样被论断"（太7:2）的教导，依然相信只有上帝才有权裁断人的生死。

陀思妥耶夫斯基以精神自由的名义捍卫人之为人的尊严。他视自由为上帝赐给他所造之人的赠礼，人在自由中答谢上帝的馈赠；人的全部尊严从自由而来、由自由所赋予。"自由是每个按照上帝形象和样式创造的人的基本内在特征，这个特征包含着创造计划和绝对完美。"[9]"地下室人"是人的绝对自由、非理性的自由的倡言者。在他看来，人根本就不是"某种类似钢琴琴键或管风琴琴销的东西"[10]，人也并非像理性和科学指引的那样去行动，而是靠任性的意愿自由地行动，人的自由要高于人的利益清单上的一切：理性、荣誉、安宁、幸福等等；人的尊严在于人拥有自由意志，人"自由的份儿"就通过无规律可循的自由意志显示出来。陀思妥耶夫斯基的人物要么像"地下室人"那样自由行事，这种自由有时甚至表现为自取其辱，自甘堕落，自毁生命；要么要求别人尊重其自由和独立行动的意愿。《群魔》中的列比亚德金尽管在经济上完全依附于斯塔夫罗金，但他仍然渴望斯塔夫罗金尊重其

7　〔俄〕陀思妥耶夫斯基：《群魔》（上）（全集·第11卷），冯昭玙译，第498页。

8　〔俄〕陀思妥耶夫斯基：《罪与罚》（下）（全集·第8卷），袁亚楠译，第515页。

9　〔俄〕别尔嘉耶夫：《自由的哲学》，董友译，上海：学林出版社，1999年，第120页。

10　〔俄〕陀思妥耶夫斯基：《地下室手记》（全集·第6卷），刘文飞译，第191页。

"最后的财产"——精神上的独立。在陀思妥耶夫斯基的笔下，上帝自由的赠礼常常蜕化为人的重负，但作家并不因此否认自由对于人的价值和意义，也不因此而主张取消自由。

在对人之精神自由的守护中，陀思妥耶夫斯基最为深刻地揭示了关于自由的悖论。自由是神恩，是赠礼；自由同时也是重负。自由说明了人的全部高贵，证明了人的全部尊严；自由也显出人的卑微和罪恶。在陀思妥耶夫斯基的世界中，宣称绝对自由的人走向了对自由的反对。人神那里不可能有自由，因为他已经离弃了神："最自由的只有与神灵本性相联系的人之本性，它一旦脱离开神灵本性，一旦视自己为神，就要受自然方面的必然性奴役，变得无能为力。"[11]宗教大法官的统治就建立在使人成为"必然性"的奴隶之上；他鄙视人的自由，认为人根本就无法承受自由的重负；人只有一条出路，接受"奇迹、神秘和权威"。在他看来，人只是物质的、肉体的存在，人的全部理想就在于"面包"。他否弃人的精神自由，因为他只看到了人在自由中的软弱、悖逆和反叛即人在"第一自由"[12]中的败坏，否定人获得更高的自由即在基督里重获自由的可能。就如在伊甸园中曾经诱惑人堕落的古蛇那样，宗教大法官的统治、势力、权威及所有希望就寄身于人的"第一自由"。但是人已经识破大法官的迷惑伎俩，人并未与上帝完全断绝关系，人依然从上帝那里寻求安慰和希望。作家告诉人们，存在人与上帝握手言和的可能性，因为人身上的上帝形象并没有被完全玷污。这一可能性已通过十字架向世人显明：基督的受难、牺牲隐藏着救赎的奥秘、自由的奥秘；基督本人就是通向"神人类"的自由之路。陀思妥耶夫斯基致力于揭开基督"自由之爱的奥秘"，试图将领悟到的自由的真理告诉每一个人。

陀思妥耶夫斯基对人之精神自由的捍卫，在诗学原则方面表现为"现在时里"与主人公的对话。作家笔下的每一个人物都自由地发声而没有受到压制，都在自由地行动而不受作家的任意干涉。主人公自身也都表现出对自由的极度渴望、极强的尊严感。哪怕最微不足道的人物、最丑陋的灵魂，作家也任其表达自我、陈述思想。作家始终坚持与主人公的对话立场，每一人物都是"自在之你"。巴赫金也认为，在陀思妥耶夫斯基的这些复调小说里，

11　〔俄〕别尔嘉耶夫：《自由的哲学》，董友译，上海：学林出版社，1999 年，第 125页。

12　指"第一亚当"的自由，即人类始祖亚当和夏娃自由地选择违背上帝禁令偷食禁果而堕落。

作者对主人公所取的是"认真实现了的"和"彻底贯彻了的"对话立场："这一立场确认主人公的独立性、内在的自由、未完成性和未论定性。"[13]陀思妥耶夫斯基关于人的自由的哲学同其诗学原则达到了完美的统一。

3.1.2 原初的自由

陀思妥耶夫斯基展示的是人从原初的自由走向被自由奴役的悲剧之路。"陀思妥耶夫斯基遭遇并透彻研究的即是该自由的悲剧。"[14]尽管精神自由的实现需要诉诸强大的"神律意识"，因为"自由是精神的聚和性，而不是精神的放纵，自由是严峻的与艰难的，而不是轻松的……自由产生苦难和悲剧"；[15]但陀思妥耶夫斯基反对将人直接放置在善的道路上，而是将人置于最初的自由那里去选择善或恶。在他看来，"人的价值，他的信仰的价值须以承认两种自由为前提：善与恶的自由和在善之中的自由，选择真理的自由和在真理之中的自由。"[16]只能选择善的自由已经是自由的反面，是强制，是暴力，是恶的一种形式。基督教的上帝既给出了"第一亚当"的自由，又许诺了基督的自由。人的道路就是从"第一亚当"开始走向基督或背离基督的道路，人是自由地走在这条道路上——这就是陀思妥耶夫斯基笔下人物的共同命运。

陀思妥耶夫斯基将原初的自由放置在人的面前，人由此出发。这里，人的自由先在于理性、善恶、道德、世界、上帝、他者，或者说人在开始自由行走时根本就罔顾这些因素的存在，人只寄身于自我的意志、意愿、情感、思想和行动中。这里根本就没有界限而不是自由高于界限。在原初的自由中，人推倒了各种有形无形的石墙，然后面对着空无进行选择，开始行动。陀思妥耶夫斯基由此来勘测自由的极限、自我的极限。

在原初的自由中，人只奉行自我的法则，只听从自我的意愿，毫不顾忌理性的作用。"地下室人"看到了理性的有限，认识到理性只是人的部分能

---

13 〔俄〕巴赫金：巴赫金全集（第五卷），白春仁、顾亚玲译，石家庄：河北教育出版社，1998 年，第 83 页。

14 〔俄〕别尔嘉耶夫：《陀思妥耶夫斯基的世界观》，耿海英译，桂林：广西师范大学出版社，2008 年，第 41 页。

15 〔俄〕别尔嘉耶夫：《自由精神哲学：基督教难题及其辩护》，石衡潭译，上海：上海三联书店，2009 年，第 109 页。

16 〔俄〕别尔嘉耶夫：《陀思妥耶夫斯基的世界观》，耿海英译，桂林：广西师范大学出版社，2008 年，第 41 页。

力，理性服膺于人的意愿，人的生活由意愿来主导："理性是好东西，这是无可争议的，但是，理性却只是理性，它只能满足人的理性能力，而意愿却是整个生活的表现，就是说，它是人的整个生活的表现，包括理性和所有伤脑筋的事情在内。"[17]而意愿是任性的、非理性的、随意的，甚至是疯狂的。"地下室人"意识到理性的法则是窒息人的、死亡的法则，撞破了理性的石墙，透过裂隙看清了人极度渴望非理性的自由和独立的内心秘密："一个人，无论何时何地，无论他是何许人，都喜欢如他所希望的那样去行动，而绝对不想按照理智和利益所吩咐的去行动；他想要的可能违反自己的利益，有时候甚至是就应该这样（这已是我的观念了。）自身的、随意的、自由的意愿，自身的，即便是最野蛮的任性，自己的，有时甚至达到疯狂的想象……人需要的只是一种独立的意愿，而无论这一独立性的代价多高，无论这一独立性会导致什么结果。"[18]陀思妥耶夫斯基笔下所有人物似乎都在证明"地下室人"的这一洞见。用理性的眼光看，拉斯科尔尼科夫可以在头脑中想一想"超人"的事情，绝不该"脸色煞白"地拿起斧头成为疯人；马尔梅拉多夫就该珍惜来之不易的机会，以努力工作而不是再度堕落来挽回作为一个正常人的尊严；罗戈任面对骄傲的纳斯塔西娅，只要稍微回转一下心意，也不至于最终成为杀人凶手；基里洛夫哪怕是稍稍清醒一点点，就能认识到自己只是个无法拯救任何人的普通人而已……然而，这些应该和不应该、可能与不可能是"正常人"所想的事情，对陀思妥耶夫斯基的人物根本不能做以上设想，因为他们不受任何外在的法度、规则、道德的限制，他们是自我绝对的主人，只听从自己内在的声音，只乐意率性而为，有时甚至追随某种神秘力量来行动。就思想、情感和行动的能力以及表现出的生命力而言，他们远远超出了一般人；他们也不屑于像一般人那样过平庸无奇和毫无个性的生活。而他们的悲剧就源于此。

在陀思妥耶夫斯基笔下，人在原初的自由中站在了"善恶的彼岸"，人所拥有的不再是单一的、选择善的自由，而是选择善或选择恶的自由，选择无动于衷的自由。此时，善与恶的界限还不完全明确，善的法则或恶的法则都还没有强加到人的头上；甚或人混淆或颠倒了善恶的法则，在自由中丢弃了道德法则。人被推至空无之中进行决断。拉斯科尔尼科夫面临的就是这种

17　〔俄〕陀思妥耶夫斯基：《地下室手记》（全集·第6卷），刘文飞译，第195页。
18　〔俄〕陀思妥耶夫斯基：《地下室手记》（全集·第6卷），刘文飞译，第193页。

空无。在他眼中，人的生活与善恶道德无关，只是弱肉强食的自然法则在起作用；谁能跨过法律和世俗道德的界限，谁就可以成为拿破仑，成为英雄。在道德的真空中，在自然法则、功利法则的视界中，杀死放高利贷的老太婆的"最无用的生命"就是历史的必然而不是犯罪。在原初的自由中没有罪孽的位置，这就是支撑拉斯科尔尼科夫杀人的内在信念。他只是用他的"理智"在犯罪，"为了犯罪而犯罪"。他是在同"一般的罪孽"做斗争，目的是测度"人类自由的终极界限"[19]，结果是自由之无限性成为加注己身的苦役和十字架。

在"地下室人"和《卡拉马佐夫兄弟》中的丽莎那里都出现了对人在原初的自由中对于世界和他人完全无动于衷的精神状态的渴望。"地下室人"声称为了保证他"能永远有茶喝"而让"世界毁灭"也在所不惜。受到伊万的影响，丽莎陷入疯狂的幻想：她想象自己把四岁的小男孩儿钉在墙上，但毫不为他的呻吟声所动，而是坐在他对面悠闲地吃她最喜欢的蜜饯菠萝。受到伊万的"鄙视"后，她产生了类似于基里洛夫的"一切都好"的体验："那个孩子十指被剁也蛮好，受人鄙弃也蛮好。"[20]这种无善无恶、对一切都无动于衷的内在体验使人获得了一种虚假的"超越"一切外在东西的自由感。

在原初的自由中，人的自由甚至高于自我的生死。伊波利特和基里洛夫都面临着死亡这一自然法则的考验。伊波利特强烈意识到疼痛、疾病和死亡对他生命本身的威胁，对他自由的限制。基里洛夫则相信，生命就是与自由的较量，自由高于生命本身，最高的自由需要杀死自己来证明；如果生命中还存在人的肉身的疼痛、恐惧、痛苦，人就依然是不自由的："谁想要最大的自由，谁就应该敢于杀死自己……此外没有自由；一切都在这里，此外就一无所有。"[21]他们都将自杀行为作为强大的自我意志的证明，作为自己不受死亡辖制的自由的证明。

在原初的自由中，人走向或悖逆上帝。这是陀思妥耶夫斯基笔下所有人物共同的生命道路。世上似乎只剩下两条道路供人来走：人而神的道路和神而人的道路。两条道路都隐而未显、崎岖不平，并且不可思议地纠结在一起。

---

19 〔俄〕梅列日科夫斯基：《托尔斯泰与陀思妥耶夫斯基》（卷二），杨德友译，北京：华夏出版社，2009年，第133页。

20 〔俄〕陀思妥耶夫斯基：《卡拉马佐夫兄弟》（下）（全集·第16卷），臧仲伦译，第902页。

21 〔俄〕陀思妥耶夫斯基：《群魔》（上）（全集·第11卷），冯昭玙译，第143页。

主人公时常站在两条道路的岔口，用整个生命去丈量其深浅高低。在这种原初的自由中，生命只是起点，即每时每刻都可能成为新的起点，随时面临着新的可能性。陀思妥耶夫斯基精彩地展示了各种可能性并许诺了最高的可能性：从大罪人到圣徒仅有一步之遥，地狱的另一端连接着天堂；而上帝，始终召唤着人们从原初的自由出发迈步走向他。

3.1.3 "个体思想者"的自由

陀思妥耶夫斯基小说中的人物从原初的自由出发，走在充满挑战和凶险的道路上，等待他们的往往是堕落、失败、绝望、惩罚和痛苦。自由之路反而成了奴役之路，自由成为附加在人身上沉重的负担。然而作家并不因此去减轻甚至取消自由的重负，而是在更高的意义上维护精神自由的绝对价值。在他看来，通向更高的自由即沐浴在基督圣爱中的自由、善的自由必须经由荆棘之路和旷野中的流浪，任何以同情和安慰的名义来减轻自由之路上痛苦的做法都是对人之精神自由的亵渎；自由之路就是十字架之路。这就是陀思妥耶夫斯基对自由充满悖论的理解。

陀思妥耶夫斯基关于自由的悖论往往通过思想的悖论来表现。在他的小说中，人在思想中显示了自己的自由，思想者是思想的主人；但人又往往成了思想的奴仆，无从逃离被奴役的命运。在陀氏那里，思想中人的自由自主与受戕害共在，这成了悖论式的存在；思想的巨人往往又沦为思想的奴隶和祭品，变成思想怪物。思想通达智力思辨、激情和灵魂的深层，具有巨大的威力，而且这种力量往往是无可阻拦的，因而也是可怕的，在不同程度上毁灭着它的主人。作家既表现了思想和智识对人的必然性品质，同时将人的思想与罪性联系起来——强大的思想力量导致了人对上帝的思考和偏离，也使得人不是向上超越而是无可避免地走向堕落。同样，思想者也无法完全主导思想落实于行动之后的结果，是思想而非其主人先于事件并主导了人的整个行动和命运："思想不行动，但它促使行动。在陀思妥耶夫斯基的好几部小说中，我们看到这一奇怪的角色分工，这一令人不安的关系，这一隐秘的默契，一方面，是一个思想着的人，另一方面，是在前者的启迪下代替他行动的人。"[22]思想衍化为摹仿者拙劣的行动，不再受到思想者的管束，从斯塔夫

22　〔法〕纪德：《关于陀的六次讲座》，余中先译，桂林：广西师范大学出版社，2006年，第 124 页。

罗金和彼得·韦尔霍文斯基的关系、伊万和斯梅尔佳科夫的关系都可以看到思想者同行动者之间的这种同体双生现象。思想的悖论就寓于其中。

"个体思想者"的命运极典型地显示出自由的悖论、思想的悖论。在陀思妥耶夫斯基后期小说中出现了许多形而上的罪犯，思想上的犯罪者，拉斯科尔尼科夫、基里洛夫、希加廖夫、伊万是其代表。他们因某一思想而存在，因执着于某一思想而堕落犯罪。他们思考的是人为何而存在、善与恶和上帝存在的问题。对这些问题，他们不是静态地观照、漠不关己地反思，而是用生命本身去体验、检视和实践自己的理论，为之生、为之死。在这些思想巨人那里，思想就是存在和生命本身，就是他们的命运；他们因思想而痛苦或惊扰不安。这里有多少种可怕的思想，也就有多少种思想上的犯罪。这些"脸色苍白的罪犯"都有强有力的思想。思想造就了个性，也造成了个体的悲剧。个性因思想而丰满，而陨落。思想的威力遍及每一个体；而且，这些思想往往是形成中的、变化着的、未定型的、未验证的。这与人物的动态发展和未完成性是一致的。拉斯科尔尼科夫只是在思想上预谋了杀人而没有对如何操作进行预谋，他是在验证思想的过程中犯下杀人之罪。

可以借用克尔凯郭尔"个体思想者"的概念来界定这些独特的犯罪者。克尔凯郭尔区分了思辨思想家和"个体思想者"的区别，前者以纯思代替了实存，"他将不再把自己作为一个生存者，因为他本身已得不到生存，因为他身上已没有任何后来要被理解的东西。"[23]他们中了"反思病"的毒害，成为生存的看客，在个人的实际存在和行动与思想之间出现了深深的裂隙。而"个体思想者""既是一个生存着的个人，又是一个思想着的个人，……在他所有的思索中，他必须把自己是一个生存着的个人的思想包括在其中。"[24]他们进行的是两个维度的反思，是"双重反思"（the double reflection）：既对思想或学说进行反思，又从生存论的维度将自身与某一思想或学说的关联进行反思。因之，思想就不是客观的、外在于自己的静止物或思维的衍生物，而是与自我的呼吸、血脉和行动连为一体甚至根本无法与自我分离的属我之物。在陀氏那里，每一犯罪者个体的思想与行动是高度一致的，犯罪者的整个存在就是某一思想的代言人。就此意义而言，这些罪犯都

23　转引自孙毅：《个体的人：祁克果的基督教生存论思想》，北京：中国社会科学出版社，2004 年，第 65 页。

24　孙毅：《个体的人：祁克果的基督教生存论思想》，北京：中国社会科学出版社，2004，第 67 页。

具有哲学家的气质，而且都是苏格拉底式的为思想而敢于牺牲自我生命的激情式的哲学家。

这些"个体思想者"以单个的自己、独立的个体孤傲地存在着，拒绝被简约或抽象为"我们"、"众人"，自视由于抱持卓尔不群的思想而高于"我们"和"众人"。他们的确有拜伦式的英雄气概，但他们又因迷恋和沉浸在思想中有了更多的忧郁，也有了更多的高傲。他们仅为思想而存在，他们整个的人就是某一思想的化身。他们意识到自己存在所担负的全人类使命（基里洛夫），意识到自己的非对象性存在。他们对自己不是进行思辨性的冷静反思，而是激情式的个体性反思。

在人神关系的层面上，陀氏笔下这些思想者与上帝的关系是个谜，正如这些人物本身是难以破解之谜那样。在一般意义上，人对上帝单凭理性的思考只有两种结果：上帝要么存在，要么不存在。这样，上帝存在与否只是一种可能性而非必然性，上帝的存在必须经由自我意识来确立。如此，在个人与上帝关系的维度上，个人是不依赖上帝存在的，自我是独立自足的；上帝只在自我意识的场域与"我"有关，一旦自我意识的主动面向偏离了上帝或整个意识场域，上帝便完全与"我"无关。对上帝的思想中更多地包含的是自我理性的强大力量，是以理性和知识取代上帝的存在，而不是情感和意愿上对上帝的依赖和依恋。只有放弃了自我的自立自足性，放下自我成圣的可能性，丢弃依靠理性自我认知甚至抵达神性的高傲，完全地降卑和悔悟，才能接纳和承受那至高者的光照和恩泽。若非弃绝自我，仍囿于思辨，就有可能把相对误认为绝对，因为绝对者一旦经过思想的过滤就会变为相对。由此来看，陀思妥耶夫斯基小说中"思想家"们的僭越和犯罪是其思想逻辑的必然结果。

在思辨的层面，这些"个体思想者"都触及上帝是否存在这一问题；而在生存论层面，他们又把这一问题引向自身的存在，以所有的情感和激情献身于这内向并化身为自身血肉的思想。与一般的虔诚的信徒不同，他们的思想活动与上帝没有形成生存性的关系或者形成的是十分脆弱的生存性的关系。上帝之存在与不存在依然是殚思竭虑之后悖论式的问题，上帝仍然只是在"我思"之中，而不是对"我"产生启示、自我能在敞开中与之交流的那个更高的存在。当思想者认为上帝只是"应该存在"而非必然存在时，那么上帝对他们来说就真的不存在了。上帝沉默了，上帝完全退隐了，上帝死去了。远离了"有血有肉"的活的上帝，也就弃绝了真实的生命本身。他们杀死了上帝，也就杀死了他们自己。思想的高傲与灵魂的干枯总是相应而立的。譬如，伊万把上帝视为绝对、普遍的理想或人生的终极目标；然而拒绝了更高的存在而陷入绝望和罪之中。

吊诡的是，这些走不进信仰的思想家又是离上帝最近的人。他们不仅把人身上的理性力量发挥到了极致，也以其强大的意志力和勇敢的决断走出庸人和凡人的行列，更重要的是，他们的生命始终与对上帝存在这一问题的思考联接在一起。是让上帝主宰自我和世界，还是自我做主，对他们来说是事关生死的问题。正是他们的整个生命存在都与对上帝的思索相关，他们只有两种生存的可能性：要么热烈地拥抱上帝，成为圣徒；要么决绝地否弃上帝，成为疯人、杀人者或自杀者，由于上帝信仰问题而陷于极端不幸之中。拉斯科尔尼科夫走向上帝，斯塔夫罗金和伊万分别走向死亡和疾病。上帝被逐出精神世界之后，自我就成为王者。然而这一王者的命运注定是俄狄浦斯式的流浪至死。潘能伯格曾指出说："只要人的生命运动是趋向上帝的，那么，在这种运动自身中也就实现了与上帝的同在。"[25]这些思想者距成为真正的上帝信仰者仅有一步之遥。

这些思想的巨人都经历了对上帝的绝望，绝望之后就是心灵的不安、对上帝的冒犯和叛逆。拉斯科尔尼科夫将人分为两类："普通的人"和"特殊的人"，认为历史上供奉的一些偶像和"英雄"其实是杀人如麻的罪犯。在某种意义上可以说，他确实洞察到了历史中的不平等和不公义现象。然而由不平等和不公义出发来否弃平等和公义本身，自身试图跻身于"伟人"的行列，这无疑是自我放逐式的叛逆。在他对人的分类中，惟独没有预留上帝的位置或者说以上帝面向来理解人。在他的意识中，就如后来伊万所认为的那样，上帝的存在与不公义的世界是不可调和的，因此可以丢开上帝来统观世界上所有的人。当他这样做的时候，当他将某些特定的优越性甚至杀人流血的犯罪权利赋予天才式人物并视之为理所当然的时候，其中就包含着以独立个体的无限自由取代至高者的可能性，也就是在默认人为所欲为的堕落权利。

当将这种超人哲学付诸实践的时候，拉斯科尔尼科夫只能陷入无法主宰

---

25 〔德〕潘能伯格：《人是什么——从神学看当代人类学》，李秋零、田薇译，上海：三联书店，1997年，第51页。

自我的不安与绝望之中，因为，人始终是非自立的，人靠着自己永远无法同自己形成一种单纯的关系。不安并不是完全消极的。一方面，他可能是个体迈向罪的起点，因为个人难以成为觉醒自我的真正主人，它极易使个体在绝望中滑入罪的深渊；另一方面，它毕竟是精神觉醒的标志，意味着个体的人开始意识到人的双重性存在而非自我的单一性的事实。

精神在遭遇到不安之后会滑入绝望的体验中。绝望有两种形式——软弱的和违抗的。前者会走向自我的封闭，对自我抱有恨恶和怜惜的双重情感。违抗式的绝望则会引发带有极度怨恨的行动，以此显示对面向的他者或至高者的不满。少年阿尔卡季的"冒犯"亦是绝望的表现。他反叛"公众"分派给他的任何角色、地位和使命承担，不愿成为"公众人"，不相信爱，自己也不愿意爱任何人。问题是，当不再以公众的立场来确立自我的伦理价值立场之后，我何所是，我何所依就成为必须解决的问题。阿尔卡季认为，他靠着自己的"思想"能够完全应对一切。然而由于思想与生存隔绝，阿尔卡季的行动并无稳固的根基："由于我的所有思想其实都是别人的，因此当需要独立做出决定时，我到哪儿去找到自己的思想呢？而且根本就无人指导。"[26]同时，他的思想，是一种高傲的个人主义式英雄的思想，即相信靠着自我坚强的意志和无限的力量达到任何目标，甚至可以引领众人，让众人对自己顶礼膜拜。靠自己的力量而弃绝他人或更高者力量的背后，是对他者和那更高者的刻意冒犯。他人和至高者不能给世界带来什么，也不值得"我"去依赖，这就是阿尔卡季"思想"的内在逻辑。所以，他的思想和言行总是难免冲撞、冒犯别人，对人冒犯成为他确证自己存在和获得尊重的方式，然而这种冒犯又让他付出了更多的代价来获取尊重。这成了一个可悲的恶性循环。

绝望也意味着人生的起点和转向。陷于绝望的伊万拒不接受上帝创造的世界。然而，绝望又把他带到上帝面前，在拒斥抑或接受的犹疑中实现着深刻的精神觉醒。韦尔西罗夫也献身于思想，但他已经走出绝望，意识到要去爱身边具体而实在的人，崇拜思想可能会导致生命的枯萎："一个高尚而有修养的人，由于追求高尚的思想，有时会完全脱离现实需要，变得可笑、任性和冷漠，简直可以说变得很愚蠢，而且不单在实际生活中，最后甚至在自己的理论上也变蠢了，因此有责任务实，有责任至少让一个有现实需要的人获得具体的幸福，这样才能使一切得到改善，并使施善者本人的精神重新焕

26 〔俄〕陀思妥耶夫斯基：《少年》（下）（全集·第14卷），陆肇明译，第398页。

发起来。"[27]这种对"悬空"了的思想危险性的认识以及对如何获得"具体的幸福"的理解，意味着一种获得新的自由的可能性。

3.2 罪与恶

陀思妥耶夫斯基通过自由来探究人的悲剧命运，揭示出罪恶的根源在于自由这一真理，并表现了人为自由所付出的沉重代价。自处女作《穷人》始，他的一生都在大声控诉恶如何摧残了人的生命、毁灭了善和美好："小人物"杰武什金失去了他心爱的瓦连卡；《白痴》中纳斯塔西娅"复活"（其名字的意思[28]）的希望归于破灭，美善的生命最终被黑暗吞没；《群魔》中沙托夫的人生刚刚绽开，就成为"共同事业"神坛上的祭物；《卡拉马佐夫兄弟》提到八岁的孩子被将军家的狗撕成碎块的惨剧……

然而他又相信，人在吞下罪的恶果时可能会带着罪感重新自由地回到上帝面前，认罪悔改；因此，罪恶并非必然是人的最终命运。

3.2.1 罪的恶果

人悖逆上帝而陷入罪恶之中，也就疏离了上帝和他者，造成自我的隔绝与封闭；同时生命个体也就丧失了自由，完全被恶奴役，人的心灵不得不为此承受无尽的惩罚和磨难。陀思妥耶夫斯基全面深入地展示了罪所带来的这些恶果。

1、疏离与隔绝

陀思妥耶夫斯基把罪视为信仰缺失带来的恶果。在悖逆上帝、离弃上帝之后，人的力量就缺乏了根基和规约，而人的有限性、自我中心和唯我立场又使得人必然需要一种超越此世的力量源泉。人在罪中摒弃了这一力量源泉，与上帝、他者和自我本身都暂时处于疏离和隔绝状态。

首先，从人神关系的层面来看，罪意味着人神关系的破裂，人的生命整体不再面向神性而是面向世界或自我。虽然陀思妥耶夫斯基也写到杀人、抢劫、奸淫、纵火等罪行，但他主要不是从法律层面而是从道德和信仰层面来

---

27 〔俄〕陀思妥耶夫斯基：《少年》（下）（全集·第14卷），陆肇明译，第634页。
28 〔美〕莉莎·克纳普：《根除惯性：陀思妥耶夫斯基与形而上学》，季广茂译，长春：吉林人民出版社，2003年，第112页。

探讨罪的问题。在法律层面上，《群魔》中的斯塔夫罗金和《卡拉马佐夫兄弟》中的伊万都是无罪的；然而，他们又都在深思罪恶的问题，为自己意念中的杀人之罪勇敢地背负起十字架。浸淫于东正教信仰传统的陀思妥耶夫斯基最关切的是罪同上帝信仰之间的关系问题。因此，在他的笔下，凡是陷入罪之牢笼的人物都是怀疑、远离和亵渎上帝的人，都是对上帝信仰产生动摇的人。陀思妥耶夫斯基对上帝存在本身并不存疑，只是"在他面前总是横亘着（在不同时期须以不同方式予以解决的）许多问题，即从上帝为了世界，为了人及其历史作用的存在中，究竟能得出什么结论。"[29]他甚至在明明知道上帝存在无法证明的情况下（正如伊万承认他的欧几里得式的头脑永远无法证明上帝存在或不存在）还为上帝存在提供"证明"："现实的（创造的）世界是有限的，而非物质的世界是无限的。如果平行线相交，那么这个世界的规律便终结。但在无限中，平行线会汇合，因此无限是存在的……如果存在无限，那么也就存在上帝和不同于现实的（创造的）、建立在另外规律之上的世界。"[30]带着对上帝存在的确信，作家展开了对人面对上帝的不同态度和人的命运与苦难之间必然联系的探究——他笔下走向自杀或杀人的主人公无一不是在拒绝了上帝之后遗失了生命的完整性。

拉斯科尔尼科夫走向杀人犯罪道路的过程就是他逐渐远离上帝的过程。母亲在寄给他的信中写到幼年的拉斯科尔尼科夫坐在母亲膝头学念祈祷词的"幸福"情景，这道出了拉斯科尔尼科夫自幼濡染于宗教信仰的事实。在同一封信中，母亲还表达了她的担心："罗佳，你还像原来那样祷告上帝，相信我们的创世主和救世主的仁慈吗？我害怕，心里很害怕，当今流行的不信教的风气是否沾染了你？"[31]拉斯科尔尼科夫是否如母亲担忧的那般被"不信教的流行的风气""沾染"了呢？答案是肯定的。当他在放高利贷的阿廖娜·伊凡诺夫娜那里典当完东西后，偶然听到了一位大学生和青年军官关于杀死这位老太婆的谈话，这场谈话与他的思想相合并被他视为生命中的"定数和启示"。大学生滔滔不绝地讲道，如果把这位像蟑螂或虱子一样

---

29 〔俄〕瓦·瓦·津科夫斯基：《俄国哲学史》（上卷），北京：人民出版社，2013年，第465页。

30 转引自冯增义：《陀思妥耶夫斯基论稿》，上海：上海文艺出版社，2011年，第212页。

31 〔俄〕陀思妥耶夫斯基：《罪与罚》（上）（全集·第7卷），力冈、袁亚楠译，第48页。

有害和微不足道的老太婆杀死，把她的钱拿来就可以为"全人类和公众事业"的利益做出巨大贡献。这种功利主义之利益最大化理论的极端化设想之所以流行，正是"不信教"之风沾染了青年人思想的结果。在这种设想中不再有对上帝的敬畏，不再有对犯罪及惩罚的顾忌。小说也直接写到拉斯科尔尼科夫对上帝的疏离。虽然在他沉溺于犯罪的"幻想"中时，他还能祈祷，还能向上帝发出上帝呼求："上帝啊，给我指路吧，我要摆脱我这种可恶的……幻想！"[32]但他同上帝之间极其脆弱的关系即刻就被一个可乘之机扯断了：他偶然得知第二天某时他准备杀掉的那个老太婆将一个人呆在家里，于是"一切就突然最后决定了"；他开始听命于"超人"的声音而非上帝来行动。

其次，从自我与他者关系的层面来看，罪意味着两者之间和谐关系的断裂。陀思妥耶夫斯基笔下的罪人们对庸众的鄙弃、对亲朋之爱的敌视和冒犯正是自我与他者关系断裂的表现。无论是拉斯科尔尼科夫还是少年阿尔卡季和伊万，他们思想中都暗含着支配他者的倾向。这种支配的极端，就是作为强者或思想创造者的自我可以任意杀死他者。拉斯科尔尼科夫是法律意义上的杀人凶手，斯塔夫罗金和伊万是精神上的杀人罪犯。对他者的支配欲侵袭了一切，甚至也意欲涵纳对上帝这个最高他者的支配。然而，"一个人想支配另一个人的那种人际关系作为人的关系必然走向终结。只有作为信赖关系，只有尊重同类的不可支配的人格，人际关系才能够存在。"[33]这些主人公所体验到的只能是关系的破裂和自我中心的碎片，整全的统一性和心灵的安宁与他们无缘。由于不再依赖上帝，他们就堕落为受到世界和他者"统治"的被支配者。陀思妥耶夫斯基深刻地揭示出这一点，即尽管拉斯科尔尼科夫、斯塔夫罗金、阿尔卡季和伊万拥有"强大"的思想，但在一些时刻又听命或受制于兰伯特、彼得·韦尔霍文斯基和斯梅尔佳科夫之流，沦为他人权力、意志的奴仆甚至是牺牲品。

在拉斯科尔尼科夫、希加廖夫等思想巨人身上极易看到他们同"大众"之间关系的疏离。一方面，他们都以人类的精神导师、启蒙者和引领者自居，将自己的生命同某种对于大众的独特的"使命"合二为一（基里洛夫的口气

---

32 〔俄〕陀思妥耶夫斯基：《罪与罚》（上）（全集·第7卷），力冈、袁亚楠译，第76页。

33 〔德〕潘能伯格：《人是什么——从神学看当代人类学》，李秋零、田薇译，上海：三联书店，1997年，第32页。

是多么热烈），对大众抱有"热情"。就某种意义而言，他们是"思想"的创造者，而且总的说来，他们创造的活力和巨大的能量都是罕见的。但他们同时视"大众"为庸众，为低于他们的次等群体，只配被动地接受或执行其思想或理论。所以，他们对大众又有十足的冷漠。《少年》中的阿尔卡季将自己和大众完全置于对立的处境中：他宣称，大众只会限制和影响自我意识的发展和个体独立性的保持，他唯一的希望是找到一个角落孤独地思想。"地下室人"也只有一个渴望，那就是偏于一隅去织就那张思想大网。在骨子里，他们根本就鄙视浅薄平庸的跟随者、耻于与之为伍。难道仅仅是彼得·韦尔霍文斯基对民众的生命、对他人的生命践踏在脚下吗？当然不是，在拉斯科尔尼科夫的超人理论中就包含着仇恨和暴力的种子，将民众视为奠定历史前进和成就伟人事业的材料；基里洛夫无意间将大众置于卑弱怯懦的境地。他们都在"思想"上"超越"了民众甚至自以为有权来安排他们的命运，然而却根本就不了解他们，并经常被民众视为敌人。

　　最后，罪也导致自我的封闭，使得生命个体成为"唯我主义"的"幻想家"。"地下室人"就是这样的"幻想家"，用这个生命演绎着由自我封闭导致的悲剧："先生们，你们可明白什么是幻想家吗？这是彼得堡的一种可怕的事物，是人格化了的罪过，是无言而神秘的、沉闷而粗野的悲剧，充满恐惧、不幸、曲折、纠葛和结局。"[34]"幻想家"们概略有这些特征：脸色苍白、眼光游移不定、喜怒无常、将一切都赋予幻想的色彩、落落寡合、漠视大众、丧失爱的能力。在基里洛夫和少年阿尔卡季身上，都不难发现这些特征。他们都喜欢一个宁静的角落来安居，用以逃避现实："往往现实在幻想家心里唤起沉重的讨厌的印象，于是他急着躲进自己梦寐以求的宝贵角落里，那地方实际上常常落满灰尘，又脏又乱。"[35]潘能伯格视这种自我封闭式的幻想为罪恶："自我固有一种坚持自己的目的、观念和习惯的倾向，固有一种在某种程度上封闭自身的倾向，而不是进入开放的倾向……试图摆脱自身的人，只会陷入幻想；因为他在自己可能达到的地方，到处都把自身携带进去。"[36]而这种"把自己封闭在自身之内的唯我性就是一种罪恶。"[37]巴赫

34　〔俄〕陀思妥耶夫斯基：《文论》（上）（全集·第17卷），白春仁译，第44页。

35　〔俄〕陀思妥耶夫斯基：《文论》（上）（全集·第17卷），白春仁译，第46页。

36　〔德〕潘能伯格：《人是什么——从神学看当代人类学》，李秋零、田薇译，上海：
　　三联书店，1997年，第52页。

37　〔德〕潘能伯格：《人是什么——从神学看当代人类学》，李秋零、田薇译，上海：

金对这些悲剧主人公深表同情："陀思妥耶夫斯基的作品中，悲剧性惨变的基础，向来是主人公意识上唯我主义的孤僻性，是他闭锁在个人天地中的孤独。"[38]

2、自由的丧失

在陀思妥耶夫斯基那里，罪的问题就是人的自由问题。人不是环境被动的产物，而是作为个体的主动承担者。正是人的自由意志、人在为善为恶的自由中产生了罪。人的自由先于罪，罪是自由的恶果，但不能因此而否弃自由。作家在任何场合都坚决反对将人堕入罪中片面地归结为环境的影响，终生都驳斥以各种形式出现的环境论。《罪与罚》中拉祖米欣对环境决定论者义愤填膺地提出抗议，代表着作家的基本立场："犯罪是对社会制度不正常的一种抗议……他们认为，一切都由于'环境的影响'，别无其他原因！这是他们喜爱的口头禅！由此直接引出结论，加入社会结构是正常的，那么一切犯罪便一下子不复存在，因为没有什么可抗议的了，所有的人一下子全变得正直了。天性无须考虑，天性可以忽略，天性无法指望……"[39]当受到众人攻讦时，拉祖米欣进而揭穿环境决定论者的残酷："但你说，一个四十岁男人猥亵十岁少女，难道这是环境迫使他做的吗？"[40]面对罪恶，陀思妥耶夫斯基不是肤浅的人道主义者，而是以自由的名义、以责任的名义维护人的形象和尊严，要求生命主体为自己的行为担责。别尔嘉耶夫对此有准确的理解："陀思妥耶夫斯基整个的精神气质反对以社会环境肤浅表面地解释恶和犯罪，并在此基础上否定罚。陀思妥耶夫斯基痛恨这种正面的、积极的人道主义理论。他在其中看到了人性深度的否定，对人精神自由以及与自由相关责任的否定。如果人只是外在社会环境的消极被动的反射，如果他不是一种责任的存在，那么，就不存在人，也不存在上帝；不存在自由，也不存在恶与善。"[41]如果将人的罪单单视为环境的产物，那就是在取消人高贵的自由意志，取消

三联书店，1997 年，第 58 页。

38 〔俄〕巴赫金：《巴赫金全集》（第五卷），白春仁、顾亚玲译，石家庄：河北教育出版社，1998 年，第 10 页。

39 〔俄〕陀思妥耶夫斯基：《罪与罚》（上）（全集·第 7 卷），力冈、袁亚楠译，第 320-321 页。

40 〔俄〕陀思妥耶夫斯基：《罪与罚》（上）（全集·第 7 卷），力冈、袁亚楠译，第 322 页。

41 〔俄〕别尔嘉耶夫：《陀思妥耶夫斯基的世界观》，耿海英译，桂林：广西师范大学出版社，2008 年，第 55 页。

重新恢复人身上上帝形象的可能性。

在作家笔下，人陷入罪恶之中的悲剧就是自由的悲剧。他的主人公在绝对自由的渴求中走向罪并失去了自由。人的自由总是有限的，承认人之有限与受限，就是承认个体自由的有限性。但是少年阿尔卡季和伊万都极力表明自身的绝对性、强调自我的绝对主宰和自由，拒不承认自我的有限性。阿尔卡季自以为可以单纯地依赖"思想"而活，可以凭借自我坚强的意志实现任何可能性。他所珍视的"思想"的核心就是"我能"，"我"绝对地自立、自主、自决，为善为恶全出于个人的自由意志而不取决于任何他者。而伊万将"一切都是允许的"作为行动指南，自我的绝对性成为面向自我与世界的法则。最终，自由冲破了一切界限、"强大"的自我为所欲为，将阿尔卡季和伊万引入罪的泥淖。基里洛夫也将人的自由意志绝对化。陀思妥耶夫斯基揭示了这些人物的共同命运：在绝对的自由中陷入罪中并失去了真正的自由。

陀思妥耶夫斯基看到，人身上的理性和非理性力量都要求绝对的自由，结果都将人引入罪中。"地下室人"道出了人的非理性本质：虽然人的本性渴望和谐，期待永恒的幸福，但同时人也喜欢寻求新鲜、混乱和刺激，渴望封闭在满是蛛网的角落里饮鸩孤独。在"地下室人"看来，永恒的和谐只会让人觉得乏味和单调，所以人们哪怕为了从破坏和痛苦中榨取一点点短暂的快乐而付上生命代价也在所不惜；这就是人总是飞蛾扑火般地跌入罪中的原因。人之高度发达的理性也同样将人带入罪中。拉斯科尔尼科夫、基里洛夫、伊万等人物显示出了强大的理性力量，但当他们将自己置于上帝的位置上、以人取代神时，他们就宣称人可以为所欲为。这只能导致一种必然的后果：要么杀死自己，要么去杀人。

自由导致了罪，罪是自由之子。罪又使人失去了自由，在罪中人就丧失了自由。"人应当走自由之路，但当人在自己自由的恣意妄为中不想知道任何高于人的东西时，自由就转化为奴役，自由毁灭人。"[42]陀思妥耶夫斯基极为出色地展示了这一真理。拉斯科尔尼科夫犯罪时完全处于无意识的状态，"不知被一股什么样的力量牵引似地"难以自制，几乎是在不知不觉中举起斧头砍向对象。人在罪中变成了"机器"，成了惯性力量的俘虏。最典型的

42　〔俄〕别尔嘉耶夫：《陀思妥耶夫斯基的世界观》，耿海英译，桂林：广西师范大学出版社，2008年，第45页。

是利普京。在杀害沙托夫的前夜，他退缩了，想逃离罪恶的阴谋，于是锁起房门收拾行李，而且他手中也有早已准备好的护照。但他头脑中一团乱麻，一股惯性的力量向他证明，他只能在"干掉沙托夫"以后才能逃跑："现在他只不过是一个笨拙的没有知觉的躯体，一团按惯性运动着的物质，但是推动他的却是一股外在的可怕的力量。"[43]在杀死沙托夫之前，利普京虽然宣称包括他在内的所有人保留着行动的"自由权力"，然而恶魔已经掌控了每个人的灵魂，远胜过对沙托夫同情的力量或是其他力量。正如别尔嘉耶夫所言："陷于罪孽之后，人已经不可能自由地以其自然人力得到拯救，回到存在的起源那里去，因为他已不自由了：他的本性已堕落，受恶的自发势力奴役，半途上转到非存在领域中去。"[44]沙托夫被杀死时所有人已经成了"非存在"，已经不再是活的生命：他们围着尸体"什么也不干"，几乎不能有所行动；后来在捆绑尸体时"失去了知觉"，在杀人犯罪中他们无疑也杀死了自己。这一切充分暴露出人在罪孽之中的软弱无力，人在罪中自由行善能力的丧失。

3、罪中的痛苦

陀思妥耶夫斯基深刻地揭示了人的灵魂陷入罪中的痛苦。人在罪中就丧失了自由，与上帝、与善割断了联系，完全受恶的奴役和驱使，成为"恶魔的俘虏"，这些都内在地表现为精神上的痛苦。圣经虽然也写到人在罪中的痛苦，如使徒保罗在《罗马书》第七章写到他内心如何经受灵与肉交战的分裂，但仍显为抽象。陀思妥耶夫斯基则用具体生动的画面，用一个个鲜活的人物展示了这一点。在他笔下，"不是外在的惩罚等待着人，不是法律从外部使人遭受沉重的统治，而是从内部、内在地显露的神性始源击溃了人的良心；由于上帝之火，人在其自己选择的黑暗和空虚中被烧尽。"[45]

《罪与罚》绝大部分篇幅都是在描写拉斯科尔尼科夫遭受的多重惩罚和无以伦比的痛苦。当罪的意念在他心中逐渐扎根时，他的自我开始出现分裂。他心中一直有另外一个声音在质疑他将要采取的行动的合法性，使他不得不

---

43 〔俄〕陀思妥耶夫斯基：《群魔》（下）（全集·第12卷），冯昭玛译，第696页。

44 〔俄〕别尔嘉耶夫：《自由的哲学》，董友译，上海：学林出版社，1999年，第125页。

45 〔俄〕别尔嘉耶夫：《陀思妥耶夫斯基的世界观》，耿海英译，桂林：广西师范大学出版社，2008年，第45页。

追寻足以让自己信服的借口，直至坚决认定"他干的事'不是犯罪'"，然后再凭着坚强的意志去实现它。在犯罪的那一刻，自我完全被罪捆绑而迷失，他不再是自我的主宰者，只有机械的力在推动犯罪的实施。"几乎完全是一种机械力施加于他的身上：就好像有人拉着他的手，拖着他走，不容抗拒，不容东张西望，挣也挣不脱，不走也不行。就好像他的衣服一角卷进了机器轮子，他也就被拖进机器里去了。"[46]这种可怕的无意识彻底摧毁和埋葬了他。犯罪之后记忆力和思考能力的丧失以及肉体上的发烧、昏迷、疯狂是自我死亡过程的延续，是炽烈的、足以毁灭自我的罪恶之火的余烬。

　　杀人之后，拉斯科尔尼科夫感觉到自己心中发生了巨大变化，不再有任何情感能够打动他。"他的心一下子变得如此空荡荡的。一种阴沉痛苦的孤独感忽然以明确的意识闯入他的心灵……他心中发生了一种完全陌生的、全新的、突如其来的、从来不曾有过的变化。他不是理解到，而是清楚地感觉到，实实在在地感觉到，他不仅不能像刚才那样动感情……"[47]他感到自己同所有人心灵之间都隔着无法跨越的沟壑，再也不能跟所有人交心地、平等地谈话。对整个世界也开始厌烦："他产生了一种难以克制的新感觉，而且一分钟比一分钟强烈：这就是对他迎面遇到的一切和周围的一切，怀有无限的、几乎是生理上的反感，一种执拗的、愤懑的、敌视的反感。他觉得所遇到的人都很可憎，他们的面容、步态、一举一动都很可憎。假如有谁开口跟他说话，他也许会干脆啐上几口，咬上几口……"[48]弃绝了人、弃绝了整个世界之后，感觉到的只能是厌烦，只能是对自我的恶感。恶感达到极端就是弃绝自己的生命，就是自杀。而拉斯科尔尼科夫也不是没有想到过自杀。这样可悲的生命状态，使他无法再去爱任何人。之前在遇到处于险境可能被人欺负的少女时，拉斯科尔尼科夫毫不犹豫地热心相助，而在杀人后遇到落水者时他却无动于衷。他已"亲手用剪刀把自己同一切人、一切事的关系剪断了。"[49]

46　〔俄〕陀思妥耶夫斯基：《罪与罚》（上）（全集·第 7 卷），力冈、袁亚楠译，第89 页。

47　〔俄〕陀思妥耶夫斯基：《罪与罚》（上）（全集·第 7 卷），力冈、袁亚楠译，第128 页。

48　〔俄〕陀思妥耶夫斯基：《罪与罚》（上）（全集·第 7 卷），力冈、袁亚楠译，第136-137 页。

49　〔俄〕陀思妥耶夫斯基：《罪与罚》（上）（全集·第 7 卷），力冈、袁亚楠译，第142 页。

在理智上，他试图说服自己是无罪的，自己有足够的力量同罪孽做一番较量；然而罪感如此强烈，内心如此痛苦，又使他意识到自己的软弱、卑鄙和罪恶。当他的心灵逐渐从谵妄状态苏醒过来、生命力开始重新主导生活的时候，意志和力量就重新成为生命的空气，活着的愿望也愈来愈强烈，罪的意识完全被挤压到边缘。这时他认为他的生活"没有与那个老太婆同归于尽……力量，需要力量；没有力量，将会一事无成；而力量是需要用力量来获得的，他们对此却一无所知。"[50]他暂时摆脱了悔悟和罪咎感而感受到自我的存在和力量。然而，"新生活"不可能如他所愿轻易地展开，他与现实世界和他人之间的鸿沟阻碍了深入交流和自由对话的畅行。他也意识到自己不可能跨过鲜血和尸体而心安理得，作为一个软弱的人，他不该自认为可以"为所欲为"："我有自知之明，我预感到自己不行，可怎么竟敢带着斧头去杀人！我本该明白的呀……"[51]他开始明白他杀死了善的原则，他是个卑鄙的人："我杀死的不是一个人，而是一个原则！这个原则我倒是杀死了，但却没能越过这个坎儿，仍然留在了这一边……我所能做到的，只是杀了人。其实我就连杀人也不会……我比那只被杀的虱子也许更加可恶、更加卑鄙……"[52]他此时才看清自身的罪孽和渺小。然而在投案自首之前，在彻底认罪之前，拉斯科尔尼科夫仍然无法彻底获得心灵的安宁，而这种不安又会诱发新的犯罪欲念来折磨他，哪怕这欲念只在一刹那间出现："就在这一瞬间，他疲惫的内心突然出现一种强烈的憎恨，他恨不得去杀掉两人中的一个：斯维德里盖洛夫或是波尔菲里。至少他感觉到，如果不是现在，那么以后他也会干得出来。"[53]对一切都无所谓和拒不认罪时的狂怒，仍停留在原来的思想中。直至他听从索尼娅的劝告情不自禁地跪在广场中央亲吻大地时，他承受的"无可排遣的痛苦和恐慌"才转变为一种"欢乐和幸福的心境"。

伊万也经受了同样的痛苦。他并没有像拉斯科尔尼科夫那样犯下实际的罪行，只是在意念中犯下了弑父的罪，但同样背负了沉重的十字架。他长久

---

50 〔俄〕陀思妥耶夫斯基：《罪与罚》（上）（全集·第7卷），力冈、袁亚楠译，第237页。

51 〔俄〕陀思妥耶夫斯基：《罪与罚》（上）（全集·第7卷），力冈、袁亚楠译，第344页。

52 〔俄〕陀思妥耶夫斯基：《罪与罚》（上）（全集·第7卷），力冈、袁亚楠译，第345-346页。

53 〔俄〕陀思妥耶夫斯基：《罪与罚》（下）（全集·第8卷），袁亚楠译，第565页。

地良心不安，指控自己是杀人凶手，对父亲被杀负有罪责。他质询自己为何事发当晚会跑到楼梯上去偷听，当时是不是暗自希望出现凶杀。他告诉自己如果斯梅尔佳科夫是杀人罪犯，那么他就是同谋罪犯，因为他怂恿和默认了罪行的发生。他先后三次同斯梅尔佳科夫会晤，每次都忍受着巨大的痛苦和折磨。阿廖沙洞悉伊万心中的痛苦，"受上帝指派"来安慰他："在这可怕的两个月中，当你只身独处的时候，这话你对自己说过很多次……你指控你自己，你向自己承认这凶手不是别人正是你自己。但是杀人的不是你，你错了，凶手不是你，你听见我的话了吗？"[54]但把自己从凶手的位置撇开而认为德米特里杀死了父亲同样丝毫不能给他带来安慰。"是不是因为我在内心深处同他一样是个杀人犯呢？"他时常扪心自问，对自己进行道德审判，一种"隐隐约约的"、"灼痛的感觉"不断地刺痛他的心。在谵妄状态中，魔鬼化身成年过半百的绅士来造访他。罪感带来的惩罚最终使他陷入了自我分裂和疯狂的境地。

在陀思妥耶夫斯基笔下，这些人物承受着与上帝和世界隔绝的痛苦、良心上的折磨，其程度远远超出刑事惩罚而来的肉体上的痛苦；但痛苦仍有其正面的价值，它既是为自由必然付出的沉重代价，又往往强化了主人公的罪性意识和忏悔意识，意味着走向救赎的可能性。

3.2.2 罪的"辩证法"

陀思妥耶夫斯基对罪及其恶果进行控诉，其最终的落脚点不是"定罪"和惩罚本身，而是要彰显拯救的必要以及救赎的可能，通过洞察人身上的幽暗来"攻克己身"。陀思妥耶夫斯基肯定惩罚的正当性和合理性，他不同意为了减轻痛苦而取消惩罚，而是坚持惩罚和痛苦对于人的正面价值，视其为人必须为自身罪恶担当的责任以及救赎的起点。这符合正统的基督教思想："由于人受到了原罪的玷污，他的得救的历史就只能由教化和惩罚构成，这既是正义的，也是仁慈的。"[55]陀思妥耶夫斯基将惩罚表现为一种有效的拯救形式，认为惩罚唤醒了人的罪感和尊严。恶、痛苦、惩罚既是罪的后果，同时也开启了由罪走向救赎的可能性。陀思妥耶夫斯基对陷入罪孽之中的人抱

54　〔俄〕陀思妥耶夫斯基：《卡拉马佐夫兄弟》（下）（全集·第16卷），臧仲伦译，第930页。

55　〔德〕卡尔·洛维特：《世界历史与救赎历史：历史哲学的神学前提》，李秋零、田薇译，北京：三联书店，2002年，第208页。

有一种深沉的情感，对所有人包括罪孽最为深重的人复归上帝之爱的可能性坚信不疑，这种可能性就寓于人的上帝意识和罪咎意识中。

陀思妥耶夫斯基试图表明，人的罪性意识具有双重的可能性：罪性意识的深处既有可能遭遇神性光照的乍现，亦有可能为无边的黑暗所笼罩。灵魂的锻造就是出离黑暗进入光明的反复和激荡，就是在善恶此岸与"善恶的彼岸"的双重站立中不被摧垮的过程。罪性意识是一把双刃剑，既有可能藉此抵御撒旦的侵袭而投身上帝的怀抱，亦极有可能划伤自己而血流如注。别尔嘉耶夫曾经坦言："如果罪性意识是我注定要走的精神道路不可避免的因素；那么，特别为这种意识献身，并且无限地深化它，就会导致对生命力的压制和削弱。罪性的体验可以发生在启蒙和复兴之前，也可能转化成无边的黑暗之凝聚。"[56]拉斯科尔尼科夫既经历了灵魂的伤痛，又在委身中品尝了"复兴"的喜悦。他对罪的反复思量和体认是对神圣存在的积极回应，具有祛除疏离和阻隔、修复神人之间关系的作用。在这个过程中，他意识到个体的匮乏、卑贱，进而渴求赎罪，渴望神性、完美和富足；这样，"罪与欠"就成为他克服恶和走出心罚并与神圣存在建立信任和交托关系的起点。他在广场上下跪和亲吻大地的举动是他走出孤立状态、与民众共同体和世界复和的象征。而对于费奥多尔·卡拉马佐夫来说，长期堕落的生活已麻醉了他的罪咎感，罪更多地意味着"无边的黑暗"。但同阿廖沙的相处再次唤醒了他的罪性意识，至少使他将眼光投向自我的实存，从而更能够在个体的自我审视中为觉醒提供契机。

在陀思妥耶夫斯基的世界中，罪和罪性意识是走向信仰和赎罪的起点，但信仰又需要经历怀疑的熔炉，其中包含着罪的辩证法、善恶的辩证法。而远离和悖逆上帝、身处痛苦和负罪的悲剧现实中的人可能从人而神的道路转向神而人的道路，有罪和无罪、善与恶、信仰与怀疑之间并无截然分明的界限。巴赫金对此有深刻的认识，"在他那个世界里，一切都与自己的对立面毗邻而居……对神明的信仰与无神论毗邻，在无神论中反映出自己，而且理解无神论；无神论同样与信仰毗邻并理解它。上升和高尚与堕落和卑鄙毗邻（如德米特里·卡拉马佐夫）。对生活的热爱与对自我毁灭的渴望毗连（基里洛夫）。纯洁和贞节可以理解罪过和淫欲（阿廖沙·卡拉佐

---

56 〔俄〕别尔嘉耶夫：《自我认知》，汪剑钊译，上海：上海人民出版社，2007年，第157页。

夫）。"[57]卡萨那·布朗克也指出，如果辩证地看，"陀思妥耶夫斯基似乎在说，通向正义之路并不比通向罪的道路冒险更少——这些献身于上帝的修士、长老和宗教大法官们，发现自己比那些不委身上帝的人更易受到恶的攻击。"[58]在这些专事亲近和侍奉上帝的角色那里，陀思妥耶夫斯基将赎罪表现为善与恶的和解而非消灭恶的力量。在他们身上，善的力量超越和驾驭了恶的力量，从而远离罪，实现了"正义"。

　　所以，不能单单从罪孽出发固化、静止地看待作家笔下的人物或者由此得出悲观的结论。陀思妥耶夫斯基极力主张，罪孽是赎罪的起点而非生命的终点，存在赎罪的无限可能，不能对任何人丧失希望。他的主人公常常给人留下这样的印象：他们极易陷入谵妄状态，很难分清是正常人还是疯人。肺病、肝病、癫痫、神经质、歇斯底里症、嗜酒狂……这些"病症"不是单单地表现在人物的体质特征上，也渗入其思想风暴、信仰甚至神秘的哲学信念中去。病人们发出呓语、呼喊、争辩，喷涌出无限的、无以遮拦的精力，同时还带着不可遏止的冲动、不惜同魔鬼打交道的孤注一掷的神气。他们此刻颐指气使，下一刻又俯首忍从；一时痛哭忏悔，瞬间又把灵魂交给魔鬼。因此，小说中到处是旋风般的运动，一切都不可预测。但是，就是在这些人物身上，在这种氛围中，陀思妥耶夫斯基表达着对救赎的渴望与期待。这植根于他对俄罗斯人性格中的极端性甚至是乖戾特征的深刻理解和准确把握。德米特里这一形象的塑造就极具典型性。作家坦言："我还要更鲜明地刻画米佳·卡拉马佐夫的性格：他在不幸和误判的灾难临头时净化他的心灵和良心。他心灵上接受惩罚并非因为他所做的事，而是因为他过去胡作非为，他曾经可能而且想要犯罪，为此他将因法庭的错误而被误判。这个性格完全是俄罗斯式的：雷不轰鸣，农夫就不在胸前画十字。他的道德净化在进行预审的几个小时中已经开始，我正是为此而写第9卷的。"[59]一个专事"胡作非为"的年轻人竟然可能通过"道德净化"变身为"大圣人"，德米特里的命运最能显示作家对罪的辩证理解。

57　〔俄〕巴赫金：《巴赫金全集》（第五卷），白春仁、顾亚玲译，石家庄：河北教育出版社，1998年，第236-237页。

58　Ksana Blank, *Dostoevsky's dialectics and the problem of sin*, Evanston, Ill.: Northwestern University Press, 2010, p.65.

59　〔俄〕陀思妥耶夫斯基：《书信集》（下）（全集·第22卷），郑文樾、朱逸森译，第1138页。

　　陀思妥耶夫斯基不是简单、平面地表现人的罪孽和罪性，而是将其置于极限处境中自我毁灭式的斗争中来反复试炼，置于人原始力量的洪流中或自我意志的砧板上来加以考验。作家笔下的所有人物都在对上帝做出自由的回应，以其整个生命和存在来做出应答。所有人物不是世界舞台上的独舞者，而是以其生命演绎自身同上帝的关系。人在极限中自由地决定着是仍处于罪孽之中或者是投身于上帝之爱的命运，上演着一幕幕人生悲剧。对此，梅列日科夫斯基精彩地总结道："在陀思妥耶夫斯基那里，到处都是人的个性，这种个性被引向其最后的极限，从阴暗中的、自发性的、动物性的根中生长，发展到灵魂性的终极光辉顶峰，到处都是英雄般意志的斗争……按照英勇—斗争所占的主导地位，陀思妥耶夫斯基的主要作品，本质上完全不是小说，不是史诗，而是悲剧。"[60]

　　对人脱离罪孽、走向赎罪道路的确信，对罪和痛苦更高意义的肯定，充分显示出陀思妥耶夫斯基对基督救赎力量和基督之爱的信心，对罪人之不幸的无限同情。在圣经中，基督是以"苦弱"无辜的形象出现，但正因为他的软弱无力方显出他赎罪者的身份和拯救的使命："耶稣基督作为受苦的存在，为我们担起罪过——在真理之光和爱的确实性中担起整个世界的罪过。罪过与无辜的辩证法在耶稣基督身上以同样的形式主体化了，他与同样承负着罪与无辜的人在主体形态上是无差异的。"[61]在基督的悲剧存在和主动"承负"中，基督之爱穿越痛苦临到人身。在《宗教大法官》中，陀思妥耶夫斯基表现了基督重临时如何安慰人的场景。他悄无声息、毫无征兆地降临人间做短暂的驻留，他的降临不是要进行末日审判，而是为了满足人们长期以来对其重临的热切渴望，"来看望那些备受折磨、受苦受难，又臭又有罪，但却像婴儿般爱他的平民百姓。"[62]降临之后，基督马上就为聚集起来的人群祝福、治病救人、使死人复活，赢得了人们充满激情和感动的颂赞。

　　出于对罪人的同情，陀思妥耶夫斯基拒不接受罪人永远在地狱中接受惩罚的观点。格鲁申卡"一颗葱头"的寓言表明了作家的立场："坏女人"只

60　〔俄〕梅列日科夫斯基：《托尔斯泰与陀思妥耶夫斯基》（卷一），杨德友译，北京：华夏出版社，2009 年，第 228-229 页。

61　刘小枫：《走向十字架上的真——20 世纪基督教神学引论》，上海：三联书店，1995年，第 408 页。

62　〔俄〕陀思妥耶夫斯基：《卡拉马佐夫兄弟》（上）（全集·第 15 卷），臧仲伦译，第 391 页。

因为施舍了"一颗葱头"而被允准拉出地狱的火湖，而所有人都不可能连一个善举都没有。在长诗《宗教大法官》所谓的序言部分，作家还提到名为《圣母巡视地狱里的诸磨难》的伪经故事：圣母巡视地狱，看到罪人在地狱里受到种种刑罚，"他们已被上帝遗忘"，于是噙着眼泪恳求上帝"不加区别地救免"她看到的所有罪人。由此推论，作家不能忍受人在地狱中永远受苦的想法，坚信所有罪人都可能得到救赎。

然而，在人走向赎罪的途中，还横亘着由罪恶和自由造成的苦难。陀思妥耶夫斯基对此有深刻的体认。

3.3 苦难

陀思妥耶夫斯基本人即是苦难的化身。他一生经受了监禁、苦役、流放、病痛、贫困和污蔑等诸般苦难；然而从他的书信中，读者看到的更多的是一颗在血泪中仍然唱出恩典颂歌的充满柔情的心，是忍耐、顺服和承担。

陀思妥耶夫斯基对苦难的态度是复杂的。一方面，他对处于苦难之中的人类抱有无限的同情。正如别尔嘉耶夫指出的那样，陀思妥耶夫斯基为人类无尽的苦难而悲伤，他的心始终在滴血。他的第一部小说《穷人》就描写了两个苦苦挣扎继而生活的希望被吞噬的小人物的命运。他几乎终生都在控诉各种各样的苦难，特别是对苦难中最孤弱无助的孩子们的命运尤为关注。另一方面，作家并不满足于对苦难现实的直接再现，而是在形而上的层面上思考苦难的根源、苦难同人的罪性和上帝信仰的关系以及如何消除苦难等问题。

3.3.1 "孩子的眼泪"

陀思妥耶夫斯基一生都在为"孩子的眼泪"忧心如焚。孤苦无告、受尽贫穷、欺凌和折磨几乎成了他笔下所有孩子共有的命运。作家以深深的怜悯之情展示了一幕幕人间惨剧。

《穷人》中的瓦连卡十二岁时因家庭遭遇变故举家从乡下搬到彼得堡，寄宿在亲戚家中，父母亲先后病故后落到"恶人的魔掌里"，被威逼利诱嫁给地主贝科夫，最终未能逃脱厄运。戈尔什科夫九岁的孩子死掉了，后来他自己也发疯而死，留下两个更小的孩子与母亲相依为命。杰武什金在街头遇到一个十来岁的小男孩，他拖着病歪歪的、瘦弱的身子在严寒中沿街乞讨，哆嗦着，像一只从破巢中跌落下来的小鸟，手脚全都冻僵了，喘不过气来；

更惨的是，从他的咳嗽声中就能听出死神已经在不远的角落等待着他，他无可逃脱，没有得救的希望；"这就是他整整的一生！"杰武什金悲痛万分地慨叹道。在小说《涅托奇卡·涅兹万诺娃》中，九岁的孩子涅托奇卡整个的童年生活都被涂上了阴暗的色调：沉溺于自视为旷古奇才的幻梦中却终日纵酒的父亲同母亲争吵不休，生活上困窘无望，整个家庭"稀奇古怪"。这个早熟的孩子无法明白，为什么她看到其他人的外表好像跟她的父母都不一样，为什么在她蜗居的角落从来没有欢笑和喜悦。《永远的丈夫》中的小女孩丽莎则成为养父泄愤的对象，遭受仇视和虐待，在被弃的痛苦中悒郁而死。在《罪与罚》中，卡捷琳娜和她的孩子们被房东赶走，之后孩子们被疯癫的母亲强逼着去"卖艺"乞讨。《群魔》中十四岁的少女玛特廖莎成了斯塔夫罗金淫欲的牺牲品，最后上吊自杀。

《卡拉马佐夫兄弟》通过伊万之口揭示出孩子们所遭受的骇人听闻的苦难。在伊万眼中，孩子们是纯洁无罪、清白无辜的，特别是七岁之前的小孩子，仿佛是与成人天性完全不同的另一类生物。他不相信基督"爱邻舍"的教诲，但认为能够在近处去爱孩子们，无论他们是邋里邋遢或是相貌丑陋。他对孤弱无助的孩子成了大人施虐的对象激愤万分，收集到许多相关"实例"，特别是"收集了很多很多有关俄国儿童的情况"[63]，一一向阿廖沙道出。他讲道，土耳其士兵带着极大的快乐折磨儿童，把他们从母亲的怀中夺走，当着母亲的面把吃奶的婴儿向上抛掷然后用刺刀接住挑死；一名士兵在离他的脸四俄寸的地方用手枪瞄准了孩子，"那孩子快乐地呵呵笑着，伸出两只小手想抓住手枪，突然那个杀人的行家里手对准他的脸扣动了扳机，把他的小脑袋打了个稀巴烂……"[64]在俄罗斯，两位受过教育的父母"想尽一切办法"虐待一个五岁的小女孩，"对她拳脚相加，用鞭子狠狠地抽……把她打得遍体鳞伤、浑身青紫；最后，他们竟挖空心思地折磨她：在大冷天，在天寒地冻的夜晚，把她关进茅房，锁起来，冻了一夜……他们便用她拉的屎抹了她一脸，并逼着她把这屎吃了，而且这还是母亲，母亲硬逼着她这么做的！"[65]伊万讲述的类似事例还有许多。借用他的话来说，这些材料构成了

63　〔俄〕陀思妥耶夫斯基：《卡拉马佐夫兄弟》（上）（全集·第15卷），臧仲伦译，第377页。

64　〔俄〕陀思妥耶夫斯基：《卡拉马佐夫兄弟》（上）（全集·第15卷），臧仲伦译，第372页。

65　〔俄〕陀思妥耶夫斯基：《卡拉马佐夫兄弟》（上）（全集·第15卷），臧仲伦译，

"整个地球从地表到地心都浸透了"人间血泪的最有力也最直接的证明，无辜的孩子们就是成人兽性的牺牲品。对此，他提出了一连串的问题：谁有权用孩子们的苦难来换取永恒的和谐？为什么孩子们应当受苦？为什么孩子们应当对他们祖先的堕落犯罪负责？在伊万的质询与控诉之音背后，是陀思妥耶夫斯基对浸没于苦难中的孩子们撕心裂肺般的痛惜和由衷的同情。在写给柳比莫夫的信件中，作家为他的主人公伊万提出如下辩护：

> "一位二十三岁的青年人注意到了这件事（指'五岁的小孩子学不会请求'这一细节，笔者注），仅此就已表明，他考虑过这种事，他比许多同龄的年轻人更认真地为此而痛苦。人民一般是从总体上表示同情，对类似的细节不加注意，而一个二十三岁的年轻人却注意了，那就是说他用了心了，他在头脑里进行了思考，他是孩子们的律师，不论他以后会怎样装扮成一个无感情的人，但他身上有着对孩子们的同情和最真诚、最温存的爱心。在小说中这个伊万后来间接地犯了罪，但他犯罪不是出于算计，不是由于贪得遗产，而可说是出于原则，是为了思想。之后他对此不能控制并出卖了自己，也许正是因为这次在分析孩子们的痛苦时，他未能放过这种看来是微不足道的细节。"[66]

陀思妥耶夫斯基将伊万称为"孩子们的律师"，认为他的身上有对孩子们最温存的爱心，这何尝不是作家本人的自况。作家一直关注现实社会发生的惨剧，为孩子们遭受的不幸鸣不平。除了小说，他70年代还多次在《作家日记》上发表文章和随笔呼吁关注儿童的凄惨处境问题。但陀思妥耶夫斯基绝不是一般意义上的人道主义者，像他们那样对于苦难只知含情脉脉、软弱和无助地流下同情的泪水。面对"孩子的眼泪"，他不只宣扬同情与怜悯，而且也坚信苦难的价值。这就是陀思妥耶夫斯基屡遭误解的"残酷"之处。

3.3.2 苦难的价值

在陀思妥耶夫斯基笔下，"孩子的眼泪"是人类身上承受的苦难的缩影和象征，充分显示出人性的罪恶，揭开了世界这个大魔盒中装满了恶的真相。

第 378 页。

66 〔俄〕陀思妥耶夫斯基：《书信集》（下）（全集·第 22 卷），郑文樾、朱逸森译，第 1104 页。

而一旦揭开现实虚谎的面纱，其惨不忍睹的内里就暴露无疑：责任心和爱荡然无存，苦难的制造者已堕落成原始的野兽，其人性的扭曲、阴暗和畸形让人难以再对上帝创造的世界抱有充分的信心。伊万从血淋淋的苦难现实、从"孩子的眼泪"中窥见了人类可怕的兽性："任何人身上都蕴含着兽性，这是一头动辄发怒的野兽，一头听到被虐杀的牺牲品的叫喊便感到一种沸腾的快感的野兽，一头刚被解开锁链就横行无忌的野兽，一头因纵欲过度因而染上各种脏病、痛风、肝病等等的野兽。"[67]但伊万认为，并没有人为人的罪性所造成的苦难承担责任，没有人在现世受到足够的报应和惩罚。因此，除非亲眼看到不公义的、充满苦难的"荒谬"现实有所改变，否则他无法再继续相信上帝的公义，也无法与世界和解。正是由苦难出发，伊万宣布他拒绝接受"上帝创造的此世界"。此世的苦难同上帝存在和基督之爱的分裂与矛盾，使他陷入撕裂般的痛苦和绝望的之中。无辜孩童受难的真实事件尤其令他心痛，苦苦地纠缠和折磨着他；因为在他眼中，最高的和谐连小孩子的一滴眼泪也抵不上。在这一涉及神正论的问题上，伊万感受最为强烈的是作为爱者的基督的缺席，感受到的是隐匿的上帝死寂般的沉默甚至是残忍的默许。出于对弱者的怜悯、同情和对各种人间血泪的痛心，伊万提出了这样的问题：如果上帝存在，如果上帝是至善的，那么他为何会允许人间苦难的发生？如果说为了最高的和谐可以牺牲无辜的孩子的眼泪甚至生命，那么在这样的和谐中是否还有上帝的爱？这样，经由人间的苦难和对世人的爱，伊万走上了怀疑上帝的道路，站在了走向无神论的十字路口。

陀思妥耶夫斯基深刻地揭示了伊万的悲剧：他一方面承认上帝的存在并"乐意"接受他，另一方面又拒绝接受上帝所创造的世界，把各种苦难和罪恶的魁首推给了上帝；伊万并不是一个简单的无神论者和怀疑论者，他纠结于上帝存在与否、善与恶、苦难与救赎等问题中无法自拔，他的灵魂也因此陷于痛苦的深渊中。在《卡拉马佐夫兄弟》的创作草稿上，作家这样写道："恶棍们撩惹我，说我对上帝的信仰是愚昧和落后的。（……）我可不是像傻瓜和盲目信仰者一般地信仰上帝……可是他们愚蠢的本性就连做梦也想不到我所经历过的否定的巨大力量……伊万·费奥多罗维奇是深刻的。他不是当代那种无神论者，他们在论证自己的无信仰时所证明的只是其狭隘的世界观

---

67 〔俄〕陀思妥耶夫斯基：《卡拉马佐夫兄弟》（上）（全集·第15卷），臧仲伦译，第378页。

和愚钝的蠢材。"[68]就某种意义而言，伊万对上帝的反抗与他对上帝的呼唤是同质的：他高举基督之爱的旗帜，呼唤它此世的临现，期待它来战胜苦难。他也曾如宗教大法官那样热烈地寻找和信仰圣经中那位作为精神存在的上帝。但在俗世中，在地上的王国中，他发现一切都与真正的耶稣之道背道而驰，地上的王国已堕落成一个敌基督和反基督的世界，这里横行的是另一种现象和法则——自由之爱被强制的善取代，且是拿了自由的名义；对面包的渴望和追求压倒了一切，盖过了对神圣信仰的愿望；教会和国家的联合使得信仰堕落为权力的附庸；丢弃上帝之后，"一切都是允许的"就成为新法则，强权支配了整个世界……这样的处境使得伊万相信人类只能作恶而毫无行使基督之爱的能力，上帝也不再垂爱世人。

问题的关键在于，究竟是上帝还是人类应为人世间的苦难担负责任？伊万并不相信人类具有承受上帝所赋自由的能力，而正是这一神圣的自由是罪恶和苦难的根源；在否弃了人的精神自由之后，伊万必然视上帝为人之罪恶与苦难的承担者。伊万极为鄙视使人陷入不幸的自由："关于我们的整个地球从地表到地心都浸透了人间的其他血泪——我还只字未提……人似乎是自作自受：给了他们天堂，他们偏要自由，而且偷了天上的火种，他们早知道这样做只会遭到不幸，所以不必可怜他们。"[69]伊万对自由的鄙薄是对人的贬损，也是对上帝的亵渎。伊万所面临的可谓"最后的诱惑，宗教大法官的诱惑"[70]。在宗教大法官眼中，自由带给人类的是"骚动、暴乱和不幸"的命运，人类"软弱的灵魂"只会以为"做自由人实在太可怕了！"，根本无力承担上帝赠予的精神自由。在宗教大法官的理论和伊万的思想中贯穿着同样的逻辑：自由导致了苦难，而自由是上帝赋予不堪重负的人类的，因此，上帝应该为苦难负责。

陀思妥耶夫斯基已经经历了怀疑大熔炉的冶炼，已经在精神上超越了伊万的阶段。他克服了限制和剥夺人的自由以使人从苦难中解脱出来的诱惑，从苦难中看到了赎罪的力量和走出罪恶循环怪圈的希望。在他看来，苦难是

68　〔俄〕陀思妥耶夫斯基：《书信集》（下）（全集·第22卷），郑文樾、朱逸森译，第1245页。

69　〔俄〕陀思妥耶夫斯基：《卡拉马佐夫兄弟》（上）（全集·第15卷），臧仲伦译，第381-382页。

70　〔俄〕别尔嘉耶夫：《自由的哲学》，董友译，北京：学林出版社，1999年，第167页。

由人的罪恶造成的，是人在自由地选择善和恶时追随后者造成的。人是苦难的肇事者。因此，是人而不是上帝应当为苦难负责。在基督教信仰中，初造之人，亚当和夏娃在偷吃知识树上的果子之前并没有沾染任何罪孽，伊甸园中也没有苦难。悖逆上帝是人自由的选择，罪孽、死亡和苦难从此临到世间。上帝对人类进行惩罚，要求人类承担罪孽的后果，这是对人的自由及主权的尊重。陀思妥耶夫斯基对苦难、罪恶和自由的理解完全符合这一信仰传统。他认为，苦难的存在与人在自由中悖逆和不信上帝的选择有关，制造苦难的罪恶行为本身就是背弃上帝的行为。他展示了失去信仰将会导致何样的苦难和悲剧，并用这种方式来证明相信上帝存在的必要。他不是在理性、推理和欧几里得几何的三维空间中去论证上帝的存在、寻找上帝的踪迹，而是在苦难中、在人的罪性与自由中深情地呼唤上帝。他指出，无论制造苦难者或是受难者，都应该重回上帝的怀抱。苦难的存在、恶的存在已是一种客观存在，人们无法靠自己的力量走出罪恶的循环，唯有靠着上帝的恩典才有可能在抗争中走向救赎、实现生命的意义。人类的使命就在于创造性地利用自由，努力战胜苦难的根源，即摆脱罪恶，重新与上帝复合和获得自上帝而来的恩典。佐西玛长老在他的临终遗言中讲道，要"咬牙忍受"罪恶行径和苦难带来的痛苦，用来自上帝的"光明"照亮他人的道路；人单靠自身的智慧无法建立公正的生活，但靠着上帝恩赐的爱就能获致"大欢喜和狂喜的境界"，快乐的眼泪将浇灌大地；与基督同在就能战胜罪恶的根源，在更高的"普渡众生"的意义上实现生命的富足和快乐。长老的这些话语既是对伊万的回应，也是作家思想的正面表达。别尔嘉耶夫对此有很好的把握，他指出，"历史的任务不在于战胜苦难和不幸（结果），而在于创造性地战胜恶和罪（根源）。世界上有恶存在，不仅不是有利于无神论的证据，不仅不应使人们反对上帝，而且必然导致伟大的生活意义的意识、世界史伟大使命的意识。"[71]这几乎同佐西玛长老的说法如出一辙。

陀思妥耶夫斯基还"残酷"地指出，受苦的体验会帮助人涤除身上的罪恶，苦难具有赎罪的力量。苦难具有多重形态，上文提到的拉斯科尔尼科夫和伊万承受的痛苦就是其中具有形而上意义的苦难。各种层次的苦难都与人的罪性体验有关；人在苦难中如果能够面向更高的存在知罪悔改，那么恶就

---

71 〔俄〕别尔嘉耶夫：《自由的哲学》，董友译，北京：学林出版社，1999 年，第 129-130 页。

会被战胜和焚毁。上帝的力量穿越苦难的绝境，给人带来意义和安慰："苦难在自身中，通常是无意义的，在对某一受难者的关注中，才有某种意义提供出来，这种提供出来的意义只会在充满依赖地与一切荒谬争锋相对中被把握到，以便能够懂得：一种处境哪怕如此无望、无意义和无出路，——但即便在这里也有上帝存在，不仅仅在光明中、在快乐中，甚至在黑暗中、在悲伤中、在痛苦中、在忧郁中，我也能够遇见上帝。"[72]在苦难中吁求和遭遇上帝的体验，已经远离并战胜了苦难，已是喜乐、至福的体验。

陀思妥耶夫斯基笔下几乎所有人物都如波尔菲里那样明白"受苦受难是包含着深意的"[73]，或者用其生命证实了苦难中的"深意"。在《死屋手记》中的一些罪犯身上，在索尼娅、格鲁申卡等人那里，苦难和不幸都同灵魂净化与救赎有紧密的关联。在拉斯科尔尼科夫、斯塔夫罗金和伊万等人物身上，承受苦难不仅意味承受物质的贫穷或疾病的折磨，也不只意味着承受精神的痛苦，还包含着对自我出于自愿的否定。这种否定意味着放弃高傲的自我，承认自己的"不能"，从而实现生命的彻底翻转。《罪与罚》中的"分裂派教徒"米柯尔卡根本没有杀人却主动认罪，因为他相信"理当去受苦"，应该在苦难中涤除身上的罪恶。德米特里身上赎罪的渴望如此强烈，以至于"想用苦难的办法使自己重新做人"[74]；经受过"三次磨难"和感受过带有启示性梦境之后的德米特里，已经从罪恶的深渊开始向"高尚的人"上升。伊万在对上帝恶魔式地反叛和抗议中承受了无尽的痛苦，但心中对基督的信仰和渴慕之火始终未曾熄灭。在经历了约伯式的诘难和怀疑的熔炉后，伊万的信仰可能会被新的体验和领悟锻造得更为坚定和成熟："伊万·卡拉马佐夫……他们的反抗上帝不是形而上的对上帝的厌恶和彻底选择恶，这些人在探索，在为人类清扫道路。"[75]伊万在铁屋中的彷徨和呐喊是对苦难之痛和上帝之爱的重新审视，是基督信仰内部更新和变革力量的冲撞。

72 〔德〕汉斯·昆：《论基督徒》（下），杨德友译，北京：三联书店，1995 年，第627 页。

73 〔俄〕陀思妥耶夫斯基：《罪与罚》（下）（全集·第 8 卷），袁亚楠译，第 584 页。

74 〔俄〕陀思妥耶夫斯基：《卡拉马佐夫兄弟》（下）（全集·第 16 卷），臧仲伦译，第 1176 页。

75 〔俄〕别尔嘉耶夫：《陀思妥耶夫斯基的世界观》，耿海英译，桂林：广西师范大学出版社，2008 年，第 168 页。

但陀思妥耶夫斯基绝不因苦难有赎罪的作用而倡言去追求苦难，苦难作为罪恶、自由不可避免的结果必须努力加以根除。苦难是走向赎罪的道路，但它的根源是恶，恶必须被战胜、被超越。接受苦难的客观存在并不意味着纵容苦难和罪恶，而是要创造性地消灭苦难的根源，这就是陀思妥耶夫斯基关于苦难的辩证理解。

陀思妥耶夫斯基甚至提出了更高的人道要求，即在苦难中仍然相信爱并坚持去爱人。在体认世界上的恶和痛苦之时仍能流着同情的泪水去爱，这是对上帝的正确回应，也是从苦难走向救赎之道最难跨越的一步。陀思妥耶夫斯基揭示出，如果从恶和痛苦走向了恨恶、绝望和诅咒，那么爱将荡然无存，爱的意愿也变质为苦毒的仇视，个人就走向恶魔的道路而非赎罪的道路。伊万正是从人间血泪走向了绝望和恨，进而摇摆于信仰与不信仰之间。伊万对人之兽性的揭露和表现如针芒刺心般地有力，他抗议的声音和痛苦的呐喊也是振聋发聩的。究竟该如何祛除血淋淋的恶，如何消除苦难？陀思妥耶夫斯基给出的答案极为残酷：试图用暴力来斩断一切、破坏一切、铲除一切，靠人手再造一个新天新地，实现人间天堂的幸福，只会引发新的罪恶，让天堂离人类世界更为遥远；正是因为存在如此多的苦难，才需要去爱有罪的人，爱所有人，包括伊万提到的凶狠如兽的人；唯有靠着基督名义下人心和人性的改变，靠着自由之爱，救赎才有希望。

第四章　救赎之道

　　陀思妥耶夫斯基揭示出人走在自由之路上的命运：人在自由之中走向恶，走向奴役和死亡，走向自我的封闭，走向精神的地狱；然而在这"存在的无底深渊"中人又可以自由地走向善，走向终极与无限，走向"在基督里"的自由，走向精神的天堂。堕落或救赎不仅仅是人的外在命运，更是灵魂深处的精神运动。陀思妥耶夫斯基既看到人性极端的恶，又从人身上残存的上帝形象看到了希望。他像普罗米修斯那样为人类取来火种，在人的心灵深处撒播神圣的光亮；他像希伯来先知那样洞悉了救赎之道，在俄罗斯大地上传扬着美好的盼望。

　　陀思妥耶夫斯基提出的救赎之道既立足于东正教信仰传统，也杂糅了民间性和民族性的成分。所以，这里使用"救赎"这一概念并不限于宗教意义而与"拯救"近乎同义。其实，从古代希腊文化背景来看，这个术语起源于战争，特指支付酬金赎买俘虏的过程，本来是用于非宗教语境的。在犹太背景中，"救赎"（译自希伯来语词 ga'al、padah 和 ka'par）一词与家庭义务、神的恩典和赎价有关，并对《新约》中视基督为救赎主的观念打上了烙印。[1] 在陀氏那里，人的救赎既与东正教信仰有关，又在现实的层面可以通过亲近人民得以实现。

　　陀思妥耶夫斯基指出，救赎的唯一出路在于基督。虽然被"上帝问题苦苦折磨了一辈子"，但他终生都对基督怀有美好的情感，特别是在晚年，竟至于每夜"长跪祈祷"（见 1880 年 11 月给阿克萨科夫的信），虔敬之心可谓

1　〔澳〕莫里斯：《救赎：它的意义及重要性》，喻小菲，崔晓雄译，上海：华东师范大学出版社，2012 年，第 109-138 页。

深切至极。从作家六、七十年代的书信、小说和政论来看，他确信基督的形象唯独完好地保留在俄罗斯的正教中，俄罗斯民族将向世人显示基督的美好形象，担负起拯救世界的伟大使命。譬如，他在 1873 年 8 月号的《作家日记》中写道："难道不仅仅是在正教中才保留着基督的神圣而又完全纯洁的形象吗？也许，俄罗斯民族在全人类的命运中最主要的、预先选定的使命，便在于在自身中保留着基督神圣而又完全纯洁的形象，而一旦时候到了，就像迷失自己道路的世界显示这一形象。"[2]陀思妥耶夫斯基的这一观点与历史上视俄罗斯为"第三罗马"[3]的言论遥相呼应，显示出一位东正教信徒极强的选民意识与救赎使命意识。

但陀思妥耶夫斯基始终与官方的正统教会保持着距离而更倾心于俄罗斯民间的东正教。在他看来，俄罗斯人民历经各种苦难，保存着最为纯朴、虔诚的基督信仰，拥有普遍和解的能力，因此是俄罗斯民族的"根基"。诸多罪恶和苦难与脱离这一"根基"有关，只有回返"根基"才能重新确立基督信仰从而实现救赎。陀思妥耶夫斯基也从积极的爱中寻找救赎的力量，将基督之爱通过索尼娅、格鲁申卡等女性和佐西玛长老等俄罗斯修士形象显示出来，赋予他们救赎的使命。在作家的观念中，皈依基督的救赎之路同回返根基和遵循"诚爱"法则完全是一体的。

4.1 陀思妥耶夫斯基的基督形象

陀思妥耶夫斯基终其一生都对耶稣基督的形象有一种痴迷的爱。在 1868 年 1 月 1 日给侄女索·亚·伊万诺娃的信中，他写道，"美是理想……在世界上仅仅只有一个绝对美好的人物——基督，因此这个无与伦比、无限美好的人物的出现无疑是一个绝顶的奇迹。"[4]在 1877 年 12 月 24 日的备忘录

2　见〔俄〕陀思妥耶夫斯基：《卡拉马佐夫兄弟》（上）（全集·第 15 卷），臧仲伦译，第 509 页下注。

3　16 世纪著名神父费罗弗厄依在写给沙皇伊凡三世的信中表达了俄罗斯为"第三罗马帝国"的学说："第三个新的罗马——你的强大帝国，是全体神圣信徒的教会——在普天下更为灿烂……看啊，两个罗马衰落了，第三个罗马在屹立着而第四个还没出现"（引自〔俄〕别尔嘉耶夫：《俄罗斯思想的宗教阐释》，邱运华、吴学金译，北京：东方出版社，1998 年，第 4 页）。

4　〔俄〕陀思妥耶夫斯基：《书信集》（上）（全集·第 21 卷），郑文樾、朱逸森译，第 532 页。

中，陀思妥耶夫斯基又写道："备忘——一生为期，1、写一个俄国的'坎季德'，2、写一本关于耶稣基督的书……"[5]不幸的是，时隔仅三年多，作家就去世了，他"写一本关于耶稣基督的书"的愿望也就此成了世人永远的遗憾。尽管如此，由于"陀思妥耶夫斯基对基督一生都怀有一种独特的、唯一的感情"[6]，作家已将他对耶稣基督的爱和信仰融入所有重要的作品中——从《罪与罚》中的索尼娅到《白痴》中的梅什金公爵，再到《卡拉马佐夫兄弟》中的佐西玛长老和阿廖沙，都或多或少具有耶稣基督的部分品性。他们纯洁的本性、无辜受难的命运和救赎使命的主动承担在象征意义上暗合了基督的形象，从侧面间接地呈现出耶稣基督的部分面相。长诗《宗教大法官》还正面地展示了沉默的基督形象，留下了无限的想象空间。乔治·斯坦纳对陀氏描画出的耶稣面容给予了积极、有力的评价："在陀思妥耶夫斯基的世界中，耶稣的形象具有举足轻重的地位……他以充满激情的想象，详细刻画了上帝之子的形象，读者甚至可以将陀思妥耶夫斯基小说的主要部分当作对《新约》的一种解释……与托尔斯泰的做法不同，陀思妥耶夫斯基对耶稣的神性深信不疑，那种神性通过展现出来的人性特征，以非常有力的方式，打动他的灵魂，引起他的思考。"[7]

　　然而，基督形象的"具体化"必然充满悖论式的挑战。这源于基督教神学思想系统中基督身位的特殊性。圣经在提到基督的肖像时引入了父与子之间的独特关系："爱子是那不可看见之神的像"（西 1:15）；这成为教会神学家特别是东方正教的圣像艺术理解、阐释和表现基督面容及其意义的根基；而基督以"道成了肉身，住在我们中间"（约 1:14）的临在方式自然也包含着最高的不可见者以可见的肉体生命形式与信徒同在。巴尔塔萨论到基督的这种可见的"形式"时强调说："如果没有形式，一个人无论如何都不可能被深深迷住、被改变。而被改变正是基督教真正的源泉所在。使徒们就是被他们所见、所听、所触摸到的——被每一种表现为可见的形式所改变。"[8]一

5　〔俄〕安娜·陀思妥耶夫斯卡娅：《陀思妥耶夫斯基夫人回忆录》，李明演译，北京：北京大学出版社，1987 年，第 339 页。

6　〔俄〕别尔嘉耶夫：《陀思妥耶夫斯基的世界观》，耿海英译，桂林：广西师范大学出版社，2008 年，第 14-15 页。

7　〔美〕乔治·斯坦纳：《托尔斯泰或陀思妥耶夫斯基》，严忠志译，杭州：浙江大学出版社，2011 年，第 259 页。

8　Hans Urs von Balthasar, *The Glory of the Lord: A Theological Aesthetics*. Vol. I: *Seeing the Form*. Tran. By Erasmo Leiva-Merikakis, edited by Fessio S. J. and John Riches.

直致力于圣容和圣像研究的当代学者亨利克·菲弗也指出，在基督教神学话语中，"基督，是一个独一无二的那个人。一幅肖像画是对所表现的人的复制，应该尽可能的相似于被表现者；应该传递其真正的面容。"[9]然而，人们虽可以靠想象力或启示将圣经中的话语转译为基督形象，使不可见者以多样化的形式呈现出来，但在绝对的意义上，那不可见者仍藏匿在深远之处。对基督形象的表现行动，无异于徘徊在可见与不可见之间的灵舞。在陀氏看来，基督形象的表现者必须具有像虔敬的俄罗斯修士那样纯洁的心灵。佐西玛长老在临终遗言中声称这些人代表着俄罗斯的未来："眼下，他们在潜心修道中继承远古的神父、使徒和殉教者的传统，完好而又不加歪曲地保存着基督的形象，坚持上帝真理的纯洁性，一旦需要，便将基督的形象显示于世界上摇摇欲坠的真理面前。"[10]囿于语言这一艺术表现形式，陀思妥耶夫斯基对基督形象的描摹往往仅负载着一定的基督论神学观念，但有时也展示出"可见的"基督的面容之美甚至描摹出一幅如同圣像画一般的基督肖像（这指的是《宗教大法官》一章面对宗教大法官始终保持沉默的基督形象）。下面从五个方面来探究陀思妥耶夫斯基的基督形象。

4.1.1 胜过死亡法则的基督

1、作家的"死亡经历"

死亡是生命个体的终末事件。任何人都必须面对肉身的趋死性和死亡的必然性。陀思妥耶夫斯基是经历过死亡判决的人，是一位对生死问题极为敏感的作家。跨越生死界线的精神体验如此刻骨铭心，以至在他的作品中留下了诸多印记。在《白痴》中，作家借梅什金之口表达了临近受死时的个体体验："最主要、最剧烈的疼痛也许不在伤口，而在于你明明白白地知道：再过一小时，然后再过十分钟，然后再过半分钟，然后就是现在，马上——你的灵魂就将飞离肉体，你将不再是一个人……在判决已经做出时，肯定逃脱不了死亡，可怕的痛苦就在于此，世上没有比这更痛苦的事了……基督也曾

Edinburgh: T..&T. Clark, 1982, p.33. 转引自宋旭红：《当代西方神学美学思想概览》，北京：中国社会科学出版社，2012 年，第 141 页。

9 〔德〕亨利克·菲弗：《基督形象的艺术神学》，萧潇译，北京：中国社会科学出版社，2005 年，第 30 页。

10 〔俄〕陀思妥耶夫斯基：《卡拉马佐夫兄弟》（上）（全集·第 15 卷），臧仲伦译，第 495 页。

讲过这种痛苦和这种恐怖。"[11]死亡之恐怖在于，它带着狰狞的面目一下子从遥远未知的地方现身眼前，如同密不透风的巨网将人缠裹，毫无逃脱的希望。圣经如此记载耶稣基督被死亡的黑暗笼罩时心中的软弱与忧愁："我父啊，倘若可行，求你叫这杯离开我。"（太 26:39）然而，陀思妥耶夫斯基经历的绝不仅仅是死刑，他既品尝了骷髅地的滋味，又由此走向新生。在由假死刑改判为服苦役的当天，他写信给兄长米·米·陀思妥耶夫斯基说："今天我已临近死亡，怀着必死的念头度过了三刻钟，经历了生命的最后时刻，但我现在又一次活着！……生命是大自然的恩赐，生活是一种幸福，每一分钟都能成为毕生的幸福。"[12]残酷无情的死刑判决促发作家越过必死的绝望转而视生命为神圣恩赐，这种跳跃只有在极度执着于生命和经历了死而复生锻造的人那里才有可能。

　　除了死刑判决的阴影，随时可能发作并导致昏迷不醒乃至于死亡的癫痫病几乎伴随了作家一生。读过陀氏书信集的人大概都会将他面临的两大困境归结为贫困和疾病。弗洛伊德和托马斯·曼就作家的疾病问题做足了文章，[13]却极少论及它对作家的死亡威胁以及整个生命价值观念和人生信仰方面的影响。从作家的生命状态来看，清醒的死亡意识促成了他整个创作的动力来源与人生规划，也促成他对人生价值和意义的思考。"神圣的疾病"带来的体验也促使他多次在小说中描写疾病状态与另一世界的隐秘联系，或者将主人公置于濒死的极限情境中去试炼。伊万由于神经错乱而几近癫狂

11　〔俄〕陀思妥耶夫斯基：《白痴》（上）（全集·第 9 卷），张捷、郭奇格译，第 29-30 页。

12　〔俄〕陀思妥耶夫斯基：《书信集》（上）（全集·第 21 卷），郑文樾、朱逸森译，第 120-121 页。

13　弗洛伊德在《陀思妥耶夫斯基与弑父者》一文中指出，陀思妥耶夫斯基"早期像死一样的发作症状可以被理解为他自我中的与父亲的认同作用，这一认同作用被超我当作一种惩罚容让着"（见〔奥〕弗洛伊德：《弗洛伊德文集·8》，车文博译，长春：长春出版社，2004 年，第 150 页）。这位精神分析学家主要地以俄狄浦斯情结来解释陀氏癫痫发作的原因和意义。托马斯·曼在《评陀思妥耶夫斯基——应恰如其分》一文中将陀氏的癫痫症称为"神圣的疾病"，一方面给了正面评价："在癫痫病人陀思妥耶夫斯基身上，我们就几乎不得不把疾病看作是过剩的力量的一种产物，一种强烈感情的爆发，是极好的健康的一次放纵。"另一方面又对陀氏的"负罪感"大做文章，从精神分析的角度将氏的癫痫病解释为"植根于性欲之中，是性冲动的一种狂暴的爆发性的表现形式，一种变相的性交，一种神秘莫测的放荡行为"（见〔德〕赫尔曼·海塞等：《陀思妥耶夫斯基的上帝》，斯人等译，北京：社会科学文献出版社，1999 年，第 70-86 页）。

之时，魔鬼穿越地狱之门来拜访他。《白痴》中得了痨病而毫无疗救希望的伊波利特面对的唯一问题就是"生存还是毁灭"，他最终决定以自杀的方式来对抗死亡的绝对性："我不能留在人世了，因为人世的生活具有如此奇怪的捉弄我的形式。这个幽灵使我感到屈辱。我不能屈从于以蜘蛛的模样出现的神秘的力量……大自然宣判我只能再活三周，这大大限制了我的活动，也许只有自杀是我还能按照自己的意志来得及开始和结束的唯一行动。"[14] 勇于对抗自然法则，主动地向死神显示自己的力量和意志，从这种决绝中可以听到基里洛夫"人神论"的声音断片。基里洛夫认为，人的生命要继续存活，必须要有足够的信仰作为支撑；谁敢于挑战死亡、战胜死亡，谁就将开启新的信仰之门。凡此种种描写，无一不与作家的死亡经历及其思考有关。

亲历到各种死亡事件尤其是至亲之人的先后离世，也让陀氏始终纠结于人的肉体与灵魂的归宿、生命是否可以不朽等问题。几乎没有任何作家像陀思妥耶夫斯基那样屡次承受如此深切的死亡灼痛。1864 年 4 月 16 日，面对陈放眼前的妻子的尸体，陀思妥耶夫斯基写道："玛莎躺在桌子上。我还能同玛莎见面吗……常言说人的毁灭和死亡是彻底的毁灭和死亡。我们却知道绝不会是这样……"[15] 在亡妻的尸体旁，陀思妥耶夫斯基追问能否再同妻子相见，沉思人的死亡和永生，反省自己对妻子的爱即人间之爱同基督之爱的距离。此前，他已先后经历了母亲、普希金和父亲的死亡带来的悲痛；[16] 此后，他又承受了数次同样的痛击：1864 年 7 月 10 日，兄长米哈伊尔·陀思妥耶夫斯基去世；1868 年 5 月 12 日，出生不到两月的女儿索菲亚夭亡[17]；1878 年 5 月 16 日，两岁多的次子阿列克谢夭亡。这一连串的死亡事件带来无尽的悲痛，

---

14 〔俄〕陀思妥耶夫斯基：《白痴》（下）（全集·第 10 卷），张捷、郭奇格译，第 555-560 页。

15 〔俄〕谢列兹涅夫：《陀思妥耶夫斯基传》，徐昌翰译，北京：人民文学出版社，2011 年，第 279 页。

16 作家最喜欢的俄国诗人普希金于 1837 年 1 月 29 日逝世。陀氏是约在 3 月间，即他母亲 2 月 27 日去世（年仅 36 岁）后才获知诗人去世的消息的。极度哀痛的陀思妥耶夫斯基多次请求父亲允许他为普希金服丧。陀思妥耶夫斯基的父亲于 1839 年 6 月去世。

17 陀思妥耶夫斯基在三天后写给迈科夫的信中说："现在有人劝慰我，说我还会有孩子的。可是索尼娅在哪里？这个小人儿在哪里？我可以大胆地说，为了这个小人儿我情愿接受背十字架的苦难，只求她能够活下去"〔见〔俄〕陀思妥耶夫斯基：《书信集》（上）（全集·第 21 卷），郑文樾、朱逸森译，第 570 页。〕

逼迫作家对"死亡和颠覆死亡之可能性"进行全面深思[18]，强化了他对基督复活的信仰，也成为陀氏小说创作的重要内容和主题之一。

对作家来说，是否相信基督能够复活是维系信仰的关键所在。阿尔邦曾记录了一件与此相关的旧事："巴塞尔的一幅画强烈震撼了费多尔·米哈伊洛维奇，那是贺尔拜因的《死去的基督》。作家对妻子说道：'这样的一幅画可能会使人失去信仰。'他妻子还记得，'费佳注视着那幅画，脸上露出恐惧的神情，就像最初癫痫症发作时那样。'离开美术馆时，作家再一次来到这幅作品前驻足凝望，将它永远铭记在心中。"[19]后来，陀思妥耶夫斯基面对这幅画所说的话又经梅什金之口说出。劳特认为，"陀思妥耶夫斯基接受了他（基督）的死及其全部可怕的自然景象……如果他不复活，如果他不是上帝，那么他就既不能成为救世主，也不能成为生活的源泉。那时就证明不了：有可能取得更高水平的道德……"[20]这就是陀思妥耶夫斯基论证基督神性"独创的方法"。

2、基督与死亡法则

陀思妥耶夫斯基认为，人受到死亡法则的限制，靠自己的力量无法突破；基督若不能胜过死亡这一自然法则，他的神性就值得怀疑。基督的死亡是唯一、永恒的事件，他的复活也具有同样的意义。正如梅列日科夫斯基所言："对于陀思妥耶夫斯基来说，基督乃是对等级的现象世界的否定，乃是对高级的现象世界的肯定，乃是永恒的无和永恒的有——亦即死亡和复活。"[21]

《群魔》中基里洛夫的命运从反向证明了这一点。面对人的肉体必将死亡和朽坏的事实，基里洛夫赋予自我意志以神性进而将自己等同于人神（超人）。在他看来，基督的死而复活是谎言和欺骗，现在他可以打开新的门槛，靠着绝对的自由意志逾越死亡法则，他将取代基督成为拯救世人的新神："你

18　〔美〕莉莎·克纳普：《根除惯性：陀思妥耶夫斯基与形而上学》，季广茂译，长春：吉林人民出版社，2003 年，第 2 页。

19　〔法〕阿尔邦：《陀思妥耶夫斯基》，解薇、刘成富译，上海：上海人民出版社，2008 年，第 144-145 页。

20　〔德〕赖因哈德·劳特：《陀思妥耶夫斯基哲学》，沈真等译，北京：东方出版社，1996 年，第 351 页。

21　〔俄〕梅列日科夫斯基：《托尔斯泰与陀思妥耶夫斯基》（卷二），杨德友译，北京：华夏出版社，2009 年，第 245 页。

听听这么一个伟大的思想……一天结束了，两人都死了，他们出发，但是既没有找到天堂，也没有复活……如果自然法则连这个人也不怜惜，连自己的奇迹都不怜惜，甚至连他也被强迫生活在谎言之中，为一个谎言而死去……这事将由我开端并且结束，门就打开了。于是我拯救了世人。"[22]基里洛夫相信，他开枪打死自己所显示出的自由意志的强大力量将使他的肉体生命发生改变以至于不朽，并将带给世人新的启示。伊琳娜·帕佩尔诺对此指出："基里洛夫之死重新上演了苏格拉底以及基督死亡时的情形，也将两种死亡模式合并在一起……这是一位具有强烈自我意志的基督、自杀者基督，他是新神。"[23]尽管这位"新神"认为自己高举着爱人类的旗帜，然而事实证明，他的努力只能以失败告终，他的"受难"只是就死而毫无复活的希望。更具讽刺意味的是，他所赋予救赎使命的自杀事件只是使他成了以彼得为首的五人小组逃脱杀害沙托夫之罪的替罪羊而已。加缪视基里洛夫的自杀为荒谬者的反抗行为，指出："他在死亡的逻辑中添加上一种极度的欲望，这种欲望为角色展现了他的全部前景：他要自杀，为的是要成为上帝。"[24]这使他注定成为一个悲剧性的、"荒谬的角色"[25]。

《白痴》中罗戈任的命运也与否定基督永恒的死亡与复活关系密切。小说直接或间接地多次提到罗戈任家一幅出自小荷尔拜因手笔的基督画像。这幅名为《死去的基督》的画作就挂在阴暗大厅的房门上方。作家借伊波利特的眼睛再现了令人恐怖的画面："这完全是一个在上十字架前就受尽折磨的人的尸体，他遍体鳞伤，在背着十字架和倒在十字架下时受到了看守和民众的毒打……画上的这张脸被打破了，而且肿了起来，布满可怕的、带着肿块和血污的青伤，眼睛睁着，眼珠歪斜……"[26]伊波利特意识到，问题不在于表现受苦的基督，而在于画作宣告的是死亡这一终极自然法则的胜利和基督的

---

22 〔俄〕陀思妥耶夫斯基：《群魔》（下）（全集·第 12 卷），冯昭玙译，第 762-763 页。

23 〔美〕伊琳娜·帕佩尔诺：《陀思妥耶夫斯基论作为文化机制的俄国自杀问题》，杜文鹃、彭卫红译，长春：吉林人民出版社，2003 年，第 181-183 页。

24 〔法〕加缪：《西西弗的神话：加缪荒谬与反抗论集》，杜小真译，西安：陕西师范大学出版社，2003 年，第 126 页。

25 〔法〕加缪：《西西弗的神话：加缪荒谬与反抗论集》，杜小真译，西安：陕西师范大学出版社，2003 年，第 126 页。

26 〔俄〕陀思妥耶夫斯基：《白痴》（下）（全集·第 10 卷），张捷、郭奇格译，第 551-552 页。

完全失败。梅什金公爵忍不住惊叫起来"可是看了这幅画，有人会丧失信仰的！"[27]伊波利特也有同感："在看这幅画时，好像觉得大自然是一头巨大的、铁石心肠和不露声色的野兽……这幅画所要表达的和无意之中传授给你们的，正是这样的看法：存在着一种神秘的、蛮横无理的、毫无理智而又永恒的力量，一切都服从于它。"[28]伊波利特只是偶然看到画作便产生了基督在自然法则面前屈膝且毫无复活希望的深刻印象，由此也就不能指靠极为欣赏此画的罗戈任还能对基督的强大力量怀有坚定不移的信心。当梅什金一提到见到过这幅画，罗戈任"身上突然出现了奇特的烦躁情绪"，他转而问梅什金是否相信上帝，随后表示说他"喜欢看这幅画"，他的信仰"本来就在丧失"。对这幅画的喜爱正与他后来跌落的命运相契合。

作家描述了佐西玛长老临终时因信仰基督复活而得到巨大安慰、安然地走向另一世界的场景："他虽然感到很痛苦，仍旧笑吟吟地看着大家，慢慢地从安乐椅上滑落到地面，双膝下跪，接着便脸朝下，匍匐在地，伸出自己的双手，似乎处在一种愉悦的大欢喜中，亲吻地面和祷告上帝（诚如他自己教导的那样），静静地、快乐地把灵魂交给了上帝。"[29]俄罗斯圣徒传也常常以同样的方式结尾，几乎成了一种固定的模式。在这些圣徒人物平和、优雅的趋死中包含着俄罗斯人对基督的信心：正是因为战胜了死亡法则，基督才成为所有人包括濒死之人的救赎。

在追悼亡妻写下的笔记中，陀思妥耶夫斯基已认识到横亘在自我的法则与基督的爱之间的距离。在小说中，他更多地对基督的死而复活同基督之爱的关系以及人究竟如何获得永恒生命等问题进行思考；对他来说，是否相信基督死而复活是整个基督信仰的根基，一如圣经所言："死人若不复活，基督也就没有复活了。基督若没有复活，你们的信便是徒然，你们仍在罪里。"（林前 15:16-17）然而，如果说信徒个体的死亡唯有靠着基督信仰方可超越的话，那么，对基督死而复活的确信中也包含着对基督之爱的肯定："深藏在陀思妥耶夫斯基心中的理想就是基督之爱，人类一旦拥有了它，就会获得永

---

27 〔俄〕陀思妥耶夫斯基：《白痴》（上）（全集·第9卷），张捷、郭奇格译，第299页。

28 〔俄〕陀思妥耶夫斯基：《白痴》（下）（全集·第 10 卷），张捷、郭奇格译，第552-553 页。

29 〔俄〕陀思妥耶夫斯基：《卡拉马佐夫兄弟》（上）（全集·第 15 卷），臧仲伦译，第 516 页。

生。"[30]在《卡拉马佐夫兄弟》中，陀氏描写了最高级、最精致的人类之爱的形式，即宗教大法官对民众的爱，这种爱与基督之爱形成了鲜明的对比。基督之爱是一种牺牲的爱，经由死亡赐予复活和新生，陀氏因此而将《约翰福音》12 章 24 节作为最后一部作品的题词置于扉页："一粒麦子，不落在地里死了，仍旧是一粒；若是死了，就结出许多子粒来。"

4.1.2 拥有美的面容的基督

陀思妥耶夫斯基还将基督视为拥有世上唯一美好面容的人物。将基督与美联系起来，这既是东方教会的传统使然，也与作家一贯认为美具有道德力量、"美将拯救世界"的主张有关。在俄罗斯东正教圣像画传统中，人们一向将基督视为那不可见者之美在尘世的范型。亨利克·菲弗指出，西方教会的基督形象往往靠表现美和丑（由痛苦而引起的扭曲变形）来传递信仰，而"在东方教会，基督需要化身成美丽的形象，因为只有美丽的形象才能作为神本来形象的完美肖像画，只有一幅绝对美丽的肖像才能理想地展示所要表现的人物形象，也即范本。"[31]陀思妥耶夫斯基置身于这一传统，很自然地将基督面容与美联系起来。

1、美关乎心灵的"和谐"与"宁静"

首先需要明白作家对美的基本看法。他高举美的旗帜反对庸俗的物质主义、功利主义，是艺术之美的坚定拥护者。《群魔》中斯捷潘的言论代表着作家的立场："莎士比亚和拉斐尔——高于农奴解放，高于民族性，高于社会主义，高于年轻一代……你们可知道，你们可知道，没有英国人，人类能生存下去，没有德国人也行，没有面包也行，唯独不能没有美，因为没有美世界上完全无事可做了！……没有美，科学连一分钟也支持不了。"[32]这显示出的并非作为小说家的陀思妥耶夫斯基对艺术地位与功能自我崇拜式的盲信，也非在无意之间对自我创作意义的辩辞，而是作家对人的精神需求的洞悉，体验了美的超越精神和道德力量后做出的肯定。作家对美的理解与唯美主义

30 〔美〕莉莎·克纳普：《根除惯性：陀思妥耶夫斯基与形而上学》，季广茂译，长春：吉林人民出版社，2003 年，第 11 页。

31 〔德〕亨利克·菲弗：《基督形象的艺术神学》，萧潇译，北京：中国社会科学出版社，2005 年，第 50 页。

32 〔俄〕陀思妥耶夫斯基：《群魔》（下）（全集·第 12 卷），冯昭玛译，第 599-600 页。

者追求为艺术而艺术的个体灵感充盈状态无关，与功利主义者讲究美和艺术的实际功用不同（这两者正是作家所要批判的）——作家是将美同心灵的和谐、同道德理想、真和善联系起来看待的。在写于 1861 年的《波夫先生与艺术问题》一文中，陀氏指出："人渴求美，寻找美，接受美，是没有任何条件的……美既体现着和谐，也体现着宁静"[33]，美感会使人的内心发生某种变化，人在陷入矛盾境地或冲突之时尤其需要美。他忠实拥护柏拉图美的绝对理念，接受席勒关于美感具有教化和提升人的意义的观念。一如莉萨帕罗（W. J. Leatherbarrow）所指："他终生都反对这样的观念，即不道德或与道德无关的品质能够与产生适意审美体验的形式上的吸引力结为一体。"[34]

陀思妥耶夫斯基肯定的是人寻求美的努力以及其中包含的实现道德理想的愿望。他借沙托夫之口解释道："美的起因，如哲学家们所说，也是道德的起因，他们把两者等同起来，我把它叫得更简单一些，那就是——'寻找上帝'。"[35]在人追求超越和神圣、追求至善的渴念中，陀思妥耶夫斯基看到了人身上的上帝形象，人身上的神性之美。在他笔下，这种美常常被玷污，但从未消失。即便是在荒淫无耻、极端堕落的老卡拉马佐夫那里，也能从他对地狱里究竟有没有钩子的忧心中见出一丝人性之光。因此，用善恶二元论的非此即彼的辩证法无法洞察陀氏人物内心的秘密，也无从识见到荆棘野地中飘逸不定的芬芳。

梅什金这一形象最大程度地展示了人性之美所能达到的高度。在创作《白痴》之前，陀思妥耶夫斯基颇费了一番踟蹰，觉得自己一直没有做好充分准备来刻画一个正面的、美好的人："很早就有一个想法苦苦地折磨着我，但我又不敢动笔用它来写小说，因为这个想法颇难处理，我对它尚未做好准备，虽说它十分迷人，而我也喜爱它。这个思想就是塑造一个十分美好的人。"[36]陀氏是比照基督刻画梅什金这一人物的。其中最显著的便是他身上各种美好的品性，诸如谦卑柔和、忍耐顺从和对所有人极具包容性的爱。由于人性的弱点，这位"基督公爵"显示的基督之爱没有也不可能一以贯之，但这并不

33　〔俄〕陀思妥耶夫斯基：《文论》（上）（全集·第 17 卷），白春仁译，第 140 页。

34　W. J. Leatherbarrow, *Ethics and Aesthetics in Dostoevsky's* Prestupleniye i nakazaniye, see *The Modern Language Review*, Vol. 71, No. 4 (Oct., 1976), p.858.

35　〔俄〕陀思妥耶夫斯基：《群魔》（上）（全集·第 11 卷），冯昭玙译，第 310 页。

36　〔俄〕陀思妥耶夫斯基：《书信集》（下）（全集·第 22 卷），郑文樾、朱逸森译，第 521-522 页。

能掩盖他作为道德典范的光辉。

然而，陀思妥耶夫斯基绝不会将人全然美化：他总是一方面表现人性之美，同时又试图表现上帝形象在人的身上如何遭受污损，人的神性之美被罪的暗影遮蔽之后所剩的虚假的美。斯塔夫罗金徒有美的外表，具有蛊惑人心的强大力量，内里却是"绝顶聪明的蛇魔"。同样，梅什金之所以无法挽救罗戈任，就在于基督的面容对人而言是可望而不可即的，他无法达到完全——完全地放下自己、完全地相信他人和自己。阿廖沙之所以有可能以革命暴力去实现修道生活无法达到的善，就在于人在面对诱惑和试探时无法做到同旷野中的基督一样。

这样，陀思妥耶夫斯基就表现出在人身上聚合着关于美的可怕矛盾，一方面是"寻找上帝"即渴望和追求美，另一方面是道德上的不完美甚至是自甘堕落。德米特里感叹说："美，这是可怕而又恐怖的东西！它之所以可怕，就因为它难以捉摸，捉摸不透，因为上帝给我猜的只是一些哑谜。这里，两岸可以合拢，这里，所有的矛盾可以同时并存……美！然而我不忍看到的是，有的人，甚至心灵高尚、智力超群的人，也是从圣母的理想开始，以所多玛的理想告终。"[37]这里包含着陀氏一贯的辩证法：美不能用简单的善与恶来衡量，在美中聚合并存着完全对立的因素，美永远是谜一样的存在。这就是自称为"大老粗"的德米特里（真不知这样想问题的人怎么可能是"大老粗"）意会到的关于美的真谛。在《白痴》中，梅什金将美称为一个谜："对于美是很难下评语的；我还没有做好思想准备。美是一个谜。"[38]

然而，在破解这个谜时决不能因为矛盾的存在而以为美与恶可以长久共处。在陀思妥耶夫斯基看来，美是纯粹的、属善的；混淆美丑之分、取消善恶之别只能使人滑向美的对面一端即堕入恶的幽谷。沙托夫激愤地指出斯塔夫罗金的错谬："您好像对人说，您不知道在兽性的淫荡与任何伟大功绩，甚至是为人类而牺牲的功绩之间有什么区别？这是真的吗？您在两个极端里发现美的吻合、欢乐的一致？"[39]在沙托夫眼中，善就是善，它永远是美好

---

37 〔俄〕陀思妥耶夫斯基：《卡拉马佐夫兄弟》（上）（全集·第15卷），臧仲伦译，第165-166页。

38 〔俄〕陀思妥耶夫斯基：《白痴》（上）（全集·第9卷），张捷、郭奇格译，第103页。

39 〔俄〕陀思妥耶夫斯基：《群魔》（上）（全集·第11卷），冯昭玛译，第314-315页。

的；而恶不同于善，永远是丑陋的。这就是沙托夫能坚定地走向基督而斯塔夫罗金反之愈行愈远的根由所在。

2、"美将拯救世界"

在陀思妥耶夫斯基看来，美的极致、美的理想只能体现在耶稣基督身上。换言之，美就是基督，基督就是美；理想的美只属于基督——只有基督之美是唯一的奇迹，任何人不能享有这一奇迹。这就使得陀氏的基督形象与勒南的基督形象有了天壤之别：前者虽有了人的面容，但基督之美是独一无二的；后者则是人伦的典范，人人可以效仿他而自动地获得神的荣美。唯一美好的面容只属于基督，这无疑宣告了神与人之间有着绝对的"不可通约性"，神和人之间有一个永远无法跨越的沟壑，由此就不难理解为何年轻时代的卡尔·巴特会痴迷于陀思妥耶夫斯基。他在激情澎湃的《〈罗马书〉释义》中极力强调神与人之间绝对的距离和间隔："俗中无圣。因欲成圣，所以非圣……甚至保罗、先知和天国使徒也不例外！甚至耶利米、路德、基尔克果、布鲁姆哈特也不例外！甚至圣方济各也不例外！圣方济各在'爱'、童真和严厉方面远远超过了耶稣，正因为如此，他在本质上是个指摘者……无论在什么意义上，基督都不在义人中间。"[40]卡尔·巴特的本意当然并不是"指摘"圣徒们的品性之美，而是强调说任何人都不可能如基督那样完美，强调人在完美的基督面前的欠缺和"不义"，这与陀氏认为只有基督拥有"世上唯一肯定的美好的面容"有异曲同工之妙。

因此，"美将拯救世界"也只能在这个意义上加以理解，即基督美好的面容具有无可抗衡的力量，人认识、理解和接纳这一点就可以靠着基督来拯救世界。在《白痴》中，纳斯塔西娅所代表的容貌之美（世俗之美）尚且具有"颠倒世界"的力量，显现出基督之美（神性之美）的梅什金公爵具有更大的力量——所有人都被他吸引，都在走向他，"美将拯救世界"的说法正是由他提出并影响到伊波利特、阿格拉娅等人[41]。在陀氏看来，基督之美是完全的神性与完全的人性的结合；人虽不能至，却可仰望。靠着对美的信仰，人可以就近至美来照出自身的污秽。梅什金和阿廖沙领受过了基督之美的光

40 〔德〕卡尔·巴特：《〈罗马书〉释义》，魏育青译，上海：华东师范大学出版社，2005年，第58页。
41 〔俄〕陀思妥耶夫斯基：《白痴》（下）（全集·第10卷），张捷、郭奇格译，第520页。

照，继而又光照他人，这是他们深受所有人喜爱的原因。

4.1.3 表达自由之爱的基督

在陀思妥耶夫斯基的小说中，唯一一部从正面描写耶稣基督形象的作品，就是《卡拉马佐夫兄弟》中的《宗教大法官》。它最为集中地体现了作家对基督宗教和人类终极命运的理解。然而让人颇为费解并引发众多争议的是，在这本"论基督的书"——《宗教大法官》中，面对咄咄逼人和滔滔雄辩的宗教大法官，耶稣基督自始至终都不可思议地沉默无言。那么，"基督谜一样的沉默是什么意思？"[42]基督为什么选择沉默？基督的沉默对倨傲的大法官产生了怎样的影响？这些都是既诱惑人又折磨人的问题。

耶稣的沉默给人的感觉似乎是软弱无力的，使得这场谈话更像是宗教大法官一个人的独白。然而耶稣基督的存在对老人来讲却绝对真实，他明显地感到了基督那庄严肃穆的威力并不得不予以回应。面对基督，大法官竭力为自己的"事业"辩护，不时地反驳圣经中基督的话语，害怕基督那"直率地盯着他的眼睛"，对基督的沉默感到痛苦，甚至意识到"伟大训诫"同现实之间的强烈对比"在他身上引起忧郁的讽刺"[43]。宗教大法官对基督的回应也极易让人联想到巴赫金所论及的陀氏小说中经常出现的"微型对话"场景：主人公之间的对话"还向内部深入，渗进小说的每种语言中，把它变成双声语，渗进人物的每一手势中，每一面部表情的变化中，使人物变得出语激动，若断若续。"[44]如此，基督的沉默就是一种不同于宗教大法官的独特而有力的言说方式，这位沉默的言说者表达出了更多的深意和启示。耶稣之所以闭口不言，正如大法官所说，一旦他真的开口说话，就会出现新的权力、权威和奇迹，就是对精神自由的背弃和对人新的引诱。然而，基督的沉默也不是神人交流的终止，而是对语言限制的突破与超越，是一种新的言说方式的创造。

沉默的基督选择了新的、独特的言说方式，即用他的身体和"面容"来

42　〔俄〕弗金：《伊万卡拉马佐夫长诗"宗教大法官"中沉默的动作》，见梁坤主编：《新编外国文学史——外国文学名著批评经典》，北京：中国人民大学出版社，2008，第293页。

43　〔俄〕罗赞诺夫：《论宗教大法官的传说》，张百春译，北京：华夏出版社，2007年，第103页。

44　〔俄〕巴赫金：《巴赫金全集》（第五卷），白春仁、顾亚玲译，石家庄：河北教育出版社，1998年，第56页。

言说。耶稣虽是无言，但他以肉身的显现、温和的眼神、拥抱和亲吻的动作突破了一切语言的弹性和限度，用非语言来显示他完全不同于人世的爱和对人的尊重。他在大法官面前绝对不是一尊冰冷的雕像，而是一个对话者，充满爱的气息的倾听者和回应者。他的在场本身就是以可触、可感的方式在言说，在用他的"面容"召唤某种主动的"应答"。对于基督面容的这种讲话方式，马里翁曾解释说："在这里讲话并不一定要使用可见的词语和发出物理的声音。……这样，词语首先于倾听中和于感觉（意义）的沉默中讲出。以这种方式，面容于沉默中讲话。"[45]沉默亦是一种言说，认真倾听者能够有所领受。正如圣经中常提到上帝从上垂下他的救拔之手一样（如诗 144:7），耶稣基督的面容如同从天垂下的、可见的、怜悯的手显现于大法官肉体的眼睛和"灵魂的感官"，给他带来了启示和应许。正是因此，面对耶稣慈爱的面容，大法官感到震惊、难以理解和无力承受："你温和地看着我，甚至对我丝毫不加恼怒？"[46]"为什么你一言不发，热心地用你那温和的眼睛瞧着我？你生气吧，我不需要你的爱……所有我能对你说的话，你已经全知道了，这从你的眼睛里可以看出来。"[47]所以，尽管大法官激烈地质疑、批判、歪曲和反抗耶稣基督，但他在"触摸"到真实的耶稣基督时竟然手足无措，在坚守自己的立场为自己辩护的过程中始终紧张不安，他威逼的口气泄露了内心极度虚弱的秘密。

面对耶稣基督这位沉默的言说者，宗教大法官何以表现得如此虚弱？这是因为他的思想中有深深的忧郁。这来自于他用人的理性作为衡量一切存在的尺度，并用诱人的辩证法推导出了人性卑贱和无力承担精神自由的结论，在于他以神性上帝的名义污损了人的神性形象，在于他不再相信人因而也就失去了对上帝的信仰。如同伊万一样，大法官也以人在地上幸福的名义来反对上帝。这是一个摆脱了卑下的个体物欲享乐而试图拯救整个人类的孤独"英雄"，一个"饱受伟大的怜悯之苦，受尽其折磨"的思想者，一位心中

---

45 Jean-Luc Marion, *In Excess: Studies of Saturated Phenomena*, trans.Robyn Homer and Vincent Berraud (New York:Fordham University Press,2002),p.116. 转引自耿幼壮：《圣像的修辞——从形象到声音》，见 2013 年度"人文学与神学"暑期国际研讨班会议手册（专家演讲集），第 76 页。

46 〔俄〕陀思妥耶夫斯基：《卡拉马佐夫兄弟》（上）（全集·第 15 卷），臧仲伦译，第 376 页。

47 〔俄〕陀思妥耶夫斯基：《卡拉马佐夫兄弟》（上）（全集·第 15 卷），臧仲伦译，第 384 页。

受到强大的诱惑并将灵魂出卖给魔鬼的不幸老人——他虽盼望基督的临在，但难以理解上帝的缺席而最终堕入无边的黑暗之中。当自我意志和理性走到尽头时，他遭遇了虚空的深渊。罗赞诺夫满含深情地议论道："有一个生活在我们中间的人，当然与我们中的任何一个人都不相像，他以无法理解的和神秘的方式感觉到了上帝的真正缺乏和他者的确实存在，在他死之前，把自己心灵和孤独的心中的恐惧转达给我们，这颗心满怀对他的爱无力地跳动着，他已经不存在了，这颗心在无力地躲避存在的东西。"[48]那么，耶稣基督向这位"有着纯洁面貌的"、"崇高的宗教大法官的形象"[49]显现并将他拥入怀中亲吻他，必是窥见了他心中的黑暗，感受到了这颗疲惫的灵魂深处所有的不幸和痛苦并试图用无限的怜悯和爱来唤醒、温暖和安慰他。

所以，耶稣基督用他的身体表达的是精神自由和爱的话语。面对大法官的斥责、威胁甚至亵渎，耶稣基督没有任何反击和抱怨，也不进行任何审判和论断："耶稣基督必然不接受宗教大法官的论点：他以宗教可以回答无神论的唯一方式回答它们——用沉默和宽恕。"[50]耶稣基督的沉默无言绝不是对大法官的惧怕或自身的软弱无力，在他圣像般的静默与微笑背后包含着压倒一切的力量，一种以整个身体都来开口说话的强有力的和有效的话语方式："基督始终是沉默的……自由的真理非语言所能表达，易于表达的只是强权的思想……基督的不反驳，他温顺的沉默，比大法官所有的论辩更具有说服力和感染力。"[51]所以，耶稣基督只是默默地倾听和温和地回应，用他的存在本身述说着超越此世的爱的福音和真理："基督是在无声地说，不过你总是能听到那无声的答词，爱和宽恕一切的话语。"[52]基督的沉默和那神秘的一吻，是精神自由和圣爱的最好表达。

基督的自由之爱深深地触动并唤醒了倨傲的大法官。在长诗中，基督长

48　〔俄〕罗赞诺夫：《论宗教大法官的传说》，张百春译，北京：华夏出版社，2007年，第 142 页。

49　〔俄〕别尔嘉耶夫：《陀思妥耶夫斯基的世界观》，耿海英译，桂林：广西师范大学出版社，2008 年，第 117 页。

50　〔俄〕赫尔曼·海塞等：《陀思妥耶夫斯基的上帝》，斯人等译，北京：社会科学文献出版社，1999 年，第 183 页。

51　〔俄〕别尔嘉耶夫：《陀思妥耶夫斯基的世界观》，耿海英译，桂林：广西师范大学出版社，2008 年，第 116-117 页。

52　〔俄〕索洛维约夫等著：《精神领袖》，徐振亚等译，上海：上海译文出版社，2009 年，第 345 页。

久沉默后的一吻给了大法官巨大的心灵震撼，所以他不是如原先威胁的那样把耶稣监禁起来处以火刑，而是放走了他深为敌视和恐惧的基督。尽管大法官最终依然坚持自己的思想，但他毕竟亲身经历了耶稣的出场和临在，在抵挡与反抗中感受到基督之爱的光照，在自我辩白中体验了自我与上帝之道的冲突，这一具体而真实的生命事件将在大法官心灵世界留下不可磨灭的痕迹。由此而言，或许大法官直至生命的终点还会有千百次的悖逆和抵挡，然而他的生命已与他的肉身和灵魂未曾触摸到耶稣之前有了很大的不同。因为，对于任何试图走近或远离上帝的人而言，信与不信从来都不是僵死的、固化的，而是无数次在认同或怀疑中去体验上帝在心灵的临现，无数次在渴盼或失落中体悟至高者的形象。在此，陀思妥耶夫斯基再次表明了他对真正的基督信仰的理解，即哪怕是在极端的悖逆甚至亵渎中走近上帝，也比盲信和屈从更为可贵。

长诗中始终保持沉默的基督形象，是陀氏长期致力于关于上帝存在的思考的结果，凸显出作家独特的上帝观念。陀氏的宗教观念精微玄奥，而他借这一形象意在给人们指出一条出路："陀思妥耶夫斯基似乎在暗示，应该向哪里寻找摆脱宗教大法官绝望观点的出路，他指出出路就在沉默的对话者——基督的话语里。艺术家以何等无与伦比的艺术技巧迫使人感觉到默然无声的对话者的存在。"[53]如上所论，"基督的话语"表达的是精神自由和爱；沉默的基督以他的整个身体和神秘的一吻对宗教大法官"开口"说话，也为所有人指出了前方的道路：一条与大法官完全相反的道路，一条认可、尊重并借助基督重建人之"原始神性形式"的道路，一条完全遵循自由之爱的道路。

4.1.4 拒斥"斧头"之义的基督

在俄罗斯思想中，基督与革命之间的关系一直纠缠难解。如果接受"斧头"作为革命符号的话，那么就会看到，将基督的圣像归于"斧头"之下即基督投身革命的设想在俄罗斯思想者那里屡见不鲜。别林斯基曾对陀思妥耶夫斯基指出，基督假如出生在他们这个时代，那么他就会成为社会主义者，参加和领导革命运动。[54]在勃洛克的（Блок，1880-1921）《十二个》的结尾，

---

53 〔俄〕索洛维约夫等著：《精神领袖》，徐振亚等译，上海：上海译文出版社，2009 年，第 346-347 页。

54 〔俄〕陀思妥耶夫斯基：《作家日记》（上）（全集·第 19 卷），张羽译，第 13 页。

"莫名其妙"地出现了耶稣基督的形象："前面——拿着血红的旗子，／雪风遮得看不见他，／子弹也不能伤害他，／他迈着轻柔的步伐，驾临在雪风之上，／雪花的细屑飞舞，有如珍珠，／他带着白色的玫瑰花环——／走在前面——这就是耶稣·基督。"[55]伟大的社会主义革命卫士何以需要耶稣来带领？勃洛克如此安排实在让人觉得突兀，难以理解。因为在一般人的观念中，革命与耶稣基督、与基督教的关系可谓势不两立，革命的逻辑根本不需要对基督的信仰来维护和支撑。在叶赛宁的《同志》一诗中，同样可以看到基督走在革命前列冲锋陷阵的情境："啊，我忠实的基督。／他叫我们前去救助，／在战斗中的俄罗斯，／命令我们为了自由，／为了公平正义和劳动！／耶稣来到人间……／突然，战火硝烟四起，／枪炮弹药轰鸣，／于是，中枪倒下了／这个年纪轻轻的基督。"[56]那么，在陀思妥耶夫斯基作品中，基督究竟是革命的拥护者或者反对者？作家又秉持一种什么样的立场？

如果说存在革命的真理和基督的真理的话，那么在陀思妥耶夫斯基的生命后期，革命暗流风起云涌，表现出将基督真理赶下神坛、废黜和取代基督真理的强大力量。陀思妥耶夫斯基本人也曾因参与带有革命色彩的彼特拉舍夫斯基小组的活动而遭受监禁和惩罚。社会革命及其理论基础无神论对作家始终是个极大的诱惑。对革命的思考，对革命与宗教关系的思考，是陀氏后期作品的重要主题之一。陀氏小说中斧头意象频频出现。在《罪与罚》中，拉斯科尔尼科夫的杀人凶器是一把斧头。在《群魔》中，斯捷潘·特罗菲莫维奇喜欢低声哼唱这样一首诗："农夫们扛着斧头走来，可怕的事情将要发生。"[57]其中的煽动情绪和革命色彩显而易见。作品还提到一位"发疯"的少尉用斧头劈碎房东家的圣像[58]，无神论者彼得·韦尔霍文斯基认为"斧头"有快速的"消毒"作用。在《卡拉马佐夫兄弟》中，第三次拜见斯梅尔佳科夫之后，在陷于谵妄状态的伊万同魔鬼的长谈中，魔鬼竟然匪夷所思地讲到斧子在太空中变成卫星绕着地球飞行的事情。十三岁的科利亚在谈到自己的信

---

55 〔俄〕亚·勃洛克：《十二个》，戈宝权译，桂林：漓江出版社，1985 年，第 63 页。另有郑体武的译文："前面——一个刀枪不入的人／被纷飞的暴风雪遮住，／踏着晶莹的雪花，／迈着轻柔的脚步，／把血红的旗帜挥舞，／戴着白玫瑰的花环，／前面——是耶稣基督。"

56 转引自郭小丽：《陀思妥耶夫斯基的救赎思想——兼论与中国文化思维的比较》，哈尔滨：黑龙江人民出版社，2012 年，第 198 页。

57 〔俄〕陀思妥耶夫斯基：《群魔》（上）（全集·第 11 卷），冯昭玛译，第 42 页。

58 〔俄〕陀思妥耶夫斯基：《群魔》（上）（全集·第 11 卷），冯昭玛译，第 426 页。

仰时虽然没有提到斧子，但认为"非常人道"的基督若生活在他们那个时代必然会加入革命党并起到重要作用。阿廖沙在作家未完成的构想中也将成为革命者[59]。可以看到，通过拉斯科尔尼科夫、彼得·韦尔霍文斯基、希加廖夫、斯塔夫罗金、扎基京、科利亚等人物的思想与命运陀思妥耶夫斯基在思考革命的实质、未来以及革命与基督的关系等问题。

先从作家对革命的基本立场谈起。这大致分为两个阶段：流放复归彼得堡之前的陀思妥耶夫斯基倾向于肯定革命，1860 年以后的陀思妥耶夫斯基倾向于否定革命。作家对革命的否定之处在于：革命的三面旗帜（自由、平等和幸福）的虚谎性、革命与暴力的姻亲关系，革命群体的混杂性等。譬如，在《群魔》这部集中探讨革命问题的小说中，彼得·韦尔霍文斯基认为革命的秘密是"我们将宣传破坏"[60]，卡尔马季诺夫认为"俄国革命思想的真谛在于否定人格"[61]，希加廖夫提出的未来社会的形态是"从无限的自由出发，以无限的专制结束"[62]，其中都包含着作家对革命现象的反思和否定。而如费季卡这样杀人放火的"群氓"竟然也被革命群体所接纳，更为作家不能接受。

更深一层来看，作家不赞同的是革命的逻辑，认为在它试图消除恶的暴力手段中包含着对人格的否定和可怕的嗜血本能。因此，《群魔》中彼得·韦尔霍文斯基被塑造成了视鲜血为革命黏合剂的"革命家"："您可以挑唆四个成员去杀死第五个成员，借口是他会去告密，您立即就可以用鲜血把他们大家拴在一起。他们会成为您的奴隶，不敢造反，也不敢要求您来做说明。"[63]其他人则由于受到"革命理想"的蛊惑极易犯下"对全人类的罪"[64]。作家认为，靠革命手段改造环境，使世界发生天翻地覆的变化之后建立新的人生幸福是不可能的；革命只是一种对幸福的幻想而已。因此，他在 1871 年 5 月18 日写给斯特拉霍夫的信中把巴黎公社起义和二月革命都看成是卢梭的余音——"实质上都仍然是那个卢梭，仍然是那种凭理智和经验根本改造世界

59　见陈燊主编：《陀思妥耶夫斯基全集·总序》（第 1 卷），第 61 页。

60　〔俄〕陀思妥耶夫斯基：《群魔》（上）（全集·第 11 卷），冯昭玛译，第 519 页。

61　〔俄〕陀思妥耶夫斯基：《群魔》（上）（全集·第 11 卷），冯昭玛译，第 457 页。

62　〔俄〕陀思妥耶夫斯基：《群魔》（上）（全集·第 11 卷），冯昭玛译，第 496 页。

63　〔俄〕陀思妥耶夫斯基：《群魔》（上）（全集·第 11 卷），冯昭玛译，第 476 页。

64　见〔俄〕陀思妥耶夫斯基：《群魔》（上）（全集·第 11 卷），冯昭玛译，第 514-522页。

的幻想（实证主义）。"[65]在他看来，人们渴望幸福并无过错，而幸福来自何处呢？幸福不能通过革命手段通达。这是因为，革命的幻想来自于衰落的西方，而衰落的西方已不能提供一个健全的基础："在西方，人们失去了基督（由于天主教的过错），西方因此衰落了，仅仅因此而衰落了。理想变了，——这是多么一清二楚！而教皇政权的衰落与罗马—日耳曼世界首领的衰落在同时发生（法国及其朋友），真是巧合。"[66]在同一封信里，作家表达了对别林斯基通过否定俄罗斯民族来进行所谓的推动社会进步事业的不满："这个人在我面前极其粗野地谩骂基督，然而他任何时候也不会把自己以及全世界所有的推动者们与基督进行比较。他发现不了在他和他们身上有着多少渺小的虚荣心、愤怒、急躁、易怒和卑鄙，而主要的是虚荣心。他在骂基督的时候从来也不对自己说：我们又能以什么来代替基督呢？难道是以我们自己？而我们却是如此卑劣！不，他从未认真想过什么他自己是卑劣的。"[67]可见，在陀氏那里，衡量历史和人物的唯一标尺是耶稣基督，只有基督是完美的，所有单靠人的双手来成就的事业都难免会沾染人身上的"卑劣"。

陀思妥耶夫斯基对革命的否定只限于社会层面，他并不反对精神上的、灵魂的革命。他从社会革命中看到了敌基督精神的破坏作用，而在灵魂革命中看到了基督精神在人身的成长。用别尔嘉耶夫的话来说，陀思妥耶夫斯基"对待革命的态度是极其悖论的。他揭露了在革命中起作用的那种精神的谎言性和非真理性，预言了未来反基督精神、人神精神的生长。……陀思妥耶夫斯基对革命的敌视，不是普通人的、维护某种旧的生活制度的利益的敌视，而是一个启示录式的人、在基督与反基督的斗争中站到基督一边的人的敌视。"[68]陀思妥耶夫斯基更为珍视的是每一个体灵魂深处发生的动荡和革命，他在社会革命与基督之间选择坚定地站在拒斥"斧头"之义的基督一边。

沙托夫的一生最能体现作家在基督与革命之间的选择和立场。他从革命

65　〔俄〕陀思妥耶夫斯基：《书信集》（下）（全集·第22卷），郑文樾、朱逸森译，第840页。

66　〔俄〕陀思妥耶夫斯基：《书信集》（下）（全集·第22卷），郑文樾、朱逸森译，第841页。

67　〔俄〕陀思妥耶夫斯基：《书信集》（下）（全集·第22卷），郑文樾、朱逸森译，第842-843页。

68　〔俄〕别尔嘉耶夫：《陀思妥耶夫斯基的世界观》，耿海英译，桂林：广西师范大学出版社，2008年，第84页。

的怀抱投身于基督，由革命的追随者转身为基督的拥护者。他要坚决地"同他们断绝了关系"，认为彼得等人从事的是"荒唐勾当"。听闻吉洪所做的一切，他建议斯塔夫罗金去拜见这位主教[69]，从中可以窥见吉洪对他的影响。在整个人生价值观转变之后，沙托夫表达了他的基督信仰："我信仰俄罗斯，我信仰她的正教……我信仰基督的躯体……我相信基督将在俄国第二次降世……我相信……"[70]从他临死前对妻子的宽恕和照顾来看，他的生命充满柔软和怜恤之情，重获了鲜活的色彩。从他身上能够看到基督形象一旦光照于人的心灵将给人带来何样的变化，从革命立场向基督立场的转变对人的生命意味着什么。作家也借这一人物的悲剧命运揭示了革命自身往往"吞噬自己的孩子"[71]的悲剧性宿命。

总之，在陀思妥耶夫斯基眼中，革命的真理是非基督的真理。他从非基督的真理走向了基督的真理，这使他体验了人的灵魂最为黯然的痛苦，使他能够站在非基督的立场上同情地言说，使他能拒绝非真理的诱惑。这就是作家常给人留下"两副面孔"印象的原因——玛利·布劳斯汀曾指出，斯塔夫罗金和佐西玛分别是陀思妥耶夫斯基的面孔的显现[72]。但在陀氏那里，基督的真理要高于非基督的真理，当他宣告宁可与基督站在一起而非与真理站在一起时，他毫无诋毁基督之意。对他来说，尽管无神论和革命始终是个诱惑，但基督的面容和光亮始终更吸引他。

4.1.5 "俄罗斯的基督"

陀思妥耶夫斯基所心中的基督形象打上了明显的东正教和俄罗斯文化的印迹，他所信奉的是俄罗斯东正教的基督而不是天主教或新教的基督。作家在许多场合都声称，基督形象最为完整地保存在俄罗斯民族中，欧洲文化已经走上否弃基督的道路。非常有必要从东正教独特的基督论传统出发来审视陀思妥耶夫斯基的基督信仰和对基督形象的再造。

在基督教的三大形态中，正教最看重内在的神秘体验，缺少严密的形式规范和严谨的逻辑思辨。这种精神类型的"礼仪学和肖像学特征远远超过

69　〔俄〕陀思妥耶夫斯基：《群魔》（上）（全集·第11卷），冯昭玛译，第317页。

70　〔俄〕陀思妥耶夫斯基：《群魔》（上）（全集·第11卷），冯昭玛译，第313页。

71　〔美〕汉娜·阿伦特，《论革命》，陈周旺译，南京：译林出版社，2011年，第33页。

72　Maria Bloshteyn, *The Making of a Counter-Culture Icon: Henry Miller's Dostoevsky*, Toronto: University of Toronto Press, 2007, p.132-135.

推理、概念和理论的色彩……教义的严格必要性从未和礼仪、言谈及生活分离过。"[73]修士西奥多·布列哈夫（1829-1871）甚至认为基督背负着偏爱逻各斯的哲学家们的罪债。由此不难理解俄罗斯的基督圣像何以强烈地吸引圣像画家的表现愿望，何以在民间备受欢迎。较为直观的基督圣像比深邃的神学思考更为有力地扎根于俄罗斯的大地上，也让俄罗斯人更容易"触摸基督的衣襟"。在与基督的亲密合一关系中，俄罗斯人逐渐形成了一种"本质上是神秘的、'着魔般的'"[74]思维品质，这是俄罗斯基督信仰最为独特之处。

诸多俄罗斯神学思想家都相信存在独特的"俄罗斯的基督"。叶夫多基莫夫指出了俄罗斯的基督常与苦难者同行的特征，认为涅斯捷罗夫的名画《基督与神圣俄罗斯》和索尔仁尼琴的一些观念鲜明地表现了这一点。C.布尔加科夫则强调基督与受苦者在一起的柔和、谦卑："进入东正教民族心灵和最能抓住这个心灵的，不是被钉死的基督形象，而是温和的谦恭的基督形象，他是上帝的羔羊，担承了世界的罪孽，是自己成为一个降临世界的温顺的人，为世上所有人服务。"[75]而在《卡拉马佐夫兄弟》中，伊万几乎是下意识地描写了基督悄无声息地重临时治病救人、安慰困苦之人的场景，其与受苦受难者同在时的柔和与谦卑同自以为代表着权威和正义的大法官的咄咄逼人之势形成了强烈的对比。基督对民间疾苦体恤到极端，以至于出现了勃洛克和叶赛宁诗歌中加入革命者阵营并领导革命的基督形象。

与之相应，在俄罗斯的基督学中，虚己论占有更重要的位置[76]。《腓力比书》2章5-11节是各种虚己论学说的依据："你们当以耶稣基督的心为心。他本有神的形像，不以自己与神等同为强夺的，反倒虚己，取了奴仆的形像，成为人的样式……"索洛维约夫和陀思妥耶夫斯基都将基督面临的诱惑理解为"放弃虚己和用神性力量来解决人类生存全部问题"[77]的诱惑。马克辛·塔

---

73 〔俄〕叶夫多基莫夫：《俄罗斯思想中的基督》，杨德友译，上海：学林出版社，1999年，第29页。

74 〔俄〕叶夫多基莫夫：《俄罗斯思想中的基督》，杨德友译，上海：学林出版社，1999年，第31页。

75 〔俄〕谢·布尔加科夫：《东正教——教会学说概要》，徐凤林译，北京：商务印书馆，2001年，188页。

76 新教神学中对虚己论阐释较多的有路德、托马斯乌斯、卡尔·巴特和莫尔特曼等人。

77 〔俄〕叶夫多基莫夫：《俄罗斯思想中的基督》，杨德友译，上海：学林出版社，

列耶夫（1866-1934）也如索洛维约夫那样坚持双重的虚己论：在道成肉身的过程中，基督放弃了神性和全能而与人同体，委身于完全的人性中；在被钉十字架的过程中，基督的人性为了上帝的荣耀和计划而完全放弃自身。在双重的虚己中，基督在自身中完成了人与上帝的和解，人在对基督的瞻望中可以经历内在的合一。弗·洛斯基揭示出基督在虚己中对人的爱和对人之自由回应的渴望："通过他已见证到的、对人类自由的无限尊重，他向人只显露出奴仆所具有的哀伤、兄弟般的面容和在十字架上哀伤的、兄弟般的身体；他以此唤醒了人作为对爱的回应的信仰：只有信仰的眼睛才能见出奴仆形象下面的上帝的形象。"[78]从这样一个宗教神学传统来看，《宗教大法官》中沉默的耶稣基督形象的塑造，作家对基督自由之爱的宣示，都具有强烈的基督虚己论因素。

在基督神人二性关系的问题上，俄罗斯神学家更为强调公元451年卡尔西顿公会议（Chalcedon）上达成的保持平衡性与同一性的基督论教义。这次会议所达成的古典的基督论强调说，基督具有完整和完全的神性与人性，在神性上与圣父同质，在人性上从童贞女玛利亚所生；二性"不会混乱、不会改变、不能分开、不能离散；这二性……联合为一位格与一质……"[79]叶夫多基莫夫甚至认为，现代神学都要以此作为试金石来评判自己是否在基督二性论上保持了平衡。在对西方基督教世界表示"赞成还是反对"时，俄罗斯神学家和思想家也坚持了这一标准。索洛维约夫就曾指出，罗马天主教和路德新教只是部分地表明了基督的真理，前者的问题是将基督信仰交托给外在的权威力量维系，造成基督的神性对人性的压制；后者又将基督信仰完全交在个体性的主体手中，造成基督人性对神性的背离和反抗。因此，在基督信仰中必须保持基督神性与人性的平衡，在二者的圆满中统一起来。陀思妥耶夫斯基甚至认为是罗马天主教为了维护神性的权威而拿起凯撒的剑导致了无神论的产生。在《白痴》中，作家借梅什金公爵之口指出，"罗马天主教甚至比无神论本身还要坏……无神论只宣传虚无，而天主教走得更远：

1999 年，第 105 页。

78 〔俄〕弗·洛斯基：《东正教神学导论》，杨德友译，石家庄：河北教育出版社，2004 年，第 83 页。

79 Gerald Bray, Creed, Councils & Christ, Leicester, U. K and Downers Grove, III:Intervarsity Press,1984, p.162.转引自〔美〕奥尔森：《基督教神学思想史》，吴瑞诚等译，北京：北京大学出版社，2003 年，第 242 页。

它宣传被歪曲了的、遭到它毁谤和侮辱的基督，宣传相反的基督！……它宣传的是敌基督……无神论是从他们那里，从罗马天主教本身产生的。"[80]对新教，陀思妥耶夫斯基同样提出了许多批评。如果说陀思妥耶夫斯基的这些看法未免极端的话，那么他对于施特劳斯和勒南的耶稣形象的质疑则要中肯得多。

　　施特劳斯的两卷本著作《耶稣传》初版于1835-1836年。他详细考察了福音书中耶稣的出身和所受的教育、耶稣和施洗约翰的关系、耶稣宗教意识的来源等内容，勾画出了耶稣生平的历史轮廓。而对于福音书所记载的耶稣的神迹尤其是复活事件，施特劳斯明确表示"拒绝承认耶稣复活是一个神异的客观事件"[81]，只是将它视为门徒和教会持续不断的精神想象和回忆的结果；这实质上是一种从心理学层面去除神迹的神秘因素的做法。对此，陀思妥耶夫斯基在《作家日记》中提及施特劳斯时说他事实上"恼恨基督并将终生的目标确立为嘲笑基督教和向它吐口水"，并用嘲讽的笔调指出，如果允许人们像施特劳斯那样破坏旧社会重建新社会的话，完全的混乱就会临到我们头上。[82]勒南的《耶稣的一生》初版于1863年，作者声称他所遵循的一个重要写作原则就是要"以普遍经验的名义把神迹从历史中驱逐出去"，并将"活生生的有机体之概念"[83]作为叙事的总指针，因之呈现出的是一个有血有肉、崇高伟大的英雄般的耶稣形象。陀思妥耶夫斯基几乎在此书刚出版就立即找来阅读，后来又多次提到作者和该书。1873年1月1日版的《作家日记》刊登了作家名为《老一代人》的回忆别林斯基等人的文章。他将别林斯基和勒南进行了对比："别林斯基不像勒南，他那勇往直前的旺盛热情，即使在不可逾越的障碍面前也没有像勒南那样，而后者在自己那部没有任何信仰的《耶稣的一生》中声称，基督终归是人类美的理想，是不可企及的典范，即使到未来也不可能重新出现。"[84]在《群魔》的创作材料中，作家认为勒南对基督

80　〔俄〕陀思妥耶夫斯基：《白痴》（下）（全集·第10卷），张捷、郭奇格译，第734-735页。

81　〔德〕大卫·弗里德里希·施特劳斯：《耶稣传》（第一卷），吴永泉译，北京：商务印书馆，2010年，第402页。

82　Steven, Cassedy, *Dostoevsky's Religion*, Stanford: Stanford University Press, 2005.p.37-38.

83　〔法〕欧内斯特·勒南：《耶稣的一生》，梁工译，北京：商务印书馆，1999年，第39页。

84　〔俄〕陀思妥耶夫斯基：《作家日记》（上）（全集·第19卷），张羽译，第12页。

的理解说明，"成为文明人，即欧洲人之后"，人们不能再"无条件地相信上帝之子的基督的神灵"。[85]陀思妥耶夫斯基对施特劳斯的批评和对勒南无信仰的判定，无疑与他对基督神人二性之平衡的坚持有关。

最后，从整个俄罗斯文学的发展来看，在耶稣形象的历史长廊中，陀氏笔下的基督形象及背后的基督观念既有一定的独特性，又是文学传统的延续。在俄罗斯文学传统中，对耶稣基督形象的摹写、重塑和再造一直是一个非常突出的现象。从屠格涅夫的《耶稣》一诗中完全属人的基督形象到托尔斯泰《复活》中作为"解放者"的基督形象、从勃洛克长诗《十二个》中"头戴白色玫瑰花环"的革命者耶稣基督到《大师与玛格丽特》中面对彼拉多的审讯表现出人性之"怯懦"的约书亚，再到《断头台》中与彼拉多总督滔滔雄辩的阿夫季和《第一次基督的第二次降临》中新基督彼得的形象，这长长的再造的耶稣形象画廊值得我们深入地思考和研究，贯穿其中的基督复活和重临的主题亦不能忽视。而陀思妥耶夫斯基笔下的基督面容尤其是《宗教大法官》中沉默的耶稣形象，既不同于诸多对福音书中的耶稣进行"虚拟变形"的类耶稣形象，也不同于 20 世纪诸多现代耶稣小说对耶稣形象的颠覆性改写，而是在基督重临这一主题和场景中展开，既保持了福音书蓝本中基督形象的底色，又与其原型有所疏离，从而实现了历史与当下的自然融合，成为后世重塑耶稣形象的范型。陀氏对耶稣基督的理解和对其面容的刻画已汇入再造耶稣形象的潮流，也已成为后世作家重新创造同一形象和处理相关主题的思想资源。

4.2 回返"根基"

陀思妥耶夫斯基的基督救赎理想深深地扎根于视俄罗斯人民为根基的认识。他的根基论思想的主要观点是：俄罗斯人民的精神和土壤是俄罗斯民族的根基；俄罗斯人民具有和解和包容一切的力量；知识界应该在东正教基础上与人民结合，回返根基，只有扎根于人民，其生活和思想才不会悬空。陀思妥耶夫斯基的东正教信仰与其根基论或者说对俄罗斯人民的信仰是双面同体的，他所谓的救赎之道在于俄罗斯民众的东正教而非官方的、体制性的教会。诚如米尔斯基所言，陀氏的信仰中包含着带有神秘性的民粹主义色彩：

85　〔俄〕陀思妥耶夫斯基：《作家日记》（上）（全集・第 19 卷），张羽译，第 337 页。

陀思妥耶夫斯基的"政治哲学可定义为民主斯拉夫主义（democratic Slavophilism; демократическое славянофильство）或神秘民粹主义（mystical populism; мистическое народничество）……其主要观点为：俄国知识社会的救赎之路只能是重建与民众的联系，接受民众的宗教理想，亦即接受东正教……他的宗教为东正教，因为，此即俄国民众之宗教，俄国民众的使命，即借助基督教信仰的重新确立来拯救世界。对于他而言，基督教与其说是纯洁和救赎的宗教，莫如说是仁爱和同情的宗教。"[86]米尔斯基进一步提醒说，切记不能将陀思妥耶夫斯基的基督教等同于"真正的基督教"，基督教对他来说"并非最终解决方案"，要充分注意到陀思妥耶夫斯基的东正教信仰同时也是对俄罗斯民众的信仰。笔者无意进一步阐发米尔斯基"点到为止"的观点，而是集中精力来阐释陀思妥耶夫斯基回返根基的主张。

4.2.1 俄罗斯人民作为"根基"

陀思妥耶夫斯基的根基论思想主要形成于苦役和流放期间，作家撰写的长文《〈时代〉杂志 1861 年度征订启事》是其"纲领和宣言"[87]。他在文中明确提出，俄罗斯民族有其伟大的根基，即人民的精神和土壤："我们终于确信，我们也是个独立的民族，有极大的独特性，我们的任务是为自己建立新形式，它应是我们自己的，取自我们的根基，取自人民的精神和人民的土壤。"[88]作家认为，俄罗斯人民的各个阶层从来不像西方那样相互敌对和争斗，而是表现出更多的综合，包含着更多和解的因素："俄罗斯思想可能成为欧洲一些民族勇敢地加以发展的那些思想的综合，很可能那些思想中的敌对因素会在俄国人民中得到和解与进一步发展。"[89]"你们（至少是你们中所有的子爵）到今天还确信，俄国只有两个阶层：贵族与农奴。今后你们很长时间还不会相信，我们早已形成了中间的土壤，在这个土壤上，一切都融为一个整体，协调一致的整体。所有阶层都和平地、和谐地、兄弟般地融合在一起……我们这里即使有不和谐，那也是表面的、暂时的、偶然的，不难消除，在我们

---

86 〔俄〕德·斯·米尔斯基：《俄国文学史》（上卷），刘文飞译，北京：人民文学出版社，2013 年，第 366-367 页。

87 〔俄〕陀思妥耶夫斯基：《书信集》（下）（全集·第 22 卷），郑文樾、朱逸森译，第 1275 页。

88 〔俄〕陀思妥耶夫斯基：《文论》（上）（全集·第 17 卷），白春仁译，第 53-54 页。

89 〔俄〕陀思妥耶夫斯基：《文论》（上）（全集·第 17 卷），白春仁译，第 54 页。

的根基里并无基础。我们很清楚这一点。这样一种秩序，在古代就已奠基，它是大自然本身赋予俄国精神的，赋予人民理想的……俄国的精神是超越阶层间敌意与利益的……我们的新罗斯明白了：只有一块水泥，一块纽带，一个根基，所有的东西都在上面汇集并和谐相处，这是一种精神上的普遍和解，它的基础靠教育……"[90]陀思妥耶夫斯基指出，俄罗斯人民之所以能成为根基，还因为他们世世代代经受了无数的苦难，在苦难中走近和理解了基督，保持着对圣徒的崇敬之心，因而具有超出知识分子、不为其所理解的"教养"。

这一思想当时得到了阿·亚·格利戈里耶夫、尼·斯特拉霍夫等人的拥护和支持，在《作家日记》中有更为充分的表述，在作家后期的"五大思想小说"中有更多表现。

陀思妥耶夫斯基认为，俄罗斯知识阶层已经脱离根基而且产生了严重的后果，现在需要重新认识何为根基并主动回返根基，整个过程是艰难、长久的。在《时代》杂志1862年的征订启事中，他说道："我们在摒弃过去生活中无益而有害的东西之后，竟飘飘腾空，几乎脱离了我们的根基。而失去了这个根基就不会生长出任何东西，更不会有任何果实。任何果实都需要自己的土壤，自己的气候，自己的养分。脚底没有坚实的根基，要前进是不可能的，还会倒退或是从云端栽下。"[91]在1873年12月10日的《公民报》上，作家发表了名为《一篇当代的谎言》的文章，追述自己如何从一个老"涅恰耶夫分子"回返到"根基"的"信念蜕变的历史"。这是一个渐进的、漫长的过程："我（我说的还是自己一个人），可能是其中最容易回归到人民这个根基、最容易认识俄罗斯的心灵并认可人民精神的一个人……如果像我这样的人都是经过了那么艰难的过程才终于认识到……那么别的人，与人民的隔阂更深，从父亲、祖父那里世世代代承袭了这种隔阂的人们又该怎么办呢？"[92]他认为，并不是流放的年代和苦难改变了他，而是"同人民的直接接触"、"在共同的不幸中同人民的亲密结合"改变了他的观点、信念和心灵，是这种结合使他逐渐形成同人民毫无区别、"甚至把自己看作属于人民的最底层

90　〔俄〕陀思妥耶夫斯基：《文论》（上）（全集·第17卷），白春仁译，第74-75页。

91　〔俄〕陀思妥耶夫斯基：《文论》（上）（全集·第17卷），白春仁译，第373页。

92　〔俄〕陀思妥耶夫斯基：《作家日记》（上）（全集·第19卷），张羽译，第166-167页。

的人"的观念。

然而，陀思妥耶夫斯基的这些观念屡屡遭到误解，甚至被认为是有意美化现实，是作家思想保守反动的体现。梅列日科夫斯基就曾经以为临终演讲中陀思妥耶夫斯基对农民的赞美同拉斯科尔尼科夫对人民的态度是矛盾的。这明显是一个误解。拉斯科尔尼科夫确实曾经脱离了人民这一根基，他"对人民的倨傲和蔑视是真的"，然而他也抛弃了超人理论，最终走向民间，重返根基，悔罪而开始成为新人。这并不与陀思妥耶夫斯基的"临终讲演"中对农民的赞美矛盾。而且，陀思妥耶夫斯基对"农民式基督教"的理解来自他"死屋"时期和少年时代与底层百姓（包括农民）接触的真实体验而非凭空编造。从陀思妥耶夫斯基留下的人民形象也可看到以下说法的错谬："为了从根本上稳住俄罗斯精神传统的脚跟，陀思妥耶夫斯基不得不回到传统的正教；鉴于现代西方的精神已经不可能承认神权政治，于是，陀思妥耶夫斯基便编造出一种农民式（等于俄罗斯式）的温顺基督教传统，然后把它说成真正的启蒙精神。"[93]对陀思妥耶夫斯基的根基论还有另外一种误读，即认为"陀思妥耶夫斯基把'高踞人民之上'说成'知识界最重要和最病态的现象'，要知识阶层改邪归正，回到人民中间，无异于号召他们当农民领袖。"[94]其实，自40年代起，俄罗斯发生的一系列事件[95]说明，知识人脱离人民这一根基是历史的真实境况，而陀氏号召他们回到民间去，并不是如民粹派那样去完成自认为的启蒙使命，也不是要发动所谓的革命或号召农民起义，而是寄希望于知识人离弃使人冰冷和僵化的思辨理性，回归大地，重归自然的宗教情感，重建丰沛整一的生活。梅列日科夫斯基歪曲了陀氏的民族情感，从中只看到了陀思妥耶夫斯基明确加以反对的"全民暴动"。

---

93 刘小枫：《圣灵降临的叙事》，北京：三联书店，2003年，第156页。

94 刘小枫：《圣灵降临的叙事》，北京：三联书店，2003年，第158页。

95 譬如，陀思妥耶夫斯基在1878年写给莫斯科大学生的一封信中提到1876年12月6日的"喀山事件"，人民对这一事件中参加示威游行的大学生在教堂里抽烟闹事极为不满。〔见陀思妥耶夫斯基：《书信集》（下）（全集·第22卷），郑文樾、朱逸森译，第1076页。〕别尔嘉耶夫在《俄罗斯思想的宗教阐释》一书中提到，彼特拉舍夫斯基按傅里叶方式以自己的名义建立了法郎吉（法郎吉是傅里叶理想中的未来社会基层组织），但农民却焚烧了这个法郎吉；同样，70年代农民不欢迎那些到民间去忘我地为他们服务的社会主义知识分子（见该书第27页）。

4.2.2 陀氏小说中人民的画像

陀思妥耶夫斯基指出，俄罗斯大地和人民是知识分子成长的土壤；理解和接受人民是极为重要、紧迫的事情。在《作家日记》1876 年 2 月号上，作家写道："关于人民和对人民的看法以及对人民的理解这个问题现在是我们最重要的问题，是与我们的整个未来生死攸关的头等重要问题，可以说，这也是我们现在最实际的问题。"[96]尽管这段文字出现时距作家去世仅有五年，但人民的问题在作家一生的思想探索中都据有重要位置。虽然不同阶段作家对人民的看法不尽相同，但总的来说，他从人民那里看到了综合性、整体性和包容性，他强调的是人民身上所显示的救赎力量，描绘的是其坚忍、宽容、纯朴和充满怜悯之心的画像。

在作家笔下，俄罗斯人民之所以具有救赎力量、能够成为民族的根基，是因为他们葆有淳朴的民风，葆有虔诚纯正的信仰传统，与土地和自然保持着紧密的联系。作家常常简笔勾勒出普通人在日常生活和行动中表现出的美好心灵。譬如，《白痴》对一位年轻母亲亲吻孩子的描写就非常感人。作品写道，梅什金遇见一位乡下女人，她在看到宝宝朝她微笑时"十分虔诚地画了个十字"，并告诉他这种喜悦可以和"上帝从天上每次看到罪人在他面前真心诚意地跪下来祷告"[97]时的欢喜相当。这让梅什金大为感慨："她把宗教的真谛讲得那么深刻，那么透彻，一下子就表达出了基督教的全部精髓，也就是要把上帝看作我们的亲生父亲，把上帝对人的欢喜看做父亲对亲生儿女的欢喜，——这是基督最主要的思想！一个普普通通的乡下女人！"[98]在这位普通母亲的身上，梅什金看到了俄罗斯人宗教情感的自然流露，感受到俄罗斯人民对基督信仰的领悟能力。

陀思妥耶夫斯基也经常在小说中赋予一些女性形象以救赎的使命。她们或者备受凌辱，或者出身低贱、无知无识，但都具有极强的自我牺牲精神，引导着男性主人公走向救赎。《罪与罚》和《群魔》中都出现了"思想者"倾听女性信徒读福音书、感受基督训诲的情节。在《罪与罚》中是拉斯科尔尼

96　〔俄〕陀思妥耶夫斯基：《作家日记》（上）（全集·第 19 卷），张羽译，第 210页。

97　〔俄〕陀思妥耶夫斯基：《白痴》（上）（全集·第 9 卷），张捷、郭奇格译，第 302页。

98　〔俄〕陀思妥耶夫斯基：《白痴》（上）（全集·第 9 卷），张捷、郭奇格译，第 302-303 页。

科夫和索尼娅一起读拉撒路复活的故事："一个杀人犯和一个卖淫女，他们奇怪地凑在一起读这本永远的书。"[99]这是陀思妥耶夫斯基最具独创性也最为震撼人心的场景之一。与此相似，《群魔》中的斯捷潘"离家出走"后，遇到了福音书推销人索菲娅·马特维耶芙娜，两人同行到斯帕索夫去；路上和客店里，斯捷潘多次让索菲娅给他读圣经，他还向她讲述人生经历并承认自己的罪过。在《卡拉马佐夫兄弟》中，格鲁申卡也如《罪与罚》中的索尼娅那样心甘情愿地陪着心爱的、不幸的男人一起去流放地，同她一样也是罪人在信仰复活和走向新生过程中的帮助者和救赎者。对于她们身上这种牺牲式的爱，后文还将详述。

作家 70 年代在《作家日记》中发表的一些政论文和小品文为理解小说中刻画的人民形象提供了参照。《作家日记》最初以专栏形式在《公民报》上刊发（自 1873 年 1 月 1 日第 1 期到当年 12 月 10 日第 50 期），后作为独立刊物自 1876 年 1 月公开发行，断断续续持续到 1881 年 1 月。其内容除了《温顺的女人》和《一个荒唐人的梦》等几部中短篇小说外，基本以政论和杂文为主，论及民众教育、虐待女性、街头少年等诸多问题，从中可以看到作家对人民的基本看法。专门研究陀思妥耶斯基作品中人民问题的琳达·伊万尼茨（Linda Ivanits）也指出，"《作家日记》……包含了关于人民的难忘的画像，成为作家在 70 年代如何理解这一问题的最为重要的原始材料。"[100]其中最为典型的是作家发表在 1873 年 1 月 1 期《作家日记》中的言论。他把十二月党人的妻子们作为俄罗斯人民的道德典范："她们抛弃了一切：贵族身份、财富和亲友，为了高尚的道德义务，所有义务中最没有任何约束的义务，她们牺牲了一切。在漫长的二十五年里，她们被判刑的丈夫所经受的一切，她们也全都承受了，虽然她们没有任何罪过。"[101]这些女性对于苦难的坚忍与牺牲精神，对于罪犯们的怜悯和深爱，触发作家重新思考人民的品性。作为罪犯的陀思妥耶夫斯基感受最深的就是"人民的判决"——"全体俄罗斯人民也把我们称为'不幸的人'"[102]，在他眼里，这一称呼暗含着俄罗斯人民对

99 〔俄〕陀思妥耶夫斯基：《罪与罚》（下）（全集·第 8 卷），袁亚楠译，第 416 页。

100 Linda Ivanits, *Dostoevsky and the Russian People*, New York: Cambridge University Press, 2008.p.134.

101 〔俄〕陀思妥耶夫斯基：《作家日记》（上）（全集·第 19 卷），张羽译，第 16-17 页。

102 〔俄〕陀思妥耶夫斯基：《作家日记》（上）（全集·第 19 卷），张羽译，第 17 页。

罪犯的同情与宽容，而且这种同情是把自己也视为罪人的基础上自然而然地生发的。在小品文《农夫马列伊》[103]中，作家追述了他九岁时与农夫马列伊的邂逅，描绘了一个温良、纯朴的农民形象。当时他以为"狼来了"，胆战心惊地跑到正在耕地的马列伊面前。马列伊停下活儿，微笑着安慰受惊的孩子，然后在他身上画了个十字，目送他回家："在我走着的时候，马列伊一直牵着马站在那里……最后向马列伊回过头去看了一眼，他的面孔我已经分辨不清楚，但是我能感觉到，他仍然在那样和蔼地向我微笑，朝我点头。"[104]正是从这位普通的农夫身上，作家看到了俄罗斯人民的美好品性。

从这些人民的画像可以看到陀思妥耶夫斯基对所有俄罗斯人乃至于全人类的信心。他一贯激烈地批评以知识精英自居而远离甚至鄙视俄罗斯人民的西欧派。他说："我永远不能理解这样一种思想，即只有十分之一的人应该获得很高的文化程度，而其余的十分之九的人则只能做前者的材料和手段，永远停留在愚昧之中。我相信，我们的全部九千万俄罗斯人（或者说，到那个时候的总人数），总会有那么一天，都将会是有教养的、有人性的和幸福的人，离开这个信念，我无法思考，也无法生活。"[105]作家把视多数普通人为少数精英人物材料和工具的思想赋予拉斯科尔尼科夫、希加廖夫和宗教大法官等人，终生同这种"欧洲的思想"进行抗争。他所采用的最直接的方式，就是将普通人的生活、性格和观念表达出来。在小说中，俄罗斯人民的形象常常是作为背景存在，然而正是他们与自视甚高的堪称"思想者"的拉斯科尔尼科夫等知识人形成了鲜明的对比，显示出人的精神出路和俄罗斯的发展道路。

虽然作品也涉及俄罗斯人民的原始、野蛮、狡诈、罪恶和一些恶习，但作家认为不能轻易去论断他们的行为。比如，梅什金公爵曾遭遇这样的事情：一位士兵把锡做的十字架冒充银制十字架卖给了他，而且转眼就会把卖来的钱拿去换酒喝。梅什金明知受了蒙骗，但他觉得"不要急于责备这个出卖基督的人。只有上帝知道，在这些醉醺醺的和软弱的人心里在想什

---

103 刊于《作家日记》1876 年 2 月号，中文译者张羽在题解中称之为"包含有两个情节的短篇小说"（见《全集·第 20 卷》，第 1170 页）。
104 〔俄〕陀思妥耶夫斯基：《作家日记》（上）（全集·第 19 卷），张羽译，第 218页。
105 〔俄〕陀思妥耶夫斯基：《作家日记》（上）（全集·第 19 卷），张羽译，第 205页。

么。"[106]这表达的正是作家一贯的立场。在 1876 年 2 月号的《作家日记》中，作家表达了相似的看法："对普通的俄罗斯老百姓，要善于把他们的美从他们偶然沾染的野蛮性中区分开来。"[107]他欣赏的是俄罗斯人民对罪恶现实的态度尤其是他们的理想："他的理想是强有力的和神圣的，正是这种理想在受苦受难的时代拯救了他；理想自古以来就深入了他的心灵，把纯洁、正直、真挚和豁达开朗的智慧永远赋予了他的心灵，所有这一切都极其美妙地、和谐地结合在一起。"[108]对此，索洛维约夫评论说："陀思妥耶夫斯基坚称，俄国人尽管一副野兽形象，但他内心却保存着另一个形象——基督形象，总有一天，他会向所有民族亮出这一形象，吸引他们走向基督，并和他们一起完成人类团结的使命。"[109]陀氏肯定的是俄罗斯人民身上的负罪意识以及他们对"更好的生活"、更美好生命的期待。

4.2.3 俄罗斯知识分子与人民

1847 年，二十六岁的陀思妥耶夫斯基写下了这样的文字："生活整个是一种艺术，生活意味着把自己变成一部艺术品；必须有共同的兴趣，必须同情社会大众，同情大众的直接要求，人的财富、资本和善心才可能磨练成真正光芒四射的珍贵宝石；在昏睡中，在冷漠中（在冷漠中大众就会解体），在离群索居时是做不到这一点的！"[110]此时，在陀思妥耶夫斯基对生活之为艺术的理解中，"同情"是一个关键词：人民是同情的对象，要满腔热情地去满足人民最直接的要求，财富和人的善心对于人民具有宝贵的价值。

1861 年，作家在一篇评论文章中写道："您不由地惊讶地想到人民的道德有其内在的正确性，想到人民的心灵的深邃，他们的人道观点的天生的开阔性。"[111]与上段话相比，陀思妥耶夫斯基的观念有了跳跃式发展：人民不再是被同情的对象，而是道德的化身；不再是被满足的群体而是以其心灵的

---

106 〔俄〕陀思妥耶夫斯基：《白痴》（上）（全集·第 9 卷），张捷、郭奇格译，第 302 页。

107 〔俄〕陀思妥耶夫斯基：《作家日记》（上）（全集·第 19 卷），张羽译，第 207 页。

108 〔俄〕陀思妥耶夫斯基：《作家日记》（上）（全集·第 19 卷），张羽译，第 207-208 页。

109 〔俄〕索洛维约夫等著：《精神领袖》，徐振亚等译，上海：上海译文出版社，2009 年，第 20 页。

110 〔俄〕陀思妥耶夫斯基：《文论》（上）（全集·第 17 卷），白春仁译，第 17 页。

111 〔俄〕陀思妥耶夫斯基：《文论》（上）（全集·第 17 卷），白春仁译，第 428 页。

深邃在给予启示；不再是作为知识人居高临下去反观自身财富与善心的镜像而存在，而是从"开阔"的天性赐给"人道观点"的活的泉源。

仅仅十余年时间，陀思妥耶夫斯基关于人民的道德、天性和本质的看法缘何会有如此巨大的翻转？显然，这是由于"死屋"和流放时期作家同人民建立起了血肉相连的情感联系，作家经历了从脱离人民到返回根基的精神蜕变。正是从自身的蜕变过程中，作家了悟了一代知识人的共同命运，精准地把握了时代的脉搏并试图给出药方。同样是在1861年，作家指出知识分子脱离根基是一种普遍现象："我们十分确信，就连我们最好的人民生活'通'，也没有充分理解我们同人民之间的鸿沟是多么宽而又深。原因十分简单：他们从没有同人民生活在一起，他们过的是另一种独特的生活。"[112]这标志着作家的转折，此后，整个六、七十年代，作家一直在关注俄罗斯知识分子丧失根基的原因、表现、影响以及如何回返根基等重要问题。

陀思妥耶夫斯基既从历史那里寻找根源，又透过当下纷繁芜杂的社会现实分析造成俄罗斯知识分子脱离人民这一现象的内在因素。陀思妥耶夫斯基认为，彼得大帝这个"虚无主义者""拔除"了俄罗斯的文化根基，[113]使得俄罗斯的教会陷于"瘫痪状态"，俄罗斯步入了"可怕的时代"[114]，也使得俄罗斯知识分子失去了精神上的依托，极易接受种种来自西欧的理论和学说并将它们"改头换面"成"四不像"的东西。这成为知识分子脱离人民的历史背景。

在陀思妥耶夫斯基看来，俄罗斯知识分子自身的理想性、狂热性、极端性又加深了其无根基性。他们大多接受西方式现代教育，同传统文化的自然联系发生了断裂。对于从西方舶来的各种哲学学说、思想甚至是一些假说，他们都倾向于宗教启示般地接受，不加怀疑和批判，视之为普遍和绝对。这样，他们树立起了无以数计的精神偶像，臣服在这些偶像面前，毫无保留地祭献上个人的生命，就如同别尔嘉耶夫所说的那样，"永远为某种思想、多半是社会性的思想所吸引，并无条件地奉献给它。"[115]于是，在政治活动不

---

112 〔俄〕陀思妥耶夫斯基：《文论》（上）（全集·第17卷），白春仁译，第162页。

113 〔俄〕陀思妥耶夫斯基：《书信集》（下）（全集·第22卷），郑文樾、朱逸森译，第1101页。

114 参考〔俄〕梅列日科夫斯基：《托尔斯泰与陀思妥耶夫斯基》（卷二），杨德友译，北京：华夏出版社，2009年，第15页。

115 〔俄〕别尔嘉耶夫：《俄罗斯思想的宗教阐释》，邱运华、吴学金译，北京：东方

可能时，他们就隐身在思想和文学领域；而在另外一些时候，革命就成为他们"唯一的专长"[116]。结果是，他们要么在非同寻常的孤寂中形成发达的"社会空想意识"，只能从"远"处而非"近"处去爱人民（如彼特拉舍夫斯基、格拉诺夫斯基）；要么狂热地献身于社会理想，以高高在上的革命领袖的姿态统领人民（如涅恰耶夫、70 年代的革命民粹派）。陀思妥耶夫斯基对这两种倾向都有表现。

陀思妥耶夫斯基认识到，俄罗斯知识分子与人民的脱离状态还与其自视为启蒙者的角色意识有关。这些以接受西方教育为荣并形成了启蒙思想立场的知识分子，将民众视为愚昧、落后和保守的群体的代名词，以高人一等的姿态来"教化"他们。C.布尔加科夫深谙知识分子这一姿态的"英雄主义"实质："我们的知识阶层认为有义务去扮演自己祖国的上帝角色。他们认为：在这个国家中，自己是上流社会和欧洲教育水准的唯一代表。对于他们来说，这个国家的一切都为黑暗所笼罩，一切都是那样野蛮、与自己格格不入。他们认为自己是这个国家的精神监护人，并且就其理解和能力去拯救这个国家。"[117]陀思妥耶夫斯基对于知识分子这种狂傲自大、鄙视民众的态度提出了严厉批评："'人民是愚蠢的，所以得教育他们！'我们先记住了这句话，如果无法以老爷的面貌出现在人民面前，那么至少要摆出智者的样子。"[118]"单单强调愚昧和成见，单单关注尽快在人民中根除愚昧和成见，依我们看来，这本身（自然只是在某种程度上）也是一种愚昧和成见"；"以掌权者的姿态去接触他们，同那些老爷们一样。"[119]知识分子带着这种"成见"、以"老爷"的姿态面对人民，必然造成脱离根基、对人民的生活的无知："我们不能够本能地、率真地又是很实际地、坚定地站到人民的土壤上，不能够设身处地，不体会他们的发展程度，不能心领神会他们的观念、爱好、习性。"[120]作家进一步指出，知识分子缺乏自知之明、因循守旧、缺乏独立思考，对民众的理解没有达到应该有的程度。这样，他们对人民的爱只能停

出版社，1998 年，第 15 页。

116 〔俄〕别尔嘉耶夫：《俄罗斯思想的宗教阐释》，邱运华、吴学金译，北京：东方出版社，1998 年，第 16 页。

117 〔俄〕基斯嘉科夫斯基等：《路标集》，彭甄等译，昆明：云南人民出版社，1999年，第 34 页。

118 〔俄〕陀思妥耶夫斯基：《文论》（上）（全集·第 17 卷），白春仁译，第 188 页。

119 〔俄〕陀思妥耶夫斯基：《文论》（上）（全集·第 17 卷），白春仁译，第 188 页。

120 〔俄〕陀思妥耶夫斯基：《文论》（上）（全集·第 17 卷），白春仁译，第 189 页。

留在口头上的、抽象的层面，"不仅不会历史地看待事物，不从根基和生活出发，而且也没有仁爱的心，他所谓的爱全是理论上的，书本上的。至于对人民必须持尊重的态度，更是谈不上了。"[121]

陀思妥耶夫斯基深刻地揭示出俄罗斯知识分子在失去传统的文化遗产及信仰的根基之后的精神处境，对其原因和影响进行了全面反思。在 1869 年 2 月 26 日致斯特拉霍夫的信中，陀思妥耶夫斯基说："难道我的离奇的《白痴》不是现实，而且还是十分平常的现实吗！正是在目前，在我们的那些脱离了土壤的社会阶层中才会有这样的性格，这些阶层在现实中正变成为离奇的阶层。"[122]陀氏这里所说的"脱离了土壤的社会阶层"主要是自由主义者和虚无主义者。作家借叶夫根尼·帕夫洛维奇表达了他对俄罗斯自由主义阶层的看法，认为他们主要来自地主阶层和神学学校学生，其本质在于攻击现存事物甚至否定俄罗斯本身，俄罗斯人民并不认可他们所做的事情。作家还通过伊丽莎白·普罗科菲耶芙娜之口来抨击"虚无主义者"，而阿格拉娅的一些行为确实带有虚无主义者的影子。

如果说《白痴》对"脱离了土壤的社会阶层"的表现刚刚展开的话，那么《群魔》则专门为此目的而创作并达到了非同一般的深度。在 1870 年 10 月 9 日给迈科夫的信中，陀思妥耶夫斯基写道："恶魔们从俄罗斯人的身上走出，进入猪群，即进到了涅恰耶夫、谢尔诺—索洛维耶维奇之流的身上。……请注意，我的朋友：谁丧失了自己的人民和人民性，谁就丧失了对祖国的信仰和上帝。如果您想要知道的话，这也就是我这部长篇小说的主题。"[123]小说中被附魔的既有父一代的斯捷潘·特罗菲莫维奇、卡尔马济诺夫，他们属于四十年代人，又有子一代的彼得·斯捷潘诺维奇、斯塔夫罗金、基里洛夫等六十年代的虚无主义者的化身，而斯捷潘是"第一个"、"带头的"。

斯捷潘·特罗菲莫维奇宣称他把整个一生都献给了俄国人民，但他只是诗意地、幻想地、自足地去爱人民，在骨子里却是远离和鄙视民众。他不理解也不能接受女佣纳斯塔西娅的信仰方式，承认"上帝只存在于我的内

121 〔俄〕陀思妥耶夫斯基：《文论》（上）（全集·第 17 卷），白春仁译，第 194 页。

122 〔俄〕陀思妥耶夫斯基：《书信集》（下）（全集·第 22 卷），郑文樾、朱逸森译，第 624 页。

123 〔俄〕陀思妥耶夫斯基：《书信集》（下）（全集·第 22 卷），郑文樾、朱逸森译，第 765-766 页。

心"。这是"对黑格尔《哲学全书》中所谓的'上帝之为上帝,仅在于他意识到自我;上帝的自我意识,进一步来说,是上帝对人的意识和人对上帝的意识,导向了在上帝中人的自我意识'观念的'变形'",其中缺乏对上帝之先在的明晰表示[124]。他也承认自己"并不是基督教徒",他与东正教的顶礼膜拜、斋戒等宗教仪式毫不相干,他已近三十年没有读过福音书,只是大约七年前读了勒南的《耶稣的一生》[125]。他崇拜的是别林斯基式的对人民的爱:"他们能爱自己的人民,能为人民而忍受苦难,能为人民而牺牲一切。"[126]但却又嘲笑俄罗斯人民"在素油或者胡萝卜加豌豆当中去寻找救世的方法"。长期居留法国且鄙薄人民信仰形式的斯捷潘·特罗菲莫维奇是不可能真正理解俄罗斯人民的宗教信仰的内核并在此基础上去爱人民的。沙托夫一针见血地指出了他既不爱俄国、也不爱人民的思想实质。

与斯捷潘·特罗菲莫维奇等"自由派"父辈们血肉相连的彼得·斯捷潘诺维奇、斯塔夫罗金、基里洛夫等人,同样也不爱俄罗斯母亲和俄罗斯人民。他们几乎都受过西方教育或者长时间居住国外,对俄罗斯传统文化十分陌生,甚至不能熟练地使用俄语来说话或书写。基里洛夫直接声称他"完全不了解俄国人民,并且……根本没有时间研究!"[127]他把所有的时间花费在了思考全人类的问题上而不是具体的人身上,为了实现自己的"目标"甚至根本就不同"不相干"的人见面。而在彼得·斯捷潘诺维奇酝酿的重新建造"大厦"的"计划"中,人民只是工具和材料,是奴隶和畜群,是毫无头脑、极易将之玩弄于股掌之间的傻瓜。

这些脱离人民的知识分子面临着严峻的精神现实。首先是他们自身陷入生命的虚无感。斯塔夫罗金"什么都不害怕",对牺牲自己或是别人的生命都抱着"完全无所谓"的态度;基里洛夫认为所有事情包括活与不活"反正都一样",所以哪怕是对他本人的生死也是超乎寻常地漠然;沙托夫的妹妹达莎对自己嫁给谁完全听之任之。他们将自己闭锁起来,对生命本身的冷热和善恶都无动于衷,患上了冷漠病。作家借沙托夫的话对此加以谴责:

---

124 Steven Cassedy, *Dostoevsky's Religion*, Stanford: Stanford University Press, 2005, p.34-35.

125 勒南(1823-1892)的这部著作发表于 1863 年,在作家看来勒南歪曲了耶稣基督的形象,所以作家提到斯捷潘仅仅读到这一本与圣经相关的书是深有意味的。

126 〔俄〕陀思妥耶夫斯基:《群魔》(上)(全集·第 11 卷),冯昭玙译,第 47 页。

127 〔俄〕陀思妥耶夫斯基:《群魔》(上)(全集·第 11 卷),冯昭玙译,第 116 页。

"谁没有人民，谁就没有上帝！您一定要知道，凡是不再理解人民、与人民失去联系的人，立即就会相应地失去世代相传的信仰，或者成为无神论者，或者成为麻木不仁的人。……这就是为什么你们大家和我们大家现在或者是可鄙的无神论者，或者是麻木不仁、荒诞无耻的坏蛋的原因，仅此而已！"[128]其次是他们大多深处破碎家庭的环境。这种破碎不仅表现在亲情的淡薄、关系的疏远甚至敌视，而且表现在精神上的混乱无序、缺乏共同的文化根基。韦尔霍文斯基家族、韦尔西罗夫家族、卡拉马佐夫家族都是这样的"偶合家庭"。父亲的形象败坏了，不再成为责任的化身和道德楷模；儿子在爱的缺失中苟活，往往仇视父辈、家庭和人民，很难建立起对善和美的信心。

陀思妥耶夫斯基指出，要重返"根基"、重建与人民的亲密关系，恢复健康、正常的生活，就要在真诚、坦率和仁爱的前提下理解、尊重人民，向人民学习，获得他们的信任和尊敬。其前提是相信民众有其丰富的情感和极强的理解力，祛除高人一等的特权意识，不以"教育"者的身份自居："不可太过自信，以为人民能张大嘴巴乐意听我们的教育。要知道人民并非是畜群。我们相信人民自己也已想到，如果没想到则是感觉到，我们这些老爷虽做他们的老师但有些事也不懂，所以我们首先得向人民学些东西，也因此人民才的确不尊重我们的全部学问，至少是不喜欢这些学问。"[129]所以，知识分子需要做的，不是以其"学问"来"教育"人民，而是承认人民那里有己所不能及的力量，通过向人民学习来实现灵魂的更新和救赎。

4.3 遵循"诚爱"法则

在《白痴》的创作笔记中，陀思妥耶夫斯基提到这部小说包含三种爱："（1）直接的情欲的爱——罗戈任；（2）出于虚荣的爱——噶尼亚（即加尼亚，笔者注）；（3）基督之爱——公爵。"[130]前两种爱其实可以归为一类："欲爱"；第三种爱可以称为"诚爱"。这两个概念取自基督教神学思想家卡尔·巴特的《教会教义学》，现在可以拿它们来解读包括《白痴》在内的陀

128 〔俄〕陀思妥耶夫斯基：《群魔》（上）（全集·第11卷），冯昭玙译，第48页。
129 〔俄〕陀思妥耶夫斯基：《文论》（上）（全集·第17卷），白春仁译，第193页。
130 转引自赵桂莲：《漂泊的灵魂——陀思妥耶夫斯基与俄罗斯传统文化》，北京：北京大学出版社，2002年，第53页。

思妥耶夫斯基所有重要小说中的爱。

在《教会教义学》中，卡尔·巴特详细区分了两种爱的差别与对立。"诚爱"（Agape），又称为"基督教之爱"，指的是一种为了他者自身而自由地给予和倾注于他者的爱；在这种爱中，"爱着的人放弃了自己对自己的支配，正是为了将自己本身提供给他者，提供给被爱者支配"[131]；这种爱的行动与"信仰的行动"不可分割并同时完成。与之相对的是"欲爱"（Eros），一种渴求得到、征服、占有、支配和享用其他者的爱；在这种爱中，对于被"爱"的客体来说，"爱"的主体"想独自拥有它：为了维护、提高、加深、扩展、照亮、丰富他自己的生存，也许直接基于表达、证实自己本身的需要，也许更加简单：基于一种在任何动荡的情况下，都能使自己感到满足的欲求。"[132]有时，"欲爱"还会以真、善、美等纯净的面孔显现，甚至表现为"美妙无比的上帝恋情"，"但是：不论此爱以哪种形式，都将是索取性、征服性、占有性的爱，即自爱（Selhstliebe），都将以某种方式表露出它的这种自爱性质。"[133]卡尔·巴特指出，这两种爱是截然对立的，它们分别与人的天性处于正面与负面的关系之中："诚爱之爱适应人的天性，而欲爱之爱则悖逆人的天性；前者作为它的类似物（Analogon），后者作为它的悖逆物（katalogon），在前者，人做着在与它的关系中正确的事，在后者，他做着在与它的关系中不正确的事。诚爱之爱亲和人的天性，欲爱之爱则是否定它。"[134]

基督教最为特殊之处就在于坚守"诚爱之爱"。在这种爱中，人接受上帝作为生命的本源，视自己为被遴选者、被护佑者和蒙恩者，只因为"上帝是上帝"而单纯地爱他，人自由地奉献、侍奉和承担使命。诚爱者由此得以超越自己的本性："对于如此爱着的人而言，一切与另一个人的对立和中立事实上都不复存在。在诚爱者的爱中，我与你相遇；在诚爱者的爱中，坦诚地看见他人，自己同样坦诚地显现于他人之前；在诚爱者的爱中，他与他人

---

131 〔德〕卡尔·巴特：《教会教义学：精选本》，何亚将、朱雁冰译，北京：三联书店，1998 年，第 301 页。

132 〔德〕卡尔·巴特：《教会教义学：精选本》，何亚将、朱雁冰译，北京：三联书店，1998 年，第 302 页。

133 〔德〕卡尔·巴特：《教会教义学：精选本》，何亚将、朱雁冰译，北京：三联书店，1998 年，第 303 页。

134 〔德〕卡尔·巴特：《教会教义学：精选本》，何亚将、朱雁冰译，北京：三联书店，1998 年，第 315 页。

对话，自由提供帮助和自由接纳他人的帮助；在诚爱者的爱中，他对所有这一切怀有喜悦之情，所有这一切都成为事件。"[135]在"我—你"的相遇中，诚爱者因为放弃了自己拯救自己的愿望，单单凭借他回答上帝之爱的献身精神，他就能够跳出"灭亡的怪圈"，能够"自我拯救"并在上帝之爱中参与免除欲爱者那种试图走出欲求性的"向上浮游之苦"。

4.3.1 陀思妥耶夫斯基小说中的"诚爱"

陀思妥耶夫斯基的小说主要塑造了两类遵行"诚爱"法则、实现了自我救赎同时给人以救赎力量的形象："永恒女性"和"圣徒"。

1、"永恒女性"

俄罗斯文化传统中，"永恒女性"（索菲亚）崇拜源远流长，并被赋予极为丰富的内涵。在索洛维约夫、C.布尔加科夫、别尔嘉耶夫等神学思想家那里，"永恒女性"与智慧、圣爱、美和圣母等概念体系和内容相关，而在普希金、列夫·托尔斯泰、勃洛克等作家笔下以及后世俄罗斯文学中，"永恒女性"则化身为塔吉雅娜、玛丝洛娃、"美妇人"等形象，寄予着作家们对于神圣之爱和美的理想。在陀思妥耶夫斯基创造的一些女性形象身上，也带有"永恒女性"的因素。她们往往备受苦难却依然心灵纯洁，"爱多"[136]，极有智慧，是"诚爱"的化身。

最为典型的是索尼娅。她以一颗爱上帝的心来爱世上的人，不论断人，怜悯和宽恕所有人，上帝之爱经她流淌到每一个人身上。索尼娅对她继母的爱已经不是平常的亲情之爱，而是"一种深沉无比的怜悯之情"[137]。她理解继母遭遇的所有不幸，在同样的不幸中以一颗宽恕一切的心、怜悯一切的心爱她、怜惜她。在她眼中，继母只是个纯洁的孩子，遭遇了种种不幸，却依然生活在对公道的幻想中，按照公道的原则生活。她理解，继母的坏脾气和精神失常，完全是由于不堪重负的痛苦和爱好幻想的天性，以及备受摧残和侮辱但又极度自尊的性情。即便为了支撑整个家庭不得不沦为妓女，她依然

135 〔德〕卡尔·巴特：《教会教义学：精选本》，何亚将、朱雁冰译，北京：三联书店，1998年，第319页。

136 《路加福音》第7章36-50节讲一个有罪的女人得蒙耶稣赦免的故事。耶稣论到殷勤接待他的女子说："她许多的罪都赦免了，因为她的爱多。"（路7:47）学者对"爱多"的理解集中于强调性爱、爱慕基督、赎罪和博爱等意。

137 〔俄〕陀思妥耶夫斯基：《罪与罚》（下）（全集·第8卷），袁亚楠译，第402页。

因为自己没有更好地爱继母而悔悟和痛苦。论到罪孽，索尼娅意识到自己是卑贱的、有罪的。作为一个虔诚的信徒，索尼娅完全相信圣经中关于人的罪性的教导，承认自己有罪："我是个罪孽深重的、罪孽深重的女人。"[138]然而这罪的意识同时也就是对上帝的意识，是她承受尘世苦难时俯伏在上帝脚前祈求力量和更加完美的自己的意识——这只能使她更显纯洁。所以，索尼娅身上的罪完全不是堕落做妓女的具体的罪，也不是拉斯科尔尼科夫所说的毁灭自我的罪："你最大的罪孽，是白白地毁了和出卖了你自己。"[139]而是人之为人本然的罪性。且索尼娅因着对上帝的虔信和承受的苦难已赎尽了身上的罪，她的肉体上的"堕落"只"是一种象征性的给予行为，与'爱多'相关，因此，它隐含着救赎，而崇高的精神之爱反衬出她灵魂的忠贞，以此更加强了必获救赎的内涵。"[140]索尼娅相信，一切都可以借着对上帝的信仰来改变。卢仁污蔑她，差点置她于不道德的绝境，然而她并不因此论断他。当拉斯科尔尼科夫提出"让谁活在世上，是让卢仁活着胡作非为，还是让卡捷琳娜·伊凡诺夫娜去死？"[141]这样尖锐的问题时，她极为自然地答道，这事出于天意，她无权决定任何人的生死，言下之意，只有上帝知晓每个人和审断每个人。

索尼娅对拉斯科尔尼科夫的爱是纯粹的"诚爱"，上帝是她活着和爱人的力量来源。拉斯科尔尼科夫从索尼娅身上看到了人类的苦难，他为这巨大的苦难跪拜在她的面前。然而他不能理解的是，为何索尼娅能够承受如此深重的苦难却没有发疯或自杀。在他看来，索尼娅只有三条路可走："投河自尽，进疯人院，或者……或者最终堕落下去，变得头脑麻木，心肠冷酷。"[142]当意识到索尼娅可能是个"狂热的信徒"时，他最初只是觉得新奇，之后开始请她读《福音书》给他听，逼迫她"袒露和揭示自己的一切"，试图探察她心灵的秘密。在这个过程中，他感受到索尼娅身上沉静的、完全倾注于他者的"诚爱"。于是，他心中的不安得以释怀，他"选中"了这样一位虔诚的信徒来坦白他杀人的秘密。听闻拉斯科尔尼科夫犯下如此骇人的罪行，索

---

138 〔俄〕陀思妥耶夫斯基：《罪与罚》（下）（全集·第 8 卷），袁亚楠译，第 407 页。
139 〔俄〕陀思妥耶夫斯基：《罪与罚》（下）（全集·第 8 卷），袁亚楠译，第 407 页。
140 王志耕：《宗教文化语境下的陀思妥耶夫斯基诗学》，北京：北京师范大学出版社，2003 年，第 177-178 页。
141 〔俄〕陀思妥耶夫斯基：《罪与罚》（下）（全集·第 8 卷），袁亚楠译，第 514 页。
142 〔俄〕陀思妥耶夫斯基：《罪与罚》（下）（全集·第 8 卷），袁亚楠译，第 408 页。

尼娅，这位不幸的女子跪倒在他面前，拥抱着他放声大哭，同情和怜悯使她完全忘记了自己的不幸而一心去安慰他。索尼娅也知道并告诉拉斯科尔尼科夫如何才能走上救赎之道："现在就走，马上就走，去站到十字路口，先跪下吻一吻被你玷污了的大地，然后向四周整个的世界大声说：'我杀了人！'到那时上帝会再次给你生命。"[143]索尼娅洞悉大地母亲的秘密、通晓上帝之爱的秘密：大地已经被玷污，必须匍匐在它的脚下，向它屈服，向它屈服就是向上帝屈服；唯有降卑俯伏下来才能洗刷人身上的罪，才能与上帝和解并领受新生。她把自己的生命连同未来和这位不幸的杀人罪犯紧紧地联系在一起："我们要一起受苦，也就一起背十字架！"[144]这是一种超越凡俗的"诚爱"、圣爱，而爱的力量之源就在于上帝，在于对上帝的爱。

陀氏笔下其他一些"神圣女性"形象身上，比如《地下室手记》中的妓女丽莎、《白痴》中的纳斯塔西娅、《卡拉马佐夫兄弟》中的格鲁申卡等，也都具有如此纯洁和带有牺牲精神的"诚爱"。用世俗的眼光来看，她们背负着肉体堕落的罪名，但她们又都是"永恒的女性"，或多或少负有救赎的使命。丽莎仍然保持着心灵的纯洁，能够诚挚地爱人，而且有着不同凡响的智慧。面对"地下室人"那颗备受侮辱的、扭曲的心，面对他气势汹汹地倾倒在她身上的委屈、愤恨和绝望，她"能非常出色地理解本质"[145]，甚至"地下室人"也为此感到不可思议："遭到我的侮辱、被我压倒的丽莎，她的理解能力远远超出了我的想象。"[146]而且，丽莎也像索尼娅那样对不幸者充满了怜悯：她为"地下室人"的痛苦而哭泣，她的脸因此而扭曲、抽搐，她用完全的爱去拥抱和安慰他。

纳斯塔西娅是《白痴》中最为不幸的女性，作家在她身上倾注了无以复加的同情。如同陀氏留下的所有未定型的和正在形成中的性格一样，她让人捉摸不定，是爱与恨、天使与魔鬼奇特的、畸形的组合。纳斯塔西娅更接近地狱，索尼娅更接近天堂。同是遭遇不幸，前者无意间以自取其辱、自我毁弃来得到病态性的快感为满足因而也就更痛苦，后者相信上帝的救赎也就多得安慰；前者自尊、自傲到了极点，甚至到了鄙视同情和帮助的地步，后者仍满怀感激地接受他人的救助；前者拼命抗争却无济于事，后者以默默地忍

143　〔俄〕陀思妥耶夫斯基：《罪与罚》（下）（全集·第8卷），袁亚楠译，第530页。
144　〔俄〕陀思妥耶夫斯基：《罪与罚》（下）（全集·第8卷），袁亚楠译，第532页。
145　〔俄〕陀思妥耶夫斯基：《地下室手记》（全集·第6卷），刘文飞译，第290页。
146　〔俄〕陀思妥耶夫斯基：《地下室手记》（全集·第6卷），刘文飞译，第292页。

受、接纳和盼望度日。她们意味着两种不同的性格和心灵。然而，即便如此，纳斯塔西娅的身上仍显出"诚爱"和作为"永恒女性"的一些特征。譬如，她担心自己嫁给梅什金会毁了他的好名声，因此极力撮合阿格拉娅同梅什金的婚事，她对梅什金的爱没有占有和欲望的成分；在受尽托茨基的凌辱之后，她仍能保持纯洁的良心；她具有惊人的智慧，洞察身边所有人心中或善或恶的隐秘意念。陀思妥耶夫斯基甚至让作为女性的纳斯塔西娅来发出爱所有人是否可能的追问，这也正是作家长期加以思考的哲学问题。她在给情敌阿格拉娅的信中写道："我经常给自己提出这样的问题：可不可以爱所有所有的人，爱所有的他人？当然不可以，而且甚至是不正常的。在对人类的抽象的爱中，爱的几乎总只是自己。"[147]虽然意识到任何凡人都不能做到爱所有的人，不能做到爱仇敌，她还是幻想阿格拉娅能够接纳她、爱她，把阿格拉娅设想为"光明天使"："当您超越于任何委屈和任何个人的愤怒之上时，您怎么能不爱任何一个人呢？只有您一个人能无私地爱，只有您一个人能不为了自己，而为了您所爱的人去爱。"[148]在东正教文化语境中，只有基督能够像纳斯塔西娅所说的那样去爱人，所以她对阿格拉娅这个现实的、具体的人的期盼实际上暗含着对基督的渴求。她把阿格拉娅视为"女基督"，认为在她身上会有超越凡尘、单纯和不带任何偏见的爱，也希冀阿格拉娅能够宽恕她、包容她。由此才可以解释，在这封谈论感情的信中为何会提到为基督作画的事情。然而，纳斯塔西娅的愿景落空了，两人会面时出于忌妒心和骄傲而相互侮辱和仇视对方，这一事实说明，爱所有人特别是"仇敌"对于普通人来说是多么地艰难。

《卡拉马佐夫兄弟》的整体情节虽然没有完成，但完成的部分已经预示了格鲁申卡将成为德米特里救赎之路上的陪伴者和引领者。由于"在阿廖沙和格鲁申卡之间存在着一种神秘的拯救与被救的关系"[149]，经历了阿廖沙"诚爱"感召的格鲁申卡走上了精神复活的道路。两人之间的拯救与被拯救的关系又是双向的，格鲁申卡同时也是阿廖沙的拯救者。她的姓"斯韦特洛

---

147 〔俄〕陀思妥耶夫斯基：《白痴》（下）（全集·第 10 卷），张捷、郭奇格译，第 614 页。

148 〔俄〕陀思妥耶夫斯基：《白痴》（下）（全集·第 10 卷），张捷、郭奇格译，第 614 页。

149 王志耕：《宗教文化语境下的陀思妥耶夫斯基诗学》，北京：北京师范大学出版社，2003 年，第 181 页。

娃"（Svetlova）意为"光"，有极强的象征意义。莉莎·克纳普解释说，"格鲁莎迸发出来的光明是确证生命的力量，它类似于基督的神圣之光。"[150]正是这"神圣之光"照亮了阿廖沙的灵魂，使他免于堕落：当阿廖沙探望格鲁申卡时抱着自毁的态度，意欲寻找"一个卑鄙的灵魂"；但格鲁申卡听到佐西玛长老去世的噩耗后对阿廖沙表现出深深的同情，以纯洁的姐妹之爱"恢复"了阿廖沙的灵魂；感受到这"神圣之光"返回修道院后，阿廖沙产生了佐西玛长老死而复活的幻觉，重新建立了对基督信仰的信心。格鲁申卡精神复活后也变化巨大，小说如此写道："她的目光中似乎积淀着某种坚定而又豁然开悟的神态。呈现出某种精神上的转变，出现了某种坚定不渝、温和恬淡，但又是善良的、义无反顾的决心。"[151]由此以及她的一贯性格不难判断，她将"义无反顾"地跟随德米特里流放到西伯利亚承受苦难。

总之，这些"永恒女性"身上流露出的是"诚爱之爱"而非"欲爱"，她们大多如"中介新娘"[152]那样在自我救赎之后成为基督与被救赎者之间的"中介"。

2、"俄罗斯修士"

陀思妥耶夫斯基也从"俄罗斯修士"那里看到了"诚爱"的力量并将救赎理想寄托在他们身上。诚如格奥尔基·弗洛罗夫斯基（Г.В.Флоровский，1893-1979）所言："陀思妥耶夫斯基梦想'俄罗斯的社会主义'，却看到了'俄罗斯教士'。这个教士不考虑也不愿意建立'世界和谐'，完全不是历史的建设者。无论是圣徒吉洪、佐西玛长老，还是马卡里·伊万诺维奇，都不例外。"[153]在他的笔下，佐西玛长老等圣徒形象并没有宏大的"爱全人类"的理想，只是内在地奉行"诚爱"法则，光照着每一个人的生命。

对于陀思妥耶夫斯基来说，塑造"理想"的圣徒形象是他创作《卡拉马佐夫兄弟》这部小说的旨归。在写给《俄国导报》编辑尼·阿·柳比莫夫的

---

150 〔美〕莉莎·克纳普：《根除惯性：陀思妥耶夫斯基与形而上学》，季广茂译，长春：吉林人民出版社，2003年，第268页。

151 〔俄〕陀思妥耶夫斯基：《卡拉马佐夫兄弟》（下）（全集·第16卷），臧仲伦译，第869页。

152 王志耕：《宗教文化语境下的陀思妥耶夫斯基诗学》，北京：北京师范大学出版社，2003年，第174页。

153 〔俄〕格奥尔基·弗洛罗夫斯基：《俄罗斯宗教哲学之路》，吴安迪等译，上海：上海人民出版社，2006年，第363页。

信中他表达了这一心愿："如果我把这一点写好了，那我就做了一件好事：我要使人们认识到，纯洁的、理想的基督徒不是抽象的，而是生动的现实的、可能做到的、呈现在眼前的，而基督教则是俄罗斯大地摆脱其一切罪恶的唯一避难所……整部长篇小说正是为这个主题而写的。"[154]为此，他将目光转向了俄罗斯的圣徒传传统，将众多圣徒的品性加诸佐西玛长老身上："我是从古俄罗斯的修道僧和圣贤中选取的人物和角色：他虽然非常温顺，但他对俄罗斯的未来、对其道德的甚至政治的使命所抱的希望却是无限的、纯朴的。圣徒谢尔盖、彼得和阿列克谢这些总主教所指的难道不总是这种意义上的俄罗斯吗？"[155]对于俄罗斯东正教信徒来说，这些圣徒都是耳熟能详的人物。这里仅以圣谢尔盖为例来谈一下佐西玛长老这一形象的塑造与圣徒传传说的关系。

圣谢尔盖，即拉多涅日的圣谢尔基（Сергий Радонежский，1322-1392），是最知名的俄罗斯本土圣徒之一。他在荒野中创立的圣三一谢尔基大修道院数百年来一直是俄罗斯东正教徒的圣地；"陀思妥耶夫斯基还是孩子的时候曾多次到谢尔基修道院旅行，1859 年放逐归来时他再次到此朝拜。"[156]圣徒谢尔盖本人是信徒心中修道生活的典范。据圣徒传等材料记载，他独自一人多年在荒无人烟的森林里隐修，备受试炼。[157]他曾经推脱了朋友阿列克谢要他出任主教的请求，因为他终生不渝地拒斥包括教会在内的所有"荣耀"。正像陀氏笔下的佐西玛长老那样，他数年如一日地坚持祷告、读经等属灵生活，亲切接待所有慕名而来寻求帮助或拜访他的人。在预感到自己将要去世时，他选出继承人；之后他在与信徒谈话时死去，留下了诸多教诲。佐西玛长老去世的情形完全与此相似。他预感到自己将不久于人世，心中暗自选定阿廖沙作继承人，把阿廖沙交托给派西神父并希望阿廖沙能够在尘世的试炼中更好地成长（阿廖沙的位置"暂时不在这里"）。他在去世前渴望与人们再进行一次长谈："在我还没有同你们，同我心爱的人在畅谈一

---

154 〔俄〕陀思妥耶夫斯基：《书信集》（下）（全集・第 22 卷），郑文樾、朱逸森译，第 1107 页。

155 〔俄〕陀思妥耶夫斯基：《书信集》（下）（全集・第 22 卷），郑文樾、朱逸森译，第 1162 页。

156 Margaret Ziolkowski, *Dostoevsky and the kenotic tradition*, see *Dostoevsky and the Christian Tradition*, edited by George Pattison and Diane Oenning Thompson, New York: Cambridge University Press,2001, pp.32.

157 参见徐凤林：《东正教圣像史》，北京：北京大学出版社，2012 年，第 149-150 页。

次，瞧瞧你们那可爱的脸，让我再一次同你们开诚相见以前，我是不会死的。"[158]他临终"畅谈"的内容涉及其生命经历和信仰之途，但更多的是他关于俄罗斯修士的作用、为主与为仆、祷告、爱、论断、地狱等问题的教导；他也是在长谈中安然离世。此外，佐西玛长老同圣谢尔盖生平的相似之处还有：两人早期的信仰生活中都有一位兄长相伴或引路；两人的人生选择都有一个使其决心离家隐修的转折点。

此外，佐西玛长老身上还聚合有吉洪·扎顿斯基的特征。作家自己承认说，标题为"关于佐西马神父生活中的新旧约全书"的一章是"热烈兴奋和富有诗意的一章，原型取自吉洪·扎顿斯基的某些箴言，而表述的纯朴性则取自修道僧帕尔费尼的游历记。"[159]同时，作家非常重视这一章，声称他是为少数人写这一卷的，并认为这一章是他整部作品的高潮。吉洪（1724-1781），俗名季莫费·索科洛夫，曾任沃龙涅什等地主教，1769年至扎顿斯基修道院，故称吉洪·扎顿斯基。《群魔》中的"谒见吉洪"一章也是以吉洪为原型来写的。因此，佐西玛长老的形象与《群魔》中的吉洪有一些相似之处。

这样一个综合的形象是如何承担起救赎使命的呢？佐西玛长老首先是上帝之爱的领受者，然后又把领受的上帝之爱倾注到每一个人身上。多年来，佐西玛长老有求必应，亲切接待每一位来访者。几乎所有的人，进长老的密室时"常常满怀恐惧和不安"，但从他那里出来时"几乎总是神采飞扬，喜形于色，连最忧郁的脸也会绽开幸福的笑容。"[160]作品特别写到佐西玛长老接待一批女信徒的场景。他安慰一位失去孩子的母亲，要她相信她的孩子已成为神的天使，上帝也会看到她的哀哭和泪水；他答应为孩子的亡魂祈祷安息，劝说她回家去照料自己的丈夫。"什么也不用怕，永远也不要怕，也不要发愁……难道还能有什么凌驾于上帝的爱之上的罪孽吗？"[161]他将自己感受到的上帝之爱讲给一位向他悔罪的农妇，告诉她爱可以拯救一切，上帝会

---

158 〔俄〕陀思妥耶夫斯基：《卡拉马佐夫兄弟》（上）（全集·第15卷），臧仲伦译，第448页。

159 〔俄〕陀思妥耶夫斯基：《书信集》（下）（全集·第22卷），郑文樾、朱逸森译，第1117页。

160 〔俄〕陀思妥耶夫斯基：《卡拉马佐夫兄弟》（上）（全集·第15卷），臧仲伦译，第38页。

161 〔俄〕陀思妥耶夫斯基：《卡拉马佐夫兄弟》（上）（全集·第15卷），臧仲伦译，第73页。

怜悯她。看到丽莎孩子气地逗笑阿廖沙，他也忍不住笑起来，慈祥地为她祝福。当卡拉马佐夫父子在他的修道室里极其粗野地谩骂、争吵时，所有人都激动不安，两名司祭神父也"铁青着脸"，唯独身体病弱的佐西玛长老间或举起手来，试图让狂怒的人安静下来，嘴上还闪出"一丝恳求的笑"。在佐西马长老与其他修士的不同反应中，作家揭示出他"所特有的伟大的内心长处"，"他在宁静安详、永远欣喜的迷狂中看着世界，把对上帝的爱的感受倾注到一切方面，在这种感受中没有，也不可能有任何忧愁，任何严峻。"[162]佐西玛长老带给世界的是爱、欣喜与和平的讯息。无论置身于如何汹涌危险的风暴之中，也无论他的身体多么虚弱不堪，他带来的爱源源不断，开启和感动着每一颗心灵。

佐西玛长老也是如何践行"诚爱"的教导者。在他临终前的谈话中有一部分是专门来谈论爱的。他认为，爱有罪的人是人世间最高的爱，这种爱甚至与上帝的爱相似。修士们曾误解他，认为他更爱罪孽较重的人。但在佐西玛长老看来，不是这些人更值得去爱，而是这些人更需要爱，他们的灵魂更需要安慰。唯有靠着"温良敦厚"的爱才能阻止暴力，改变恶劣的环境，担当起罪责。而拥有爱的能力是很难的，只有靠着基督的形象才有可能……这些"教导"早已内化为佐西马长老生命的一部分，并以世人目所能及的圣徒形象显示出启示和拯救的力量。

别尔嘉耶夫曾对"基督教圣徒和苦修者""自我弃绝的英勇行为"给予高度评价，认为他们"执行了具有宇宙意义的任务"，因为"人类应当在其被拣选的部分内在地接受基督，使人之本性神化，与基督结合在一起。这种神化，这种以禁欲主义手段克服自然秩序，应当采取个人在基督中拯救的形式。"[163]陀思妥耶夫斯基笔下以佐西玛长老为代表的绝大多数隐修士，都是别尔嘉耶夫所谓的真正"被拣选的部分"，他们在面向基督时都实现了自我的拯救，他们的生命都在向世人昭示救赎的可能性。

4.3.2 "诚爱"与"欲爱"之间

陀思妥耶夫斯基的小说从来都不是单向的。在表现"神圣女性"和"俄

---

162 〔俄〕索洛维约夫等著：《精神领袖》，徐振亚等译，上海：上海译文出版社，2009年，第81页。

163 〔俄〕别尔嘉耶夫：《自由的哲学》，董友译，上海：学林出版社，1999年，第140页。

罗斯修士"身上的"诚爱"所具有的救赎力量之时，他一直在思考关于爱的诸多命题。"诚爱"是完全可能的吗？"诚爱"有无遭遇挑战？面对"诚爱"与"欲爱"的抉择，作家并不宣称独断、绝对的"真理"，小说中的许多人物往往犹疑不定或挣扎于这一问题；这使得他的小说总有一种张力，一种悬而未决的未完成性。

《卡拉马佐夫兄弟》中的伊万就不相信人与人之间"诚爱"的可能性。在他看来，"诚爱"，即以爱自己的方式去爱人，只属于基督，而"基督式的对人的爱，就某方面来说乃是人间不可能有的奇迹"[164]；人与人之间只能是以功利主义原则为基础的"欲爱"。他告诉阿廖沙，他永远也弄不明白基督"要爱邻舍如同自己"（路 10:27）的训言；相反，正因为是邻舍所以没有办法爱他们，"远远的、不相干的人倒还好说"。爱邻舍是否可能这一问题，正是在伊万要告诉阿廖沙他为什么"不接受这世界"时提出的。在接下来的谈话中，伊万谈到了人间的苦难问题，特别是义愤填膺地讲到孩子们受到虐待等让人拍案的事件。由此可以明白，这个世界上深重苦难的普遍存在，是阻碍伊万相信"诚爱"法则的原因：在人与人之间横亘着"孩子的眼泪"，充塞着恶行和苦难，怎能和解与宽恕，何谈人与人相爱？

这个问题在伊万那里并没有解决。它只是折磨伊万紧绷的神经的诸多问题中的一环，与此相关的是更为基本的问题，即是否应该信仰上帝存在，是否应相信灵魂不朽。在小说的开篇，佐西玛长老与卡拉马佐夫兄弟讨论的重要话题之一就是爱同类与信仰不朽的关系。伊万深刻地意识到爱的存在必须以信仰灵魂不朽为前提：人们之所以能够相爱，"人爱人"的美德之所以存在，就在于人类相信灵魂不朽；一旦人类不再相信灵魂不朽，那么人身上的爱将会枯竭，生命的活力将会寂灭，任何道德不复存在，只可能出现一种结果——"一切都可以为所欲为"[165]。佐西玛长老同意伊万的意见，但他更在意的是伊万在这一意见背后的立场，是为可能出现的结果感到不幸还是"有福"。对伊万来说，这两种立场分别意味着有信仰或者丧失信仰，相信爱之美德或是不再相信美德而视"为所欲为"为法则。佐西玛长老意识到伊万正整个地被裹挟进头脑中的思想纷争之中，所以准确地预言了伊万的命运：在

164 〔俄〕陀思妥耶夫斯基：《卡拉马佐夫兄弟》（上）（全集·第 15 卷），臧仲伦译，第 369 页。

165 〔俄〕陀思妥耶夫斯基：《卡拉马佐夫兄弟》（上）（全集·第 15 卷），臧仲伦译，第 101 页。

肯定与否定之间经受无休止的、痛苦的精神磨难。

霍赫拉科娃太太也徘徊在"诚爱"与"欲爱"之间。她在对佐西玛长老的忏悔性自白中说,她"非常爱人",经常幻想撇下所有的一切、离开家庭去做一名救死扶伤的护士,感觉到身上有一种不可遏制的力量去面对任何挑战;然而一旦想到自己的热情可能遭到别人的不理解、冷遇而不是感谢,那么她对人类的"积极的爱"就马上会冷却下来。她对自己需要立刻得到回报、"用爱来答谢爱"的做事方式痛加谴责,并暗中渴望这种自我谴责的行为换来诚实的美名。佐西玛指出她的爱的实质是"幻想的爱"而非"积极的爱",两者有很大差别:"幻想的爱总是渴望大功很快告成,迅速得到回报,让大家都能看到……就像在舞台上演戏一样,让大家都看得见,而且连声喝彩。而积极的爱,乃是一件持之以恒的工作……清楚地看到君临您之上的主创造奇迹的力量;您会清楚地看到,主一直在爱您,主一直在冥冥中指导您。"[166]佐西玛长老所谓的"积极的爱",其实就是卡尔·巴特神学概念中"诚爱";这种爱的根源在于上帝之爱,对一般人来说是极难达到的。霍赫拉科娃太太身上"幻想的爱"的内里是"欲爱"而非"诚爱"。

阿廖沙虽遵循着"诚爱"法则行事,但时常遭遇一些困境。他同佐西玛长老一样相信人们会行出与基督之爱相似的爱,他自己就是一个试图以基督之爱积极地去爱每个人的行动者。几乎作品中的每一角色都需要他,都急切地想要见到他;他则匆匆地走向每一个人,同他们会晤、谈话,有时安慰、劝告和帮助他们,有时则单是倾听而已。然而,他又常常很迷茫,甚至显得"无力"。比如,他时常不知道自己究竟该在兄长们未来的命运中扮演怎样的角色。他得知伊万爱上了卡捷琳娜,知道大哥米佳在伊万眼里是"毒蛇",但是却不知道怎样来爱他们:"他阿廖沙该可怜谁呢?希望他们每个人怎么样呢?他在这团乱麻中简直不知道如何是好,因为他爱的性质永远是积极的。他不会消极地爱,只要爱上某个人,他就会立刻动手去帮助他。但是要做到这点,必须先明确目标……但是现在一切都没有坚定的目标,有的只是情况不明和一团乱麻。"[167]当"诚爱"法则意欲双脚落在以"欲爱"力量为主导的世界时,必然会面临困境甚至有矛盾产生。《白痴》中的梅什金在也时

---

166 〔俄〕陀思妥耶夫斯基:《卡拉马佐夫兄弟》(上)(全集·第 15 卷),臧仲伦译,第 83 页。

167 〔俄〕陀思妥耶夫斯基:《卡拉马佐夫兄弟》(上)(全集·第 15 卷),臧仲伦译,第 291 页。

常面临同样的困境，他的惯常反应是想要"退缩"和"逃跑"，而后马上又为这种想法感到可耻：

> "他突然很想撇下这里的一切，回到他来的地方去，到更远的地方，到穷乡僻壤去，而且马上就走，甚至不向任何人告别。他预感到，只要他在这里待上几天，就一定会无可挽回地进入这个世界，往后就会陷入其中而不能自拔，但是他还没有考虑十分钟就马上认为，逃跑是'不行的'，这几乎是怯懦。在他面前摆着一些难题，他甚至没有任何权利不去解决它，或者至少也应竭尽全力去解决。" 168

> "有时候他想走，随便到什么地方去都可以，完全离开这里，甚至愿意到阴暗僻静的角落去，只求能一个人独自凝思默虑，没有任何人知道他的下落。或者至少待在自己家里，待在凉台上，不过身边不要有任何人，既不要列别杰夫，也不要孩子们；可以往沙发上一倒，把脸埋在枕头里，这样躺下一天，一夜，再躺一天。霎时间他又想到那些山，具体想到的是山上的一个熟悉的地点，他总是喜欢回忆它，当他住在那里时喜欢到这个地点去，从那里俯视村庄，俯视隐约可见的像一条线似的瀑布，眺望白云和废弃的古老城堡。啊，他是多么希望现在就在那里，就想一件事，——一辈子只想这件事，——足够想一千年！让这里的人，让他们完全把他忘记好了。啊，要是人们完全不认识他，这一切只不过是梦幻，这倒是他所需要的，他甚至会觉得更好。" 169

梅什金所想要退回去的"山"其实就是他的精神伊甸园，他的天堂世界。圣经曾描绘了人类最初天堂里的美好生活，这里人与神美好地和谐相处，爱是纯洁透明的。然而梅什金永远无法再退回到那样一个时代，那样一种精神状态。梅什金害怕"陷入其中而不能自拔"的世界是"欲爱"法则横行称王的世界，在这个世界中意欲遵行"诚爱"法则的他孤立无助、无能为力，最终成了"多余的人"，他在地上的救赎使命也以失败告终。

《群魔》中"诚爱"的力量更为微弱。亲自把《群魔》改编为话剧的法

---

168 〔俄〕陀思妥耶夫斯基：《白痴》（上）（全集·第9卷），张捷、郭奇格译，第421页。
169 〔俄〕陀思妥耶夫斯基：《白痴》（下）（全集·第10卷），张捷、郭奇格译，第473页。

国作家加缪在剧本序言中写道，"如果说《群魔》是一部预言书，那么不仅仅是因为它宣告了我们的虚无主义，而且还因为它表达了万分痛苦或死亡的灵魂：这些灵魂不能够爱，又为不能爱而痛苦，虽有愿望又不可能产生信仰，也正是今天充斥于我们社会和我们思想界的灵魂。"[170]加缪从"群魔"的命运中看到了爱的缺失带来的悲剧，对痛苦的灵魂掬洒同情的泪，也启示人们从爱这一角度去重新审视这部作品。小说中的爱以"诚爱"方式显示出来的只有两处。其一是吉洪对斯塔夫罗金的宽恕。然而斯塔夫罗金的《自白书》虽是出自对罪行进行忏悔的"自然要求"，但斯塔夫罗金又"耻于忏悔"，其中含有一种类似于"罪犯对法官的傲慢挑战"。斯塔夫罗金让吉洪读他的《自白书》只是一种骄傲的宣示；他的"全部目的"是"希望自己宽恕自己"，而不是基督的宽恕和吉洪神父的宽恕。所以他对吉洪让他"服赎罪劳役"的建议置之不理，甚至可能如吉洪所说"只是为了避免公开自白书"而"投入新的罪行"。吉洪的"诚爱"在斯塔夫罗金那里失败了。另一显现"诚爱"之处是沙托夫对他妻子的宽恕和爱。他完全原谅了妻子对他的背叛，安慰她，无微不至地照顾她，计划着两人"重新生活，永不分离"。但不幸的是，沙托夫很快就被送上了"共同事业"的祭台。

在政论和书信中，与小说创作相呼应，陀思妥耶夫斯基也常常就"诚爱"与"欲爱"的问题发表意见。特别是流放结束重回彼得堡之后，他对各种"博爱的人道主义梦想"、对各种幻想式的、主张抽象的爱的思潮或学说进行了"清算"。

作家一针见血地指出，"老自由主义者"们对人民的爱、对俄罗斯的爱都是虚假的："这都是一些远离现实的人，他们的全部教育和欧化言行就在于'强烈地爱人类'，但仅仅是笼统地爱。如果人类体现为人，体现为具体的人，那么他们甚至不能容忍这个具体的人，会由于厌恶而不能与他站在一起。在某种程度上他们也如此对待别的民族：他们爱人类，但如果人类表现为一个民族的欲望、需要和央求时，他们就会认为这是成见，落后，是沙文主义。这都是一些远离实际的人，他们不知痛苦，不管他们在写东西时多么慷慨激昂，实质上他们平时都泰然自若。"[171]这种抽象的对人的爱只会败坏

---

170 转引自刘文飞：《思想俄国》，济南：山东友谊出版社，2005 年，第 143-144 页。

171 〔俄〕陀思妥耶夫斯基：《书信集》（下）（全集·第 22 卷），郑文樾、朱逸森译，第 1053 页。

自己："甚至有些好人也会渐渐变坏。由于在自己身边看不见活动，他们就按书本抽象地爱起人来。他们爱人类，却鄙视单个儿的不幸者，在同后者相遇时感到腻烦，而且要回避他。"[172]对于这些只停留在抽象层面去爱人的人，即作家眼中爱人的能力出了问题的俄国知识人，他一方面肯定他们内心意愿的美好，认为他们或多或少地还是保留了俄国人的伟大精神基础——"人类共有的人道思想和宽容一切的精神"，没有完全失去它们；另一方面又指出他们的好高骛远、不切实际。作家形象地模仿他们的口吻说，"我们胸中聚积着巨人的力量。我们想要而且能够搬动大山；我们心中涌动着对整个人类纯洁的爱。我们想一下子拥抱全人类。我们想干与我们力量相称的事情。我们想做的是这个，因此才闲得要死。总不能把大步换成小碎步吧，巨人怎么该教小孩儿识字呢？"[173]而作家对这些文化或思想上的巨人提出的忠告就是，哪怕"教会一个孩子识字"也是有益的。

在皮萨列娃自杀事件[174]发生后，作家回应说，一些"社会主义者"对人之个性与自由加以攻击，使其失去了更高的精神理想而陷入绝望："这是那样一些男男女女，他们寻求着某种高于中庸和陈规的东西，想要有精神生活，想要参与人类的事业，准备建立功勋，愿意舍己为人。"[175]但受到"实证主义者"的蛊惑，他们放弃了理想，在现实中也找不到人生的方向感和成就感，终止于自杀。"如果对一个人说什么不存在舍己为人，而只有自发的生存斗争（利己主义），那么这就意味着剥夺一个人的个性和自由。"[176]陀思妥耶夫斯基相信在更高的宗教意义上存在"舍己为人"的典范，即以无罪之身替所有人牺牲的"神人"耶稣基督。而一旦承认存在舍己为人式的爱和牺牲，亦即有更为美好的以尊重和成全人的个性与自由为特征的爱，那么就应该谴责与之相悖的实质上鄙视人的虚假的爱。

---

172 〔俄〕陀思妥耶夫斯基：《书信集》（下）（全集·第22卷），郑文樾、朱逸森译，第1068页。

173 〔俄〕陀思妥耶夫斯基：《文论》（上）（全集·第17卷），白春仁译，第101-102页。

174 1876年，25岁的助产士皮萨列娃为抗议社会不公而服毒自杀。作家曾当年在5月号的《作家日记》上登文《一个不合适的思想》讨论此事。

175 〔俄〕陀思妥耶夫斯基：《书信集》（下）（全集·第22卷），郑文樾、朱逸森译，第969页。

176 〔俄〕陀思妥耶夫斯基：《书信集》（下）（全集·第22卷），郑文樾、朱逸森译，第969-970页。

陀思妥耶夫斯基主张真正的爱就是爱身边的人，爱自己的父母、兄弟姐妹和儿女、每一位亲人朋友，爱身边的一花、一草、一木、一天地；爱的对象和意义并不在某个遥远的地方，而在于"邻舍"，在于具体的人。他在 1877 年 4 月 17 日致索•叶•卢里耶的信中说道："如果您想要服务于仁爱的事业，那您就该知道，最大的不幸就在于：一些善良和宽厚的好人，由于他们的环境和以前的生活原因，也由于某些思想的原因而不理解或者不再理解那些他们想爱并想使之幸福的人们……既然人类之爱的舍己忘身精神常见于我们家庭之中，就在我们眼前，那就不必冲到一个遥远的什么地方追求它。"[177] 作家看到，尽管爱身边的人、"爱邻舍"比"爱理想中的人"要难得多，但还是应该用具体实在的爱而非抽象的爱去爱人，应尊重人的自由与个性，看重人的精神生命，而不是单单从物质层面满足人的需要。

4.4 救赎的实现及未完成性

总的来看，陀思妥耶夫斯基所主张的皈依基督、回返根基和遵循"诚爱"法则是一而三、三而一的关系。纯正的东正教信仰是在俄罗斯民间得以持守的，重返根基的过程也必然意味着信仰的复归和对俄罗斯人民的爱被唤醒，"诚爱"既面向上帝又面向身边每一个具体的人。只要真正地回转到其中的任何一个方向，也就意味着回转到所有方向，赎罪成为可能。其中，爱是最核心的部分，人的赎罪过程始终贯穿着爱。罪只能在神对人的爱、人对世界和对人的爱中得以赎还。佐西玛的临终遗言是陀思妥耶夫斯基正题的思想最为完美的表述，它宣告的完全是关于爱的真理：当人转身去爱的时候，天堂就在那里；要用具体实在的爱而非抽象的爱去爱人和世界上的一切；爱要尊重人的自由与个性，看重人的精神生命；切身体认到恶和痛苦的存在却仍能以一颗足够柔软和同情的心去爱；唯有藉着对上帝的信仰和上帝对人的爱才能在人世间实现真正的爱。

但上文提到的所有因素只是说明救赎的力量来自哪里，并不意味着救赎轻而易举就能靠此实现。许多时候，陀思妥耶夫斯基笔下的人物（如老卡拉马佐夫）已经意识到了光源的存在，然而他们仍然蜷缩在阴森黑暗的角落，

---

177 〔俄〕陀思妥耶夫斯基：《书信集》（下）（全集•第 22 卷），郑文樾、朱逸森译，第 1017 页。

或是出于惯性，或是向善之力的匮乏，或是出于任性，总之，他们并没有朝向光亮走去，救赎对于他们成了不可能的事情。甚或有些人物（罗戈任、斯塔夫罗金）一时从光照中获取了温暖，有强烈的渴望去改变生命，然而最终还是被人性中罪的部分、阴暗的部分比如情欲所掳，救赎对于他们归于失败。还有的人物已经触摸到基督的衣襟（拉斯科尔尼科夫、德米特里），放下了超人般的高傲或走出了情欲的捆锁，开始更为理解人民并领悟了诚爱法则的真谛，窄门已经向他们洞开，彻底的救赎对于他们似乎成为可期之事。如此，陀氏的所有人物都面向着救赎的可能性或走在救赎的途中，救赎终不能止步和完结。这也正符合陀氏对人之未完成性的一贯理解。这里笔者只以拉斯科尔尼科夫和德米特里这两个人物为例来探讨一下救赎之实现及未完成性的问题。

4.4.1 救赎的实现

陀思妥耶夫斯基的人物有的走向地狱，有的在向天堂进发。作家将救赎表现为一个人终生的事业，且困难重重：救赎的实现既需要自身的向善之心，又需要神圣恩典瞬间的降临与触动。这意味着救赎就是神人和好与重新联合的过程。

1、向善之心

在拉斯科尔尼科夫和德米特里身上，都有很强大的向善之心，即便是在罪恶当中，向善之心只是被压抑而不至泯灭。这一点通过他们对人的友善、同情以及对信仰的渴求和悔罪意识表现出来。

拉斯科尔尼科夫对他人的友爱、关心和帮助几乎没有中断，虽则也有一时的"冷酷"。他有很快能赢得别人信任的品性特征。初次见面的马尔梅拉多夫从他身上看到了"同情心"，然后主动同他交谈和倾诉，丝毫不顾及个人的羞耻和脸面，甚至暴露家庭和自己的丑事。这里除了马尔梅拉多夫这个不幸的人以自虐的方式来宣泄痛苦的成分之外，就是对拉斯科尔尼科夫的充分信任，他并不担心后者会嘲笑自己的恶行。拉斯科尔尼科夫极力反对妹妹杜尼娅同卢仁的婚事，只是通过一封表意晦涩不明的来信就能充分理解母亲和妹妹之所以同意这桩婚事的初衷。他不肯把自己的幸福建立在妹妹的牺牲上，不愿妹妹以终生的不幸来维系家庭表面的幸福。对于马尔梅拉多夫一家，本就几乎一文不名的他倾囊相助且不图回报，对人的悲悯之心天地可鉴。之前他就曾倾其所有资助一位家境贫困、肺病缠身的同学达半年之久，又在同学去世后照顾其年老多病的父亲直至去世。他还曾从火中勇敢地救出两个幼儿。凡此种种，都说明他有极强的道德感，有明确的是非善恶之心。他的同学拉祖米欣对他的性格评价说："他为人慷慨，善良，不喜欢流露自己的感情，宁可显得冷酷无情，也不愿意讲出自己的心愿。"[178]即便是一时被自己"发明"的超人理论所蛊惑而犯下了杀人罪行，他也从来就没有心安理得过。没有任何力量能够使他克服情感和良心上的不安。他明白他将要犯下的罪孽是多么丑恶："难道我头脑里能出现这样可怕的念头？我的心居然能想出这么肮脏的事来！主要是太肮脏，太卑鄙，太丑恶，太丑恶！……"[179]他身上原始的善的力量在阻止他犯罪。

在犯罪之后，他的向善之心暂时被阻滞了，他感觉到同母亲和妹妹情感上的疏离并为之感到痛苦："现在我望着你们……就好像在千里之外看你们一样……"[180]然而，在急难之时他仍然拥有爱人的能力，对马尔梅拉多夫一家的救助唤醒了他的生命意志，他"内心充满一种全新的深广无尽的感受，觉得突然用来充沛而强大的生命力，仿佛一个死囚突然获得意想不到的赦免。"[181]当索尼娅的妹妹波莲卡充满感激地亲吻他并说要一辈子为他祷告时，人与人之间天真、自然的爱唤醒了他生活的希望："还有生活！难道我现在不是活着吗？我的生活没有与那个老太婆同归于尽。"[182]他意识到虽然自己是罪人，但仍有人在爱着他，即便他杀了人，仍有人愿意吻他，他在绝望之中感受到了生命的曙光。

小说写道，在拉斯科尔尼科夫犯罪之前，他依然能够"祷告"、能够向上帝表示忏悔，希望上帝帮助他驱除犯罪的意念。至于他究竟在多大程度上信仰上帝，这需要细细地分析。在杀人后的第四天，警官波尔菲里在刺探拉

---

178 〔俄〕陀思妥耶夫斯基：《罪与罚》（上）（全集·第 7 卷），力冈、袁亚楠译，第 269 页。

179 〔俄〕陀思妥耶夫斯基：《罪与罚》（上）（全集·第 7 卷），力冈、袁亚楠译，第 11 页。

180 〔俄〕陀思妥耶夫斯基：《罪与罚》（上）（全集·第 7 卷），力冈、袁亚楠译，第 286 页。

181 〔俄〕陀思妥耶夫斯基：《罪与罚》（上）（全集·第 7 卷），力冈、袁亚楠译，第 234-235 页。

182 〔俄〕陀思妥耶夫斯基：《罪与罚》（上）（全集·第 7 卷），力冈、袁亚楠译，第 237 页。

斯科尔尼科夫是否是杀人凶手时问起了信仰方面的问题：

>　　"那么你终究相信会有新的耶路撒冷？"
>
>　　"是的，"拉斯科尔尼科夫坚定地回答道。他说这句话时同刚
>才滔滔不绝地发表长篇大论时一样，垂眼望着地面，凝视着地毯上
>的某一点。
>
>　　"那——那您也相信上帝？对不起，我太好奇了。"
>
>　　"是的，"拉斯科尔尼科夫抬起眼睛，望着波尔菲里，又重复
>了一遍。
>
>　　"您——您也相信拉撒路复活？"
>
>　　"是——的。您干吗老是问这种问题？"
>
>　　"您的确相信？"
>
>　　"的确相信。"[183]

　　拉斯科尔尼科夫所说的话有几分可信？他真的相信"拉撒路复活"吗？对于波尔菲里来说，他很想知道这个在他看来极有可能是凶手的人是否还保留着对上帝的信仰。而对于拉斯科尔尼科夫来说，他可能为了不至于在波尔菲里的试探中落下把柄而撒了谎，可能不愿意给试探者留下一个不信神的印象。拉斯科尔尼科夫也极可能真的相信上帝、相信拉撒路复活。索尼娅则一直认为他不信上帝、"不信教"，那么，她所谓的"不信"是在什么意义上来说的？真相究竟是什么？作家安排拉斯科尔尼科夫让索尼娅给他读的恰巧也是"拉撒路复活"这一段，这有何用意？将以上所有问题综合在一起才能弄清拉斯科尔尼科夫的信仰状况。由于没有证据，波尔菲里不能在法律的意义上来定拉斯科尔尼科夫的罪。但他提到了信仰与复活的宗教问题，由此涉及了内在的良心上的审判。这客观上触动了拉斯科尔尼科夫的罪性意识，"逼迫"他真实面对自己灵魂的死亡与复活新生问题。当拉斯科尔尼科夫同索尼娅一起读"拉撒路复活"的故事时，他的身份逆转成为"审判"者，他要弄清楚索尼娅这个"狂热的信徒"如何能够在苦难中保持对上帝和永生的信仰。于是，他在苦难的背面看到了信仰的力量，看到了死而复生的奇迹。他曾暗自担心被索尼娅信仰的狂热"传染"，结果他自己开始主动地寻求像拉撒路那样从死里复活的新生命，这将是一个漫长的过程（在西伯利亚的监狱

183　〔俄〕陀思妥耶夫斯基：《罪与罚》（上）（全集·第7卷），力冈、袁亚楠译，第328-329页。

里囚犯们仍"想把他当作无神论者杀死")。所以，总的来看，拉斯科尔尼科夫由于信奉"超人"理论而受到"魔鬼的怂恿"，上帝的信仰极其淡薄，以至于显得"傲慢、自负，又不信上帝"（索尼娅语）；但就他自己而言，他向上帝发出的呼求是真实的，只是他接受上帝的方式同索尼娅有极大差别。波尔菲里这样评价拉斯科尔尼科夫："我认为您是这样的一个人：哪怕把肠子掏出来，他还是站着不倒，笑对刽子手，只要他能够找到信仰或者找到上帝。"[184]波尔菲里准确地道出了拉斯科尔尼科夫身上所具有的寻觅上帝的热忱。而拉斯科尔尼科夫这一人物的名字本身就含有分裂、偏执之意，不免让人联想到分裂派教徒的狂热。这种极端性、狂热性从他的第一场恋爱也可以看出。他之所以爱上房东病魔缠身而且一点儿也不漂亮的女儿，只是因为"她喜欢帮助穷人，一直向往着进修道院，有一次她对我谈起此事时，都留下了眼泪；对，对……我记得……我清楚地记得……倘若她是瘸腿或者驼背，我大概会更爱她。"[185]拉斯科尔尼科夫爱的是女孩身上的仁慈和虔诚，爱的是她的圣洁和承受的苦难。他不需要世俗的情爱，而是委身于一种圣爱。小说最后写到拉斯科尔尼科夫决定要让索尼娅的信仰成为他自己的信仰，再次流露出他对信仰的渴求和热望。

同拉斯科尔尼科夫一样，德米特里也有一颗渴慕上帝的向善之心。缠绕在他身上的罪主要是强烈的性欲、"纵酒狂欢"和"爱冲动"，但若撇开这些不论，那么他就是一个为人厚道、血气方刚、直爽且有怜悯心的年轻人。德米特里知恩图报，为了幼年时接受了赫尔岑什图勃大夫的一磅核桃而专程登门道谢。拉基京极厌恶德米特里，但也承认他"虽然浑，但是厚道"。马车夫安德烈认为他虽然爱发火，但性情"像个孩子"、"为人厚道"。在德米特里的心中有两个底线：不能杀人，"不能把人命当儿戏"；不能做贼。第一个底线使他摆脱了手上沾染父亲鲜血的危险，第二个底线则使他因为"偷"了未婚妻卡捷琳娜的一千五百卢布而备受良心谴责。孩子的苦难问题同样也摆在了他的面前，但他和伊万的应答截然不同。伊万因为苦难不再相信和解的可能，不愿用自己的受苦受难"来为旁人培育未来的太和"，不愿意"把自己当作肥料"。而德米特里在梦中看到受苦的孩子和母亲时，他"感

184 〔俄〕陀思妥耶夫斯基：《罪与罚》（下）（全集·第8卷），袁亚楠译，第581页。
185 〔俄〕陀思妥耶夫斯基：《罪与罚》（上）（全集·第7卷），力冈、袁亚楠译，第288-289页。

到向他心中涌起一股他身上从来不曾有过的大慈大悲，他真想哭，真想为大家做点什么，让娃娃别再啼哭，让娃娃的面孔黧黑、乳房干瘪的母亲不再啼哭，但愿从这一刻起任何人不再流泪，但愿马上，马上就能做到这点……"[186]醒来后他意识到所有人都是造成"孩子哭泣"的元凶，而他自己则是其中"最卑鄙的混蛋"，他决定背负起苦难的十字架来赎罪。

德米特里一直笃信上帝并把自己的命运交给他。他深知自己的罪孽，为体内性欲毒虫的噬咬而痛苦不堪，但他不甘沉沦，呼求上帝来拯救他脱离苦境。他体验到极端的堕落，也经受了极大的痛苦。上帝成了他唯一的信靠，成为整个世界欢乐的来源："就算我应该受到诅咒，就算我下流而又卑鄙吧，但是也让我亲吻一下我的上帝所穿的衣饰的下摆；就算我同时也紧跟着魔鬼。但是，主啊，我毕竟也是你的儿子呀，我爱你，并且感到欢乐，没有这欢乐，世界便不能存在，同时也不成其为世界了。"[187]他意识到上帝和魔鬼在他心中进行着激烈的搏斗，理智与心灵陷入深深的分裂：既向所多玛坠落，又不愿放弃圣母的理想。他向上帝承认自己深重的罪孽，并视上帝为他的保护神。在他看来，父亲被杀的当晚，他之所以能控制住心中的魔鬼而没有动手杀死父亲，完全是上帝在保护他："也许是我母亲祈求了上帝，要不就是在这瞬间光明之神亲吻了我——到底是怎么回事，我也不知道，但是我心中的魔鬼被战胜了。"[188]虽然并非杀父凶手，但沉重的罪孽意识让他接受了来自命运的打击和惩罚，他甘愿通过受苦来重新做人。

2、救赎瞬间的永恒意义

在陀思妥耶夫斯基笔下，救赎往往藉某一独特的瞬间实现，这些独特的瞬间打破了惯常时间的线性和平面化，具有永恒的意义。

这些瞬间体现着作家十分独到的时间处理艺术。陀思妥耶夫斯基的小说用最短的时间集中了最密集的行动，形成一种紧张感和强力感。在这种"快速变化的情节律动"[189]中，人物的顿悟与忏悔就在瞬间迸发出来，更显突兀

186　〔俄〕陀思妥耶夫斯基：《卡拉马佐夫兄弟》（下）（全集·第16卷），臧仲伦译，
　　　第786页。

187　〔俄〕陀思妥耶夫斯基：《卡拉马佐夫兄弟》（上）（全集·第15卷），臧仲伦译，
　　　第164页。

188　〔俄〕陀思妥耶夫斯基：《卡拉马佐夫兄弟》（下）（全集·第16卷），臧仲伦译，
　　　第736页。

189　〔美〕乔治·斯坦纳：《托尔斯泰或陀思妥耶夫斯基》，严忠志译，杭州：浙江大

和震颤人心。作品中人物的忏悔和顿悟有的发生在拨动心弦的谈话中（斯塔夫罗金），有的受到静谧景观和温情的触发（拉斯科尔尼科夫），有的则是梦中受到异象的启示（德米特里）。别尔嘉耶夫将这些瞬间都称为观念"超时间的实现"过程："存在的一切瞬间——陷于罪孽、赎罪和最终得救都是在时间之外实现的，这里没有时间顺序的连贯性，有的只是观念的、超时间的实现。"[190]在主人公得以救赎的瞬间，时间被完全遗忘了，时间"停止"了。乔治·斯泰纳在《托尔斯泰或陀思妥耶夫斯基》一书中也指出，"存在着个人私下获得的天启，存在着灵魂撕裂、变得圣洁的顿悟瞬间。那样的瞬间可能带有癫痫病一般倾向和外部症状，拉斯柯尼科夫这样的罪犯在这样的场合心里也会被普世博爱所震撼；阿廖沙在这样的场合会完全被天恩征服，摆脱怀疑带来的痛苦，匍匐在地，崇拜所有的人，崇拜一切有知觉的自然之物。这类获得启迪的灵感一现的瞬间就是唯一真实的奇迹。"[191]陀思妥耶夫斯基出色地描写了救赎瞬间"奇迹"的发生过程。

救赎的瞬间也在陀思妥耶夫斯基独特的场景设置艺术中发生。在陀思妥耶夫斯基的小说中，人物往往处于极限情境：要么即将付诸杀人预谋或处于自杀的边缘，要么面临万劫不复的决断，要么身处激烈的家庭争吵中，要么在紧张的法庭辩论和审判中个人的命运将被最终审定。在这些极限情境中，感情的风暴席卷一切，思想的烈火焚烧一切，病态的情欲摧毁一切，杀人（自杀）的意念压倒一切，行动的冲动推拉一切。在急骤的旋风般的飘忽不定中，带有隔岸赏玩性的阅读惯式将被彻底打破，读者再也不可能做到漠然以对、无动于衷，他们极易也掀起同样的情感风暴和思想飓风，不动情、不深思几乎是不可能的。小说中极端的情境和令人窒息的思想具有折磨人、引诱人甚至逼迫人的强大力量。这就是陀思妥耶夫斯基描绘的世界，所有的场景都被一种不可阻挡、无限可能的氛围包裹起来。而救赎的瞬间就在这样的场景迸发出来。

陀思妥耶夫斯基在不止一部小说中设置了犯罪主人公放弃思辨理性转而接受神圣启示、走向基督信仰的救赎场景。他们靠着瞬间的领受与决断而走

学出版社，2011 年，第 133 页。

190　〔俄〕别尔嘉耶夫：《自由的哲学》，董友译，上海：学林出版社，1999 年，第 112-113 页。

191　〔美〕乔治·斯坦纳：《托尔斯泰或陀思妥耶夫斯基》，严忠志译，杭州：浙江大学出版社，2011 年，第 263 页。

向信仰之路。在瞬间来临之前，主人公的自我并无内在关联或尚未发生某种内在的关联，他们虽然一直在思考上帝存在的问题，但上帝外在于他们的灵魂，与他的生命没有产生内向性的关联。而"只有当上帝这个词指的是人无限依赖的对象时，它才能获得富有意义的运用。若不然，它就只是一个空洞的字眼。"[192]信仰就是获得意义的有力的跳跃。在那一充满激情的瞬间，个体能够洞察和领受那来自上界的光照和启示，驱散心中所有的黑暗、疑惑和混乱，灵魂整全、单纯、明净和喜乐。现时与永恒合而为一，在最为自然而然的状态中流淌出勇敢而迫切的决断。不，这里不是自我意识和自我意志在起作用，它们的作用已完全消失，这只是发自内心深处的呼唤，是灵魂在快乐的战栗中对那最高者、对上帝的回应，是对一种殷切期许的作答，是单纯的说是，用生命去说，用整个身体整个人去说，用整颗心去说，甚至不知道为何会这样说。因为，在说到"我"的时候，真实的"我"已不再存在，而只有对上帝之灵的触摸，只有对圣灵运行的感动，对上帝恩典的俯伏。在那一刻，一切都不再停留于视野之中，一切可能性也尽都完全消弭，在那一瞬间，"我"就是无限、"我"就是永恒，因为，上帝已降卑与我交融为一。

拉斯科尔尼科夫从冒犯走向信仰的跳跃就是从"局外"到"局内"的跳跃。在这一跃中，个体的生存同上帝产生了依赖关系："如果个体没有深切地经历冒犯的困扰，也就不会有转向信仰所发出的那种激情中的快乐。个人通常是首先通过冒犯而形成与绝对悖谬的个人性关系。在这个意义上，正是冒犯为信仰提供了可能或者推动。"[193]之前，拉斯科尔尼科夫经历了长久、艰难的认罪和忏悔历程——即便被流放在西伯利亚，他强大的自尊心，其实是骄傲，仍在妨碍他认识到自己的罪。"假如他能够自责罪己，那他是何等幸福哇！那样他就能忍受一切了，甚至能忍受耻辱。他对自己进行了严厉的考察，但他那铁面的良知在他过去的行为中没有发现任何特别可怕的罪行，只找到一点儿普通的失误，而失误是任何人都会有的。"[194]他只是将自己的遭际归结为命运的捉弄和自己的失误与不幸，"他没有悔恨自己犯罪。"他只承认自己在法律层面有罪，他现在理所应当接受惩罚，仅此而已，在良心

192　〔德〕潘能伯格：《人是什么——从神学看当代人类学》，李秋零、田薇译，上海：三联书店，1997年，第10页。

193　孙毅：《个体的人：祁克果的基督教生存论思想》，北京：中国社会科学出版社，2004，第157页。

194　〔俄〕陀思妥耶夫斯基：《罪与罚》（下）（全集·第8卷），袁亚楠译，第684页。

的或者说灵魂的层面上，他仍拒不认罪。然而，在监狱里对生活"加倍地热爱"和珍惜促发他更多地观察和意识到他与其他人之间横亘的鸿沟。特别是囚犯们将他视为无神论者加以攻击却对索尼娅充满敬爱，这触动着他的心灵。前者使他更深地陷入绝望并更残酷地自我反省，后者则唤醒了他爱的意识和感觉。尽管他依然忧郁不安，但在心灵深处却在酝酿着喷薄而出的新生命的萌芽。终于，那激荡人心的灵魂跳跃的瞬间汹涌而来："这是怎么发生的，他自己也不明白，突然像有什么东西抓起他，扔到了她的脚边。他哭着搂住了她的膝盖……他们都苍白消瘦，但在两张苍白病态的脸上已经出现未来完全新生的曙光。爱情使他们获得了新生，两颗心相互成了取之不尽的生命源泉……他已获得新生，他意识到了这一点，并以全新的感受体验到了这一点。"[195]被爱触动之后，拉斯科尔尼科夫迎来的灵魂获得新生后的不眠之夜："这天晚上他无法长时间不停地思索什么，无法全神贯注地去想什么；他只剩下了感觉。生活代替了思辨而来，意识也应该形成一种全新的方式。"[196]这是瞬间澄澈之后长久的安宁，是泪水冲刷干枯心灵之后留下的润泽和饱满。他拿起圣经，开始将索尼娅的感情、追求和信仰作为他自己的信仰，一个新的世界和历程就此开始。陀思妥耶夫斯基富有深情地写道："不过历史现在已经揭开了新的一页，这是人逐渐新生的历史；是人逐渐脱胎换骨，逐渐从一个世界转入另一个世界，逐渐了解前所未闻的崭新现实的历史。"[197]对拉斯科尔尼科夫来说，他所转入的"另一个世界"就是神恩的国度，而新的"历史"就将在恩典庇护下"逐渐"展开。

4.4.2 救赎"在路上"

别尔嘉耶夫曾指出："真正的新人的出现，而不是只改变服装，要求以精神上的发展和改变为前提条件，没有内在的精神性核心和在其中发生的创造过程的存在，任何新社会制度都不会造就新人。"[198]陀思妥耶夫斯基看到人的内在精神发生创造性更新和转变过程面对的挑战，意识到人的灵魂的全部复杂性和多面性，指出人的救赎不可能轻易实现，救赎永未完结，永远"在

---

195 〔俄〕陀思妥耶夫斯基：《罪与罚》（下）（全集·第8卷），袁亚楠译，第692页。
196 〔俄〕陀思妥耶夫斯基：《罪与罚》（下）（全集·第8卷），袁亚楠译，第693页。
197 〔俄〕陀思妥耶夫斯基：《罪与罚》（下）（全集·第8卷），袁亚楠译，第693页。
198 〔俄〕别尔嘉耶夫：《精神王国与恺撒王国》，安启念、周靖波译，杭州：浙江人民出版社，2000年，第108页。

路上"。

陀思妥耶夫斯基怀着救赎的理想来塑造经由忏悔和痛苦造就的新人，来揭示人走向救赎的可能性。新人的出现是精神和灵魂反复锻造与更新的过程，必须不断经受泪水的洗礼使灵魂变得洁净，必须有神与人的多次联合进而在普通人身上更多地发出神性的闪光。瞬间跳跃是走向救赎与新生的必由之路，但这仅仅是完全救赎的起点。

因而，陀思妥耶夫斯基小说的结尾几乎都是开放式的，人物也并未完全定型，有多种可能向他们敞开。拉斯科尔尼科夫和德米特里尝到了神恩的甘甜而走上了复活之路，但还有无数的罗网、诱惑和障碍在前方等待着他们。茨威格论到陀思妥耶夫斯基的人物时指出："他们永远是尚未完成的，因而倍加富有生机。这是因为完成了的人也是结束的人。"[199]人的命运充满变数和挑战，人的未来若只有一种限定的可能就意味着人的死亡。这就是作家对人的理解。在他的笔下，关于"大罪人"的传记（《大罪人传》）没有完成，阿廖沙也还走在救赎的途中。

陀思妥耶夫斯基充分地意识到人的多面性与复杂性，人的个性不能简单地委身于上帝的同一性而使所有问题一劳永逸地得到解决。诚如别尔嘉耶夫所言，"陀思妥耶夫斯基完全不是一元论者，他最彻底地承认人的面孔的多面性、存在的多元性和复杂性。他对人的个性、对个性永恒的无法消灭的命运固有一种痴迷。在他那里人的个性从来没有消失在上帝之中、消失在上帝的统一之中。"[200]他让笔下的人物瞥见了自上帝而来的神圣之光，但他们有时为了个性和自由宁愿要地狱也不要上帝，甚或明明选择了上帝心怀圣母理想却一头栽向地狱。德米特里就洞察了人性的全部悖论和荒诞，他关于圣母理想和所多玛理想的理解无比深刻。

作家深刻地表现了人身上的迷狂和强大的自发力量，这种力量既可能使人沉迷于罪恶，被罪完全吞噬，又可能使人成为上帝忠诚的使者并献身于"上帝的事业"。摆在人这个小宇宙面前的是无限的宇宙和无限的可能。在他那里，人常常无法预知下一刻自己的命运。譬如，在《永远的丈夫》中，帕维尔·帕夫洛维奇看到韦利恰尼诺夫疼痛难忍就像"拯救他亲生儿子的生命似

199　〔奥〕茨威格：《三大师》，申文林译，北京：人民文学出版社，2001 年，第 96 页。

200　〔俄〕别尔嘉耶夫：《陀思妥耶夫斯基的世界观》，耿海英译，桂林：广西师范大学出版社，2008 年，第 193 页。

的"跑前忙后，想尽办法帮他减轻病痛。但一个小时之后，帕维尔·帕夫洛维奇又想杀死被他治愈的病人："帕维尔·帕夫洛维奇的确想杀死他，但是，也许，还在一刻钟以前，帕维尔·帕夫洛维奇自己也不知大他会杀人。……如果他早就蓄意要杀人，肯定会预先准备好刀子或者手枪，而决不会打算用他直到昨晚为止还从来没有看见过的我的剃须刀来杀人。"[201]在罗戈任身上，在梅什金所讲的关于银表的谋杀案中，在《罪与罚》中被冤枉的油漆匠那里都出现了同样的情形：毫无预谋的谋杀，一时起意有了恶念而跌入地狱之中。与之相似，就连阿廖沙也几乎被情欲之敌击倒，由佐西玛长老安排他离开修道院走向充满诱惑的世界是充满深意的。这使得阿廖沙进入了一个全新的、充满矛盾和危险的、未知的空间，面临新的、无限的可能性。这一"新的可能性"也摆在了德米特里和拉斯科尔尼科夫等人物面前，决定了救赎的反复性和未完成性。

陀思妥耶夫斯基深刻地意识到，救赎不是一次完成的，救赎需要无数个"突然"和"瞬间"，需要灵魂的持续净化。无论迎接人的是什么样的命运，他都不放弃为人辩护，坚决为人的个性执言。因为，无论是从人精神上的背弃、漂泊和流浪，还是从人沐浴在神恩中的无数个瞬间，陀思妥耶夫斯基始终看到了人的丰富性、复杂性和无限可能性。

---

201 〔俄〕陀思妥耶夫斯基：《永远的丈夫》（全集·第 6 卷），臧仲伦译，第 699 页。

结语："上帝国成为盼望"

　　对人性奥秘和生命意义的追问是人类永恒的话题。思想家们苦苦求索，给出的答案千差万别，理据不一。陀思妥耶夫斯基最为深刻之处，就在于立足东正教的传统，从宇宙论视角来探察人类整体的历史，探究人的堕落、罪恶、自由和走向救赎的命运，呈现出人的实存和灵魂面向的两个对立的世界，并在两者的尖锐冲突中给人类带来希望和安慰的讯息。

　　不同于视人类历史为理性、辩证发展过程的一般看法，不同于历史分阶段循序进步的学说，陀思妥耶夫斯基把人类的历史理解为上帝创造和护佑宇宙的整个宏伟蓝图的一部分。上帝不只创造了人的生命，也赐给人爱的能力："在无限的存在里，在无法用时间和空间衡量的存在里，某个具有灵性的动物，由于他之降临人世，便赋予他一种能力，使他能对自己说：'我在故我爱。'……上天赐予他一瞬间积极的、身体力行的爱，而且为此还赐予他人间的生命，而与生命一起还赐予了他四季和时令。"[1]但人类这种"具有灵性的动物"毫不顾惜地摒弃了上帝"无价的赏赐"，从上帝国的乐园堕入尘世王国的苦境。

　　在陀思妥耶夫斯基看来，人的实存同两个截然相反的国度相关：上帝国和尘世国。这两个国度完全与但丁笔下有形层级结构中天堂和地狱的物质存在不同，它们就内在于人精神世界的深处，在实存分裂的罅隙中真实地存在着。陀思妥耶夫斯基的主人公诉说着人的双脚同时踏入两个精神王国的受难史。在尘世国中，"上帝的面貌和他的真理"被扭曲了；"人之作为人的更

1　〔俄〕陀思妥耶夫斯基：《卡拉马佐夫兄弟》（上）（全集·第15卷），臧仲伦译，第512页。

高级的那一半"即人的神性被摒弃了；人的自由蜕变为"奴役和自杀"，成为满足个体无所顾忌的欲望的口实；"世界的距离正在缩短，空中可以传递思想"，然而人与人之间陷入"分崩离析和彼此隔绝的状态"；人类"想单凭自己的智慧来建立公正的生活"，结果却造成"杀人流血"……通过佐西玛长老谈话中的这些内容，陀思妥耶夫斯基揭示了人在尘世王国的悲剧性存在。

人在尘世王国是被奴役的、不自由的。陀思妥耶夫斯基是深刻的人正论者，他反对所有压制人类的方式：侵犯自由的权力、各种有形无形的暴力、虚假的上帝信仰……揭开了尘世王国的主人即大大小小的宗教大法官们的谎言。这是最危险、最具迷惑性和欺骗性的谎言，因为恶披上了上帝的外衣以善的面孔出现，真正的上帝被偷偷地置换。经过巧妙的伪装，宗教大法官们以上帝的名义成为地上王国的控制者。"我们……是以你的名进行统治的"；"我们早已经不跟你同在了，而是跟他同在"；"要知道，我并不怕你"……宗教大法官并不讳言其假基督身份和对基督的仇视，凶狠地威胁要把真正的基督烧死在火堆上。在宗教大法官的真实面目被揭开之后，继续追随宗教大法官就是悖逆和亵渎上帝，就是主动远离真正的善。陀思妥耶夫斯基既深刻地揭示出人性的丑恶不堪、现实的无比黑暗，又使人意识到暗夜中仍有微光，人能够靠着上帝的慈爱进入永恒的国度。这位"上帝的使者"给世界带来了"上帝国的信息"，使"上帝国成为希望"[2]：

> "陀思妥耶夫斯基毫不留情地揭露了非存在中显现的深渊，但是，他既不提不能令人满意的解决方法，也不提近乎绝望而不能消除威胁的那种荒诞、怪诞、破碎的信仰；同样，他也不提权力，不提健康的力量，因为透过它们，也依然能看出人的那种无能为力、软弱和病态。他向灵魂提供的唯一东西，是他能作为回应给予它的东西，是基督即上帝。"[3]

上帝是上帝之国的主人。但这是一位超越了世俗权力的主人，是创造和赐予自由的主人，是以爱实现救赎的主人。陀思妥耶夫斯基深信"上帝真理的纯洁性"、"借助上帝来达到精神的自由"的可能性以及"上帝定将拯救

---

2 〔瑞〕拉加茨：《上帝国的信息》，朱雁冰译，北京：华夏出版社，2006 年，第 16 页。

3 〔德〕赖因哈德·劳特：《陀思妥耶夫斯基哲学》，沈真等译，北京：东方出版社，1996 年，第 436 页。

俄罗斯"的必然性。在他看来，上帝的创造是恩惠，其意义不单单显现在人类原初的历史，而且加诸现实中每一人身上。人所寄身的由动物、植物和环境组成的整个生存空间都由上帝所赐，人应当珍视这一切。"万物就像汪洋大海，一切都在流动，而且相互关联，只要触动一处，世界的另一端就会有所反应。"[4]因此，"请求小鸟宽恕"这种近乎疯狂的举动是有意义的。在生命的相互参与中，人"要重新改造这世界，就必须使心理上转向另一条路"[5]，应当"为整体工作，为未来尽力。"陀思妥耶夫斯基宣扬上帝国的胜利：上帝洗净人身上的罪孽，粉碎了自由的悲剧，彻底地解放了人，宣告了死亡权势的破产。在最后一部小说中，类于伊波利特、基里洛夫对死亡的恐惧和"抗争"已转变为伊柳沙丧葬宴上对复活永生的确信和喜乐："我们死后定会站起来，并且复活，我们定将再见面，我们定将见到所有的人。"[6]作家也从上帝的造物中领悟到上帝之爱的秘密，呼吁人们爱所有的造物："你倘若能爱每一件东西，你就会理解蕴含在事物中的上帝的奥秘。"[7]上帝之爱给人带来盼望，指引着人类的方向："我们在人世间的确像一群迷途的羔羊，要不是我们面前有宝贵的基督的形象的话，我们就会完蛋，就会彻底迷失方向，就像大洪水前的人类一样。"[8]在上帝爱的光亮中，人们即便有"迷失方向"的时刻，但依然能够重拾人之为人的纯洁、自由和尊严。

上帝国并不是遥不可及的彼岸世界，不在彼岸世界。它是人的生命存在的神圣根源；人生活在现世，就能感受到他同上帝国的世界、同天堂有某种神秘的联系。陀思妥耶夫斯基深信，"上帝却赐给我们一种神秘而又奇妙的感觉，使我们感到我们与彼岸世界有着密切的联系，而且我们思想与感情的根子不是在这里，而是在彼岸世界"[9]只要愿意，人就能感受天堂的存在：

---

4 〔俄〕陀思妥耶夫斯基：《卡拉马佐夫兄弟》（上）（全集·第15卷），臧仲伦译，第507页。

5 〔俄〕陀思妥耶夫斯基：《卡拉马佐夫兄弟》（上）（全集·第15卷），臧仲伦译，第480页。

6 〔俄〕陀思妥耶夫斯基：《卡拉马佐夫兄弟》（下）（全集·第16卷），臧仲伦译，第1196页。

7 〔俄〕陀思妥耶夫斯基：《卡拉马佐夫兄弟》（上）（全集·第15卷），臧仲伦译，第506页。

8 〔俄〕陀思妥耶夫斯基：《卡拉马佐夫兄弟》（上）（全集·第15卷），臧仲伦译，第508-509页。

9 〔俄〕陀思妥耶夫斯基：《卡拉马佐夫兄弟》（上）（全集·第15卷），臧仲伦译，第509页。

"我们每个人的心里都蕴含着天堂，它现在也隐藏在我心里，只要我愿意，明天它就会真的降临，让我终身受用不尽。"[10]人一旦意识到除了自己的罪孽之外还"应对一切任何一切事承担罪责"，那么这时天国就会"真的降临"。人之所以不相信天堂的存在、不能感受到与"神秘的彼岸世界有一种彼此相连的感觉"，就在于远离、舍弃了上帝的爱，被此世之国的阴影遮蔽了。

人要么臣服尘世王国，要么成为上帝国的子民。陀思妥耶夫斯基指出，人类只有人而神或神而人这两种不同的道路。前者通向虚无和毁灭，后者则造就复活和新生。全人类共同的盼望就在于与基督的联合，成为"神人类"；上帝国代表着人类的未来，人类的生活唯有靠着天国理想才有希望。在"荒唐人"、拉斯科尔尼科夫、斯塔夫罗金、韦尔西罗夫和伊万的意识里，都出现过关于人类整个历史和未来的富有寓意的梦幻、异象和渴念。在拉斯科尔尼科夫的"梦魇"中，人类被"有智慧和意志的精灵"附体，从此人人自以为掌握着真理，彼此仇视和残杀，世界陷入灾难之中，幸存的几个"纯洁而优异人物"将创造新的人类和生活，"复兴和净化大地"。这并不是"毫无意义的梦魇"[11]在基里洛夫看来，现时代处于神被消灭而人正成为神的阶段，"新人"就是人神。而人神之路就是悲剧之路、自我毁灭之路，陀思妥耶夫斯基深刻地揭示出这一点。斯塔夫罗金关于"黄金时代"的梦想中出现了"人间的天堂"的幻觉："人类的一切梦想中最不可思议的梦想，全人类为之献出一切力量、显出全部生命的梦想，人类为之牺牲一切、先知们为之奋斗、为之牺牲在十字架上的梦想，没有这个梦想，人民就会不愿意生活，甚至也不能死亡。"[12]在韦尔西罗夫看来，无神论和"付诸实施"建立人间幸福大厦的行动是对上帝的背叛，是让人难以忍受的"向它扔淤泥"、"吹口哨"的行为。他"不能不想象"，"没有上帝人将怎样生活，是不是有朝一日会有这种可能。"[13]没有上帝作为生活的力量源泉，人们就"只剩下了自己"，就会"彻底的孤独无依"；对上帝的爱就会被人与人之间的爱、对"大地和生命"的爱所取代。虽然这种爱也至为深切，但已不同于对上帝的爱，不同

10 〔俄〕陀思妥耶夫斯基：《卡拉马佐夫兄弟》（上）（全集·第 15 卷），臧仲伦译，第 480 页。

11 〔俄〕陀思妥耶夫斯基：《罪与罚》（下）（全集·第 8 卷），袁亚楠译，第 690 页。

12 〔俄〕陀思妥耶夫斯基：《群魔》（下）（全集·第 12 卷），冯昭玛译，第 861 页。

13 〔俄〕陀思妥耶夫斯基：《少年》（下）（全集·第 14 卷），陆肇明译，第 629 页。

于经由上帝之爱产生的对世界的爱。人仍然孤独无望，仍然承受着失去上帝的痛苦。于是，在他的想象中出现了类于诗人海涅笔下"波罗的海上的基督"重新出现在丧失信仰的人们面前的情景，基督重新来到人们跟前，安慰受苦的人群，伟大的欢乐圣歌重新响起，来赞美灵魂最终的复活。

陀思妥耶夫斯基对灵魂救赎和复活抱有坚定的信念。他指出，全人类将在基督的爱中联合为一；俄罗斯人只能心怀这一盼望生活，同时将这一希望传遍欧洲和世界："在俄罗斯人民里面始终固有的，那种为了基督而永不懈怠的，对伟大的、普遍的、全人类的、人与人的兄弟般的团结的渴求……俄罗斯人民相信，归根结底只有通过为了基督而实现的全世界的普遍团结他才能得到拯救。"[14]在他看来，上帝国的世界将要发生的整体上的救赎奇迹就扎根于俄罗斯民族的子民意识和使命意识，"人与人的兄弟般的团结"、"全世界的普遍团结"将通过基督得以实现。陀思妥耶夫斯基对上帝国的盼望蕴含着富有深意的启示：

> "我们根本不能依照启示录来生活。我们也不能依照陀思妥耶夫斯基来生活。但是，阅读他的小说有助于解释生活。陀思妥耶夫斯基把福音书说的盐撒进了这个世界，如果没有盐，一切都会淡而无味；他激发了美，如果没有美，'在这大地上就无所作为'。他的信仰把上帝引进灵魂，就像欧洲火棘在那里扎根一样。他一生都在热烈寻求理解人，最后，他学会了在人那里读出基督之名。像雷霆洗者圣约翰一样，他下降到这个世界的地狱中，在那里找到了基督，像约翰那样，他认出了上帝羔羊，爱之永恒不动的太阳。他把十字架作为雅各的梯子，沿着这梯子往下，见到了人、天使和天使的救主。他勾画出神性慈爱的圣像，描绘了天父的微笑。基督教上帝的全部奥妙就在这一微笑之中。陀思妥耶夫斯基让我们明白，我们将享有我们全部的永生，以瞻望这一微笑，这微笑像创世第一日早晨那样永远清新……"[15]

陀思妥耶夫斯基以其"庄重严肃的和谐之音"驱散人们怀疑和绝望的阴影，引领人们穿越黑暗的深渊，给不幸的灵魂带来"清新"的希望之光。"生

---

14 〔俄〕陀思妥耶夫斯基：《作家日记》（下）（全集·第20卷）张羽、张有福译，第1072-1073页。

15 〔俄〕叶夫多基莫夫：《俄罗斯思想中的基督》，杨德友译，上海：学林出版社，1999年，第92页。

活是多么美好哇！"[16]阿廖沙和十二个孩子欢呼着步入洋溢着希望和活力的新生活；这是作家在小说中留下的最后的文字。在苦难的鞭挞中，在无望的绝境中，在疼痛和泪水中，陀思妥耶夫斯基依然坚立。他热烈地亲吻大地，高声地颂扬神圣的和撒那，忘情地唱着永恒的乐音。

---

16 〔俄〕陀思妥耶夫斯基：《卡拉马佐夫兄弟》（下）（全集·第16卷），臧仲伦译，第1195页。

参考文献

一、作品

1. 陈燊主编：《陀思妥耶夫斯基全集》（1-22 卷），石家庄：河北教育出版社，2009 年。

2. 〔俄〕陀思妥耶夫斯基：《白痴》，臧仲伦译，南京：译林出版社，2000年。

3. 〔俄〕陀思妥耶夫斯基：《卡拉马佐夫兄弟》，耿济之译，北京：人民文学出版社，1981 年。

4. 〔俄〕陀思妥耶夫斯基：《陀思妥耶夫斯基论艺术》，冯增义、徐振亚译，漓江：漓江出版社，1988 年。

二、中文著作

1. 〔法〕阿尔邦：《陀思妥耶夫斯基》，解薇、刘成富译，上海：上海人民出版社，2008 年。

2. 〔美〕汉娜·阿伦特，《论革命》，陈周旺译，南京：译林出版社，2011年。

3. 〔美〕艾利克森著，〔美〕休斯塔德编：《基督教神学导论》，陈知纲译，上海：上海人民出版社，2012 年。

4. 〔古罗马〕奥古斯丁：《论原罪与恩典：驳佩拉纠派》，周伟驰译，北京：商务印书馆，2012 年。

5. 〔俄〕巴赫金：《巴赫金全集》（6 卷本），钱中文主编，白春仁、顾亚铃、李兆林、夏忠宪等译，石家庄：河北教育出版社，1998 年。

6. 〔德〕卡尔·巴特：《教会教义学：精选本》，何亚将、朱雁冰译，北京：三联书店，1998 年。

7. 〔俄〕别尔嘉耶夫：《俄罗斯思想的宗教阐释》，邱运华、吴学金译，北京：东方出版社，1998 年。

8. 〔俄〕别尔嘉耶夫：《精神王国与恺撒王国》，安启念、周靖波译，杭州：浙江人民出版社，2000 年。

9. 〔俄〕别尔嘉耶夫：《陀思妥耶夫斯基的世界观》，耿海英译，桂林：广西师范大学出版社，2008 年。

10. 〔俄〕别尔嘉耶夫：《自我认知》，汪剑钊译，上海：上海人民出版社，2007 年。

11. 〔俄〕别尔嘉耶夫：《自由精神哲学：基督教难题及其辩护》，石衡潭译，上海：上海三联书店，2009 年。

12. 〔俄〕别尔嘉耶夫：《自由的哲学》，董友译，上海：学林出版社，1999 年。

13. 〔俄〕波诺马廖娃：《陀思妥耶夫斯基：我探索人生奥秘》，张变革等译，北京：商务印书馆，2011 年。

14. 〔俄〕亚·勃洛克：《十二个》，戈宝权译，桂林：漓江出版社，1985 年。

15. 〔俄〕谢·布尔加科夫：《东正教——教会学说概要》，徐凤林译，北京：商务印书馆，2001 年。

16. 〔俄〕谢·布尔加科夫：《亘古不灭之光——观察与思辩》，王志耕、李春青译，昆明：云南人民出版社，1999 年。

17. 陈建华主编：《中国俄苏文学研究史论》（卷三），重庆：重庆出版社，2007 年。

18. 〔奥〕茨威格：《三大师》，申文林译，北京：人民文学出版社，2001 年。

19. （托名）狄奥尼修斯：《神秘神学》，包利民译，北京：三联书店，1998 年。

20. 〔德〕亨利克·菲弗：《基督形象的艺术神学》，萧潇译，北京：中国社会科学出版社，2005 年。

21. 冯川：《忧郁的先知：陀思妥耶夫斯基》，成都：四川人民出版社，2000 年。

22. 冯增义：《陀思妥耶夫斯基论稿》，上海：上海文艺出版社，2011 年。

23. 〔俄〕弗里德连杰尔：《陀思妥耶夫斯基与世界文学》，施元译，上海：上海译文出版社，1997 年。

24. 〔俄〕弗洛罗夫斯基：《俄罗斯宗教哲学之路》，吴安迪等译，上海：上海人民出版社，2006 年。

25. 〔奥〕弗洛伊德：《弗洛伊德文集·8》，车文博译，长春：长春出版社，2004 年。

26. 〔意〕葛兰西：《论文学（续集）》，吕同六译，北京：人民文学出版社，1983 年。

27. 郭小丽：《陀思妥耶夫斯基的救赎思想——兼论与中国文化思维的比较》，哈尔滨：黑龙江人民出版社，2012 年。

28. 何怀宏：《道德·上帝与人：陀思妥耶夫斯基的问题》，北京：北京大学出版社，2010 年。

29. 何云波：《陀思妥耶夫斯基与俄罗斯文化精神》，长沙：湖南教育出版社，1997 年。

30. 〔法〕纪德：《关于陀的六次讲座》，余中先译，桂林：广西师范大学出版社，2006 年。

31. 〔俄〕基斯嘉科夫斯基等：《路标集》，彭甄等译，昆明：云南人民出版社，1999 年。

32. 〔法〕加缪：《加缪全集》（戏剧卷），李玉民译，石家庄：河北教育出版社，2002 年。

33. 〔法〕加缪：《西西弗的神话：加缪荒谬与反抗论集》，杜小真译，西安：陕西师范大学出版社，2003 年。

34. 〔俄〕瓦·瓦·津科夫斯基：《俄国哲学史》（上卷），北京：人民出版社，2013 年。

35. 〔美〕考夫曼编著：《存在主义：从陀思妥耶夫斯基到萨特》，陈鼓应等译，北京：商务印书馆，1995 年。

36. 〔丹麦〕克尔凯郭尔：《致死的疾病》，张祥龙、王建军译，北京：中国工人出版社，1997 年。

37. 〔美〕莉莎·克纳普：《根除惯性：陀思妥耶夫斯基与形而上学》，季广茂译，长春：吉林人民出版社，2003 年。

38. 〔德〕汉斯·昆：《论基督徒》（下），杨德友译，北京：三联书店，1995 年。

39. 〔德〕汉斯·昆、瓦尔特·延斯：《诗与宗教》，李永平译，北京：三联书店，2005 年。

40. 〔瑞〕拉加茨：《上帝国的信息》，朱雁冰译，北京：华夏出版社，2006 年。

41. 〔德〕赖因哈德·劳特：《陀思妥耶夫斯基哲学》，沈真等译，北京：东方出版社，1996 年。

42. 〔法〕欧内斯特·勒南：《耶稣的一生》，梁工译，北京：商务印书馆，1999 年。

43. 冷满冰：《宗教与革命语境下的〈卡拉马佐夫兄弟〉》，成都：四川大学出版社，2007 年。

44. 李震：《杜斯妥也夫斯基的精神世界》，台北：辅仁大学出版社，1975 年。

45. 梁坤主编：《新编外国文学史——外国文学名著批评经典》，北京：中国人民大学出版社，2008 年。

46. 刘文飞：《思想俄国》，济南：山东友谊出版社，2005 年。

47. 刘文飞：《伊阿诺斯，或双头鹰》，北京：社会科学出版社，2006 年。

48. 刘小枫：《圣灵降临的叙事》，北京：三联书店，2003 年。

49. 刘小枫：《拯救与逍遥》（修订本），上海：三联书店，2001 年。

50. 刘小枫：《走向十字架上的真——20 世纪基督教神学引论》，上海：三联书店，1995 年。

51. 刘小枫主编：《夜颂中的革命和宗教：诺瓦利斯选集卷一》，林克等译，北京：华夏出版社，2007 年。

52. 〔俄〕罗赞诺夫：《论宗教大法官的传说》，张百春译，北京：华夏出版社，2007 年。

53. 〔俄〕弗·洛斯基：《东正教神学导论》，杨德友译，石家庄：河北教育出版社，2004 年。

54. 〔德〕卡尔·洛维特：《世界历史与救赎历史：历史哲学的神学前提》，李秋零、田薇译，北京：三联书店，2002 年。

55. 〔俄〕梅列日科夫斯基：《托尔斯泰与陀思妥耶夫斯基》，杨德友译，北京：华夏出版社，2009 年。

56. 〔俄〕鲍里斯·尼古拉耶维奇·米罗诺夫：《俄国社会史：个性、民主家庭、公民社会及法治国家的形成（帝俄时期：18 世纪至 20 世纪初）》，张广翔等译，济南：山东大学出版社，2006 年。

57. 〔澳〕莫里斯：《救赎：它的意义及重要性》，喻小菲、崔晓雄译，上海：华东师范大学出版社，2012 年。

58. 〔美〕伊琳娜·帕佩尔诺：《陀思妥耶夫斯基论作为文化机制的俄国自杀问题》，杜文鹃、彭卫红译，长春：吉林人民出版社，2003 年。

59. 〔德〕潘能伯格：《人是什么——从神学看当代人类学》，李秋零、田薇译，上海：三联书店，1997 年。

60. 〔美〕马尔科姆·琼斯：《巴赫金之后的陀思妥耶夫斯基》，赵雅莉等译，长春：吉林人民出版社，2004 年。

61. 邱业祥主编：《圣经关键词研究》，北京：宗教文化出版社，2009 年。

62. 〔俄〕舍斯托夫：《旷野呼告　无根据颂》，方珊等译，上海：上海人民出版社，2004 年。

63. 〔俄〕舍斯托夫：《在约伯的天平上》，董友等译，北京：三联书店，1992
年。

64. 〔德〕麦克斯·施蒂纳：《唯一者及其所有物》，金海民译，北京：商务
印书馆，1989 年。

65. 〔德〕大卫·弗里德里希·施特劳斯：《耶稣传》，吴永泉译，北京：商
务印书馆，2010 年。

66. 〔美〕乔治·斯坦纳：《托尔斯泰或陀思妥耶夫斯基》，严忠志译，杭州：
浙江大学出版社，2011 年。

67. 〔德〕尼娜·珀利堪·斯特劳斯：《陀思妥耶夫斯基与女性问题》，宋庆
文、温哲仙译，长春：吉林人民出版社，2003 年。

68. 宋旭红：《当代西方神学美学思想概览》，北京：中国社会科学出版社，
2012 年。

69. 孙毅：《个体的人：祁克果的基督教生存论思想》，北京：中国社会科学
出版社，2004 年。

70. 〔俄〕索洛维约夫等著：《精神领袖》，徐振亚等译，上海：上海译文出
版社，2009 年。

71. 田全金：《言与思的越界——陀思妥耶夫斯基比较研究》，上海：复旦大
学出版社，2010 年。

72. 〔俄〕安娜·陀思妥耶夫斯卡娅：《陀思妥耶夫斯基夫人回忆录》，李明
滨译，北京：北京大学出版社，1987 年。

73. 王志耕：《圣愚之维：俄罗斯文学经典的一种文化阐释》，北京：北京大
学出版社，2013 年。

74. 王志耕：《宗教文化语境下的陀思妥耶夫斯基诗学》，北京：北京师范大
学出版社，2003 年。

75. 〔英〕韦尔：《东正教会导论》，田原译，香港：汉语基督教文化研究所，
2013 年。

76. 〔俄〕谢列兹涅夫：《陀思妥耶夫斯基传》，徐昌翰译，北京：人民文学
出版社，2011 年。

77. 〔俄〕叶夫多基莫夫：《俄罗斯思想中的基督》，杨德友译，上海：学林
出版社，1999 年。

78. 张百春：《当代东正教神学思想：俄罗斯东正教神学》，上海：上海三联
书店，2000 年。

79. 张变革主编：《当代国际学者论陀思妥耶夫斯基》，北京：北京大学出版
社，2014 年。

80. 张旭：《卡尔·巴特神学研究》，上海：上海人民出版社，2005 年。

81. 赵桂莲：《漂泊的灵魂——陀思妥耶夫斯基与俄罗斯传统文化》，北京：
北京大学出版社，2002 年。

三、中文期刊论文

1. 陈杨：《索洛维约夫与陀思妥耶夫斯基的关系：一种新阐释》，《俄罗斯文
艺》，2011 年 3 期。

2. 方珊：《新宗教艺术的先驱——索洛维约夫论陀思妥耶夫斯基》，《俄罗
斯文艺》，2002 年第 4 期。

3. 冯华英：《陀思妥耶夫斯基与霍夫曼的艺术影响》，《国外文学》，2001 年
第 3 期。

4. 高旭东：《基督教文化的金秋硕果——重估陀思妥耶夫斯基小说的文化
价值》，《外国文学》，2004 年第 6 期。

5. 贺立华、姜桂栩：《人的有限性与上帝的可能性——论陀思妥耶夫斯基
复调小说的拯救主题》，《齐鲁学刊》，2007 年第 5 期。

6. 侯朝阳：《沉默的言说者：论宗教大法官中的耶稣基督形象》，《俄罗斯文
艺》，2013 年第 1 期。

7. 侯朝阳：《作为革命领路人的基督——对勃洛克长诗〈十二个〉结尾的分
析》，《理论界》，2012 年第 12 期。

8. C.C.霍鲁日：《静修主义人学》，张百春译，《世界哲学》，2010 年第 2
期。

9. C.C.霍鲁日：《东正教苦修传统中的人的形象》，张百春译，《俄罗斯文
艺》，2012 年第 1 期。

10. 景凯旋：《陀思妥耶夫斯基有什么错——从米兰·昆德拉〈一个变奏的导
言〉谈起》，《书屋》，2005 年第 4 期。

11. 李今：《陀思妥耶夫斯基在三四十年代的中国》，《鲁迅研究月刊》，2004
年第 4 期。

12. 李必桂：《观照苦难——陀思妥耶夫斯基作品中的苦难问题》，《俄罗斯
文艺》，2002 年第 5 期。

13. 林精华：《去民族性特色与扩展全球性价值——西方 20 世纪视野中的陀
思妥耶夫斯基形象》，《俄罗斯文艺》，2003 年第 2 期。

14. 刘锟：《论陀思妥耶夫斯基"罪"与"罚"思想中的东正教文化内涵》，
《国外文学》，2009 年第 2 期。

15. 单世联：《"水晶宫"与现代文化的分裂——重思车尔尼雪夫斯基与陀
思妥耶夫斯基之争》，《外国文学评论》，2011 年第 2 期。

16. 童明：《自然机器·人性·乌托邦：再论陀思妥耶夫斯基和车尔尼雪夫斯基之争》，《国外文学》，2009 年第 1 期。

17. 王志耕、陈遐：《陀思妥耶夫斯基是否"怀疑"上帝存在?》，《俄罗斯文艺》，2008 年第 3 期。

18. 王宗琥：《普拉东诺夫与陀思妥耶夫斯基的对话》，《俄罗斯文艺》，2001 年第 4 期。

19. 汪汉利：《索尔·贝娄与陀思妥耶夫斯基》，《浙江海洋学院学报》（人文科学版），2009 年第 2 期。

20. 汪剑钊：《美将拯救世界——〈白痴〉与陀思妥耶夫斯基的末世论思想》，《外国文学评论》，2002 年第 1 期。

21. A.L.沃伦斯基：《人神与神人》，张百春译，《俄罗斯文艺》，2009 年第 2 期。

22. 吴勇立：《陀思妥耶夫斯基棱镜中的托马斯·曼和黑塞》，《学海》，2006 年第 2 期。

23. 徐田秀：《论陀思妥耶夫斯基"原罪"与"救赎"的悲剧色彩》，《求索》，2004 年第 3 期。

24. 闫美萍：《陀思妥耶夫斯基小说中犯罪问题探源》，《俄罗斯文艺》，2003 年第 6 期。

25. 闫美萍：《论陀思妥耶夫斯基小说中的犯罪问题》，《国外文学》，2004 年第 1 期。

26. 张百春：《别尔嘉耶夫与陀思妥耶夫斯基》，《博览群书》，2002 年第 4 期。

27. 张变革：《幻想的爱与实践的爱——陀思妥耶夫斯基后期创作问题》，《外国文学评论》，2009 年第 2 期，第 82 页。

28. 张竹筠：《人类社会新生母题的构建——论陀思妥耶夫斯基小说的拯救意识与虚幻艺术》，《俄罗斯文艺》，2000 年第 3 期。

29. 赵桂莲：《白银时代的陀思妥耶夫斯基研究》，《国外文学》，1996 年第 3 期。

30. 赵桂莲：《陀思妥耶夫斯基创作思想探源》，《国外文学》，2004 年第 2 期。

31. 曾艳兵：《陀思妥耶夫斯基与卡夫卡》，《俄罗斯文艺》，2008 年第 1 期。

32. 周丹：《神性的诗意——浅论陀思妥耶夫斯基的宗教思想，兼与何云波先生商榷》，《俄罗斯文艺》，2003 年第 2 期。

33. 朱建刚：《从"地下室人"到"群魔"——陀思妥耶夫斯基与俄国虚无主义》，《外国文学研究》，2008 年第 5 期。

四、博、硕士学位论文

1. 褚艳玲：《陀思妥耶夫斯基作品人物的神人化道路》，上海外国语大学，2010 年。

2. 丁世鑫：《陀思妥耶夫斯基在现代中国（1919-1949）》，山东大学，2006 年。

3. 刘莉萍：《堕落与救赎：论陀思妥耶夫斯基的小说与法律》，湘潭大学，2010 年。

4. 宋雪峰：《陀思妥耶夫斯基长篇小说中的"思想者"形象》，内蒙古大学，2009 年。

5. 万海松：《陀思妥耶夫斯基根基主义思想研究》，中国社会科学院，2008 年。

6. 肖伟芹：《救赎的力量——评〈卡拉马佐夫兄弟〉中表现的爱和上帝的形象》，北京师范大学，2007 年。

7. 杨江平：《陀思妥耶夫斯基小说人物形象的宗教阐释》，山东大学，2004 年。

8. 郑煦：罪恶与救赎：《从〈卡拉马佐夫兄弟〉看陀思妥耶夫斯基的精神复兴之路》，首都师范大学，2012 年。

五、外文文献

1. Agiomavritis, Dionyssios. *The Politics of Tyranny and the Problem of Order: Plato and Dostoevsky's Resistance to the Pathology of Power*, Ph.D. dissertation, Carleton University, 2010.

2. Anderson, Gary A. *Sin: a History*, New Haven: Yale University, 2009.

3. Bequette, John P. *Christian Humanism: Creation, Redemption, and Reintegration*, Maryland: University Press of America, Inc., 2007.

4. Bercken, Wil Van D. *Christian Fiction and Religious Realism in the Novels of Dostoevsky*, London and New York: Anthem Press, 2011.

5. Blank, Ksana. *Dostoevsky's dialectics and the problem of sin*, Evanston, Ill.: Northwestern University Press, 2010.

6. Bloom, Harold. (ed.) *Fyodor Dostoevsky's* Crime and Punishment, New York: Infobase Publishing, 2004.

7. Bloshteyn, Maria. *The Making of a Counter-Culture Icon: Henry Miller's Dostoevsky*, Toronto: University of Toronto Press, 2007.

8. Brown, Nathalie Babel. *Hugo and Dostoevsky*, New York: Ardis, 1978.

9. Carroll, John. *Break-out from the Crystal Palace; The Anarcho-psychological Critique: Stirner, Nietzsche, Dostoevsky*, London: Routledge & Kegan Paul Ltd, 1974.

10. Cassedy, Steven. *Dostoevsky's Religion*, Stanford: Stanford University Press, 2005.

11. Catteau, Jacques. *Dostoyevsky and the Process of Literary Creation*, Littlewood, Audrey (Trans.), New York: Cambridge University Press, 1989.

12. Cherkasova, Evgenia. *Dostoevsky and Kant: Dialogues on Ethics*, Amsterdam- New York: Rodopi B. V., 2009.

13. Fyodor Dostoyevsky, *the Gospel in Dostoyevsky: Selections from His Works*, Foreword by Malcolm Muggeridge, Farmington: the Bruderhof Foundation, Inc., 2004.

14. Huvarinen, Matti. Muszynski, Lisa. *Terror and the Arts: Artistic, Literary, and Political Interpretations of Violence from Dostoyevsky to Abu Ghraib*, New York: Palgrave Macmillan, 2008.

15. Ivanits, Linda. *Dostoevsky and the Russian People*, New York: Cambridge University Press, 2008.

16. Joseph, Frank. *Dostoevsky: a Writer in His Time*, Princeton: Princeton University Press, 2010.

17. Joseph, Frank. *Dostoevsky: the Years of Ordeal, 1850-1859*, Princeton: Princeton University Press, 1990.

18. Joseph, Frank. *Dostoevsky: the Miraculous Years, 1865-1871*, Princeton: Princeton University Press, 1995.

19. Joseph, Frank. *Dostoevsky: the Stir of Liberation, 1860-1865*, Princeton: Princeton University Press, 1986.

20. Joseph, Frank. *Dostoevsky: the Mantle of the Prophet, 1871-1881*, Princeton: Princeton University Press, 1995.

21. Kaye, Peter. *Dostoevsky and English Modernism, 1900-1930*, Cambridge: Cambridge University Press, 2004.

22. Kroeker, P.Travis. Ward, Bruce Kinsey. *Remembering the End: Dostoevsky as Prophet to Modernity*, Colorado: Westview Press, 2001.

23. Lary, N.M. *Dostoevsky and Dickens: a Study of Literary Influence*, London: Routledge and Kegan Paul, 1973.

24. Lavrin, Janko. *Dostoevsky*, New York: The Macmillan Company, 1947.

25. Leatherbarrow, W. J. (ed.) *Dostoevskii*, Cambridge: Cambridge University Press, 2004.

26. Muggeridge, Malcolm. *A Third Testament: a Modern Pilgrim Explores the Spiritual Wanderings of Augustine, Blake, Pascal, Bonhoeffer, Kierkegaard, and Dostoevsky*, Farmington: Plough Publishing House, 2007.

27. Macleod, Norman James. *Fictions of Authenticity: Dostoevsky's Notes form Underground, Rick's Notebooks of Malte Laurids Brigge, and Sartre's Nausea*, Submitted to school of English and American Studies University of East Anglia for the degree of PhD, 1988.

28. Panichas, George Andrew. *Dostoevsky's Spiritual Art*, New Brunswick: Transaction Publishers, 2005.

29. Paris, Bernard J. *Dostoevsky's Greatest Characters*, New York: Palgrave Macmillan, 2008.

30. Pattison, George. Thompson, Diane Oenning. *Dostoevsky and the Christian Tradition*, New York: Cambridge University Press, 2001.

31. Peace, Richard. *Dostoyevsky: an Examination of the Major Novels*, New York: Cambridge University Press, 1971.

32. Peace, Richard. (ed.) *Fyodor Dostoevsky's* Crime and Punishment: *a Casebook*, New York: Oxford University Press, Inc., 2006.

33. Schlitt, Dale M. *Theology and the Experience of God*, New York: Peter Lang Publishing, 2001.

34. Simmons, Ernesty J. *Dostoevski: the Making of a Novelist*, London, New York: Oxford University Press, 1940.

35. Slater, Angela Jennifer. *Dostoyevsky's Attitude to Institutionalized Religion*, Ph.D. dissertation, Liverpool University, 1983.

36. Smith, Jeremy. *Religious Feeling and Religious Commitment in Faulkner, Dostoevsky, Werfel and Bernanos*, New York & London: Garland Publishing, Inc., 1988.

37. Thomson, Oliver. *A history of Sin*, Edinburgh: Canongate Press, 1993.

38. Tucker, Janet G. *Profane Challenge and Orthodox Response in Dostoevsky's Crime and Punishment*, Amsterdam-New York: Rodopi B.V., 2008

39. Wellek, René. (ed.) *Dostoevsky: a Collection of Critical Essays*, Englewood: Prentice-Hall, Inc. 1965.

40. Williams, Rowan. *Dostoevsky: Language, Faith, and Fiction*, London: Baylor University Press, 2008.

41. Yarmolinsky, Avrahm. *Dostoevsky: a Life*, New York: Harcourt, Brace and Company, Inc., 1934.

42. Ziolkowski, Theodore. *The Sin of Knowledge: Ancient and Modern Variations*, Princeton: Princeton University Press, 2000.

后 记

和陀思妥耶夫斯基结下不解之缘已有多年。还记得刚入大学时初读《罪与罚》的懵懵懂懂，毕业季做关于"宗教大法官"论文时亢奋到夜不能寐，后来读《涅托奇卡·涅兹万诺娃》、《被侮辱与被损害的》时揪心和感动到涕泪泗零……已数不清有多少次情感的波涛、思想的挣扎和灵魂的激动都因这位文学大师而起，实在是很庆幸生命道路上有陀翁搀扶相伴，为师为友亦为精神之父。

常常禁不住去想这样一些问题：陀思妥耶夫斯基留下的最为重要的思想遗产是什么？他何以能引起如此广泛的关注和持久的研究兴趣？是"地下室人"从角落里发出的怨怼之声吗？是死屋中不幸的犯罪者卑微和沉重的叹息声吗？是拉斯科尔尼科夫狂热信奉并将自我献祭的超人理论吗？是基里洛夫的人神思想吗？是伊万·卡拉马佐夫在无神论与虔信之间的摇摆不定吗？是各种使人几乎陷于疯狂的虚无主义、自由主义理论吗？不错，所有这些深沉的思想、不同凡响的声音都深深地吸引着人们，但逐渐发现陀翁的思想遗产远远多于这些、高于这些。在"赞成与反对"的激情中，陀思妥耶夫斯基给我们展示的是一种综合的世界观，留给我们的是一种需要全身心投入、迷茫、甄别而后才寻觅到出路的多重空间。在他主要的作品中，从来都不是单一的思想在言说，而是众声喧哗，每一种思想都在尽力地表达自我。所以，每每穿行其间，我都会痴迷于各种思想优美的舞姿，惊骇于所有思想的强力和雄辩，在思想盛宴中熏熏欲醉、流连忘返，更多的时候则讶异于灵魂掀起的风暴而欷歔不安。我确信，心灵足够强大的读者终归不至于迷失方向。因为，在复调式思想陈述的背后，在各种思想交锋的战场，在晦暗不明的迷雾中，始终有一种声音，有一丝光亮，有一缕芬芳，那就是陀翁对上帝存在的确信，对基督的仰望；无情的决绝、激越的抗议、无畏的叛逆和无耻的亵渎，所有的回应和声响，愈肆意无惮就愈靠近那微弱的天籁之音的本相；最终，在曲终高潮之处，灵光乍现的瞬间照彻和驱散一切黑暗，风雨雷电的轰鸣成为心灵的远景，此刻只有安宁、静谧和对未来的盼望。从恶中挖掘善，在绝望处给予希望，疾风暴雨又不乏宁静，这就是陀翁作品的张力和魅力所在。而作家虔诚的信仰就贯穿在笔下人物的灵魂之旅中，他的拯救之道就暗含在主人公的思想探索中，他的怜悯之心就包裹在主人公的悲剧性命运中……

这篇论文的写作初衷就是要记下这些细细碎碎的阅读体验，力争揭示出陀翁丰富深刻的思想价值，以期回报他以心血凝聚而成的思想盛宴的馈赠之恩。

但我深知，走近陀思妥耶夫斯基容易，走进和真正读懂他则是万难的。别尔嘉耶夫早就警告说，"如果读者不愿意让自己进入浩瀚、奇特的观念宇宙，他是无法理解陀思妥耶夫斯基的；实际上，最好不要去碰陀思妥耶夫斯基的著作。"在1880年4月11日写给叶·费·荣格的信中，陀翁也讲到自己常常遭受误解："我得到过许多赞许，也许，所得到的甚至比我应该得到的还多，但是批评界，公开出版的文学批评，甚至在表扬我的时候（这种情形是很少的），关于我谈得也很轻率和肤浅，似乎完全没有觉察到那完全伴随着我内心痛苦而产生的东西，那从我心灵中真实流露出来的东西。"[1]尽管在论文写作过程中我始终心怀忐忑，竭力去把捉作家的真实想法，唯恐"因我触及而使伟大思想漫画化"，但现在看来，论文还是难以避免诸多"轻率和肤浅"之处。种种缺憾和不足，只能留待以余生的勤勉和努力来慢慢弥补了。

万幸的是，导师梁先生一直都非常理解和支持我选择这样一个充满挑战的论题，给予了很大鼓励和细致入微的指导。尤其在论文初稿出炉后，先生反复批阅，连标点符号错误都一一订正，这种严谨治学的态度使我深受激励。三年就读期间，恩师在学术上的提携和生活上的关照，点点滴滴，都让学生铭记于心，恒久难忘。

---

1 〔俄〕陀思妥耶夫斯基：《书信集》（下）（全集·第22卷），郑文樾、朱逸森译，第1151页。

需要感谢的人还有很多。周启超师、吴晓都师都对论文的写作提出过非常具体的修改意见。赵桂莲师允准我旁听俄罗斯文学课，对我的写作思路有诸多开启。王志耕师、杨熙楠师和北京大学出版社张冰师的慷慨赠书对我是莫大的精神鼓励。张变革师提供了国外关于陀翁研究的最新资料。论文开题时耿幼壮师、杨恒达师、高旭东师、曾艳兵师都为后续写作提出了富有建设性的意见。论文答辩时吴泽霖师、周启超师、王志耕师、曾艳兵师和张变革师都给出了极宝贵的修改意见。赵宁师也在论文写作中给予了很多支持。在此一并致以衷心的感谢！

此外还要感谢师妹宋柳和罗研，她们极为认真的审校使论文避免了许多错误。感谢给出修改意见的陈芸兄、对论文抱有期待的原海成兄以及以对陀翁的深深挚爱感染了我的张磊兄。

也谢谢我的家人，是他们默默的承担使我能够集中心力如期完成论文。感恩生命中有拙荆荣华作为我"荣耀的帮助者"，以她的灵慧、敏感和洞见常常"惊醒"、"点化"我；对陀翁的阅读使我们精神上共同成长，心灵也更为相契。这几年对小女晔童少了许多陪伴，心中不免愧疚；年幼的她却一本正经地说要永远支持我，还常很骄傲地告诉别人爸爸有两个好朋友：陀思妥耶夫斯基、"别人家衣服"（别尔嘉耶夫）；这让我倍感欣慰，也激励我更加努力。

受惠于各位师尊、同仁对陀翁的深厚情感，这篇稚嫩之作见证了所有人对我的关爱。站在这样一个美好的起点，沐浴着暖暖的爱意，负载着丰盛的恩典，我鼓起希望的风帆……